浙江省普通高校"十三五"新形态教材

浙江省级一流本科专业建设点（财政学）核心课程教材

浙江省级线上线下混合式一流课程配套教材

浙江省高校"十三五"特色专业建设项目配套教材

U0647928

Financial Theory and Practice

财政理论与实践

张雪平 ◎主编

ZHEJIANG UNIVERSITY PRESS
浙江大学出版社

图书在版编目（CIP）数据

财政理论与实践/张雪平主编. —杭州：浙江大学
出版社，2021.12
　　ISBN 978-7-308-21628-9

　　Ⅰ．①财… Ⅱ．①张… Ⅲ．①财政学-教材 Ⅳ.
①F810

中国版本图书馆CIP数据核字（2021）第153901号

财政理论与实践

张雪平　主编

责任编辑	曾　熙
责任校对	高士吟
装帧设计	春天书装
出版发行	浙江大学出版社
	（杭州市天目山路148号　　邮政编码　310007）
	（网址：http://www.zjupress.com）
排　　版	杭州林智广告有限公司
印　　刷	杭州杭新印务有限公司
开　　本	787mm×1092mm　1/16
印　　张	14.25
字　　数	360千
版 印 次	2021年12月第1版　2021年12月第1次印刷
书　　号	ISBN 978-7-308-21628-9
定　　价	45.00元

前 言

本教材是浙江省高校"十三五"特色专业建设项目、2019年度浙江省级一流本科专业建设点"财政学"的核心课程教材，也是2019年浙江省本科院校"互联网＋教学"优秀案例（线上线下混合课程）一等奖、浙江省级线上线下混合式一流课程配套教材，并获"浙江省普通高校'十三五'新形态教材"第二批立项。本教材是由浙江财经大学东方学院校地合作、协同融合的"强实践、重应用"教学创新团队全体老师根据多年教学经验，依据培养高水平应用技术型人才的目标编写而成。本教材的编写力求准确和简明，既注重对财政学专业基本知识、基本理论的阐述，也重视教学内容的实践性和应用性，同时积极吸收基层财政改革发展的最新成果，强调理论与实践相结合。

党的十八届三中全会通过的《中共中央关于全面深化改革若干重大问题的决定》明确提出，"财政是国家治理的基础和重要支柱，科学的财税体制是优化资源配置、维护市场统一、促进社会公平、实现国家长治久安的制度保障"。这一科学论断是对我国现代财政的科学定位。

为了更好地帮助读者全面掌握和巩固所学知识，能够在深入系统学习财政相关理论的同时，更好地将其运用于实践，本教材各章均设有学习目标、案例导入、本章小结、基本概念、思考题、参考文献、本章测试等内容。各章还设有专栏，嵌入了相关二维码，目的是对财政理论与实践知识内容进行必要的延伸和拓展，拓宽学生的知识面，多维度立体化呈现重要知识点，体现了本书的新形态教材特征。

全书共十章，具体内容如下。

第一章为导论，重点介绍现实生活中的财政现象、古今中外财政学的发展历程和财政学的研究方法，从而拉开学习财政学知识的大幕。

第二章为政府与市场的关系，财政学理论和实践的实质是处理政府与市场的关系，重点分析财政学三大基本理论：市场失灵、公共产品、外部效应。

第三章为财政职能，通过对财政职能理论研究的发展史的介绍，重点对当前四大财政职能——资源配置、收入分配、经济稳定、监督管理进行阐释。

第四章为财政支出，重点讲述财政支出的分类与原则、财政支出的规模与结构、财政支出的效益。

第五章为主要财政支出，重点介绍我国教育支出、政府投资支出和社会保障支出。

第六章为税收收入，重点阐述税收概念、特征及原则，税收负担与税负转嫁，税收制度与税制模式，以及我国税收制度基本情况。

第七章为非税收入，从广义角度介绍非税收入的概念、作用、内容与管理，并对主要非税收入进行分析。

第八章为政府预算，重点讲解政府预算的本质、预算体系与流程、政府预算制度改革。

第九章为财政体制，主要介绍财政体制基本原理及实践、财政体制内容、财政收支划分原理、分税制基本内容及转移支付制度、浙江省"省直管县"制度。

第十章为财政政策，主要阐释财政政策的目标和工具、财政政策与货币政策的配合、我国财政政策实践、地方政府财政政策实践。

本教材为大学本科特别是应用型本科适用教材，可用作财政学专业的专业理论教材，也可作为经济学专业、各财经类专业和工商管理类专业的核心课程教材。本书以理论加案例的方式整合编写，适合启发式、案例式等教学模式。

本教材参与编写的人员有：张雪平教授（第一、二、五章）、陈祥槐教授（第八章）、金峰峰副教授（第五章）、叶颖蕊副教授（第九章）、刘央央博士（第三章）、李媛媛讲师（第六章）、耿立娟讲师（第四章）、王超讲师（第十章）、郑彬博讲师（第七章）；由主编张雪平教授进行修改、补充和定稿。

本教材的编写和出版得到了各方的大力支持，浙江财经大学东方学院财税学院名誉院长樊小钢教授、院长刘颖教授及浙江大学出版社相关编辑为本书的出版做出了诸多贡献，在此表示诚挚的感谢！

编　者

2021 年 9 月

目 录
CONTENTS

➡ **学习目标**

通过本章学习，学生可以了解政府的财政活动对现实生活的各种影响，了解国内外财政学的发展状况，掌握财政学的基本研究方法。

➡ **案例导入**

马路边上的路灯和自己寝室里的台灯都为我们的出行和学习提供了很大的便利，若路灯坏了我们可能会摔跤，台灯坏了我们可能会碰壁；不过，一般若台灯坏了，我们会及时更换灯泡或维修好；但若路灯坏了，我们却往往会抱怨或投诉。

（资料来源：根据相关资料整理）

请思考：

1. 同样是为我们提供照明和亮光的灯，为什么台灯坏了我们会自己及时更换灯泡或修复，而路灯坏了我们却熟视无睹呢？

2. 台灯是自己花钱买的，路灯是政府财政出资购买的。那么，请问：政府财政的钱又是从哪里来的呢？

第一节　现实中的财政问题

财政学是一门学科，也是一门科学。财政学与人们的实际生活息息相关，生活中处处有财政问题。

一、生活中的财政现象

现代人几乎不可避免地要与财政打交道，财政问题不仅仅是财政部门和税务部门等政府部门的问题，也与人们每天的日常生活息息相关，现实生活中处处都会遇到财政问题。

就日常生活而言，我们每个人一来到这个世间，就会和财政问题打交道。我们中的绝大多数都是出生于由财政资助的公立医院；1~3 岁要打各种免费的疫苗；长大上学后，大部分人所上的是公立的、由财政提供经费的小学、初中、高中和大学（其中小学 6 年、初中 3 年为义务教育阶段）；即便大学毕业后，走上了工作岗位，你所在的单位可能也是需要财政拨款维持的单位；万一失业了，我们可能要领取失业金；如果生了严重的疾病，我们可能要申请大病保险金……凡此种种，不一而足，都会涉及财政问题。

在当代社会，很难想象如果离开了财政的支持，我们的现实生活会是什么样子。也许有人会说，我们穿自己的衣、吃自己的饭、住自己的房、开自己的车，和财政没有丝毫关系。果真如此吗？当然不是，我们每个人的衣、食、住、行，样样都离不开背后的财政活动。

身边的财政

二、财政学的研究对象

财政活动是一种历史悠久的经济现象，但在我国古代书籍文献中却没有"财政"一词，与"财政"比较相近的词有"国用""国计""度支""理财"等。我国使用"财政"一词，据考证，最早出现在清光绪二十四年，即 1898 年，在戊戌变法《明定国是》诏书中有"改革财政，实行国家预算"的条文，这是在我国政府文献中最早使用"财政"一词的记载。该词来自日本，而日本的用法又来自英文"public finance"。不过，自 20 世纪 90 年代以来，学术界曾一度就"public finance"是翻译为"公共财政"还是"财政"有过争议。

本书认为，"财政"一词已准确无误地表达了财政的本义，"财"是指政府收支活动，"政"是指政府治理活动，财政就是政府通过收支活动来实现国家治理目的的一种经济行为或经济现象。基于此，财政的概念可以表述为：财政是国家为了实现其职能的需要，凭借政治权力及财政权力，参与一部分社会产品或国民收入的分配和再分配所进行的一系列经济活动，包括组织财政收支、调节控制和监督管理的活动。

党的十八届三中全会通过的《中共中央关于全面深化改革若干重大问题的决定》提出，"财政是国家治理的基础和重要支柱，科学的财税体制是优化资源配置、维护市场统一、促进社会公平、实现国家长治久安的制度保障"。这一论断是对财政地位和功能进行的重新界定，需要我们认真思考和研究。

财政是经济与政治的双重结合体，财政学属于财政学科体系中的理论学科。财政学的研究，既要从经济学角度，也要从政治学或国家治理角度来研究财政问题。从经济学角度看，财政学的任务是阐明财政的基本知识和基本理论，是研究国家参与的一部分社会产品或国民收入分配和再分配等一系列经济活动中存在的分配关系及其发展规律。从政治学或国家治理角度来讲，财政是经济与政治的交叉点，财政学是经济学与政治学的集合体；财政包含财政收支治理的含义，属于国家治理范畴，财税体制是国家治理体系的重要组成部分。

当前，我们更多的是要从国家治理现代化的角度来加强学习和研究财政问题。

第二节　财政学的发展

财政是伴随着国家的产生而产生的，但是对财政进行专门研究并形成独立的学科则始于 1776 年，也就是亚当·斯密（Adam Smith）的《国富论》一书出版之时。该书的第五篇"论君主或国家的收入"，对财政问题做了系统、科学的阐述，标志着财政学的创立与诞生。

不过，在财政学诞生之前，人们早已在探讨财政问题，许多人从实践中提炼出许多精辟的财政思想、财政观点、财政举措等。这些思想在财政学的形成和发展中占有重要地位。

一、我国财政学的发展

我国历史悠久，各个历史时期的财政思想遍布古籍史册，许多著名理财家都在当时的历史条件下，提出了不少富国裕民的财政思想。在财政收支方面，早在西周时期，周公就提出了"量入为出"的理财思想；春秋时期，管仲提出了食盐应由国家专卖，粮食也应由国家统一经营的思想；西汉时期，桑弘羊提出盐、铁、酒均实行专卖的思想；唐代，杨炎提出两税法主张。这些理财思想，直到今天仍然有指导意义。在财政与经济关系方面，我国古代理财家们初步阐述了经济决定财政，财政影响经济的辩证思想。如刘晏提出理财常以养民为先的观点，同时认为财政必须调节经济；管仲提出税收应实行农轻于商的政策；桑弘羊推行均输平准法，对平抑物价和稳定经济起了较大作用。

我国最早的体系化的财政学理论引自西方，初现于清末民初。首部编译本为清代举人胡子清的《财政学》（1905 年），首部自编本为陈启修的《财政学总论》（1924 年）。20 世纪 30 年代是中国学者编著财政学的兴旺期，虽是自编，但基本学理仍主要援引近代西方公共财政学理论，其内容主要是从国家或政府公共活动的角度论述财政支出、财政收入、收支平衡和财政管理等问题。

中华人民共和国成立初期，我国财政学研究的主流是苏联的苏式财政学，其基础理论主要是财政本质论和财政职能论。此后不久，国内学者开始构建中国自己的财政理论，逐步提出了"国家财政"的概念，开始由公共财政学转向国家财政学。20 世纪 50 年代，提出了后来长期占据主流地位的"国家分配论"，并形成了包括"货币关系论""剩余产品论""再生产论""社会共同需要论"等财政学流派。

20 世纪 90 年代中期，随着建立社会主义市场经济目标的提出，同时，也因计划经济体制向市场经济体制转轨和解决政府与市场关系问题的需要，公共财政学性质的西方现代主流财政学被引入中国，并很快流行起来。

二、国外财政学的发展

自西方著名
财政学者

在《国富论》出版后的 200 多年间，西方财政学有了巨大的发展。不过，万变不离其宗，从根本上看都未能摆脱亚当·斯密所界定的基本框架和思路，即都是对市场经济和公共财政问题的探讨和论述。其实，在亚当·斯密《国富论》之前，英国的威廉·配第（William Petty）的《赋税论》（1662 年）和托马斯·孟（Thomas Mun）的《英国得自对外贸易的财富》（1664 年）等著作已对赋税思想、财政理论等进行了一定的拓展。

人类的财政活动古已有之，有关财政的观点、思想乃至理论也早已萌芽。在西方某些国家和地区，如古希腊的雅典等，都曾出现过财政思想的萌芽。在 11 世纪与 12 世纪的西欧，工商业的复苏导致了财政问题的复兴和财政规模的扩大，使得财政问题受到越来越多的关注。此后，随着社会经济的进步，在 15 世纪的意大利，文艺复兴与商业金融的迅速发展，使得财政活动逐步活跃起来，也推动了财政理论的发展。至 16 世纪末，西欧若干国家如法国等建立了强有力的君主专制制度。这种政治环境的变化，使得财政活动及其理论有了更为迅速的发展。人们对财政问题的研究，已不再是从单一方面，如财政收入方面进行考察，而是开始对整个财政活动，包括政府支出、政府收入和公债等方面进行分析，具有较为全面的特点。近现代财政思想、财政制度、财政体系及其运作模式等，也就是公共财政的理论与制度，则主要是伴随英国社会从自然经济向市场经济、从封建主义制度向资本主义制度的转变而形成的。此外，德国的财政理论也对财政学的发展产生了重大的影响。

（一）亚当·斯密的财政学说

18 世纪后半期的英国，新生的市场和资本要素经过数百年的发展，逐步冲破了旧制度的种种约束、限制与摧残，市场经济体制和公共财政制度实质性地建立了起来。实践的变化要求理论上的说明与总结，《国富论》就是在这种背景下应运而生的。它不仅对市场经济体制，而且也对公共财政制度做了全面、系统、科学的阐述和分析。该书不仅在经济学上，而且在财政学上，都意味着一个崭新纪元的诞生，是市场性质经济学与公共性质财政学的奠基性巨著。

✐ **专栏 1-1：亚当·斯密及其成就** ────────────────

亚当·斯密（1723—1790），出生在苏格兰法夫郡（County Fife）的寇克卡迪（Kirkcaldy），英国经济学家、哲学家、作家，古典政治经济学体系的建立者。亚当·斯密是现代资本主义经济制度的创立者，强调自由市场、自由贸易及劳动分工，被誉为"经济学之父"。

1723 年，亚当·斯密出生于苏格兰一个海关官员的家庭，14 岁考入格拉斯哥大学，学习数学和哲学，并对经济学产生兴趣。17 岁时转入牛津大学。毕业后，1748 年到爱丁堡大学讲授修辞学与文学。1751—1764 年回格拉斯哥大学执教，在此期间，他的伦理学讲义经修订在1759年以《道德情操论》为名出版，为他赢得了声誉。1764年他辞了教授，担任私人教师，并到欧洲旅行，结识了伏尔泰等名流，这对他有很大影响。1767年他辞职，回家乡写作《国富论》，9年后《国富论》出版。1787年，他出任格拉斯哥大学校长。1790年逝世于苏格兰爱丁堡。

在亚当·斯密看来，人类的行为是由6种自然的动机所推动的：自爱、同情、追求自由的欲望、正义感、劳动习惯和交换倾向。这些动机经过各种社会机制的细致平衡，会使一个人的利益不至于与其他人的利益出现强烈的对立，由此而产生的自利行动必然在个人的利益追求中考虑到其他人的利益。由于深信人类动机的自然平衡和对自然秩序的信仰，亚当·斯密提出了他的论断：每个人在追求自身利益时，都会"被一只看不见的手引导着去达到并非出于其本意的目的"。他的经济学理论正是以这种基本观点为基础而对经济过程做出分析的。

在微观经济学方面，亚当·斯密的价值论把劳动看成是价值的唯一源泉，并且把每一种商品中所包含的劳动量视为是衡量交换价值的尺度，并以此为基础，通过考察自然价格和市场价格的关系，分析了竞争约束个人自利行为的作用形式和价格机制配置社会资源的运动过程。他的分配理论分析了工资、利润和地租的决定因素，并考察了三者之间的相互关系。他指出，利润是雇佣劳动创造的、超出工资以上的那部分剩余，但由于竞争的加剧和有利可图的投资机会减少，利润率将趋于下降；至于地租，则是土地所有者凭借其垄断权而获得的一种收入。

在宏观方面，亚当·斯密所关心的是经济增长的性质和动态变化过程，他分析得出了"市场机制本身驱使近代社会的经济不断发展"的结论。因为在人们追求自身利益的过程中，市场会自然地激发出他们勤劳、节俭的品质和创造精神，并通过竞争，引导人们把其资源投向生产率最高的经济领域，从而促成社会资源的优化配置。此外，他详细分析了分工如何导致劳动者技能的提高、时间的节约和技术进步，并进而考察分工发展的条件，提出"分工受市场规模限制"的论点；同时考察了人口的增长和资本的积累对生产性就业量的决定性作用，以及资本积累的源泉——节俭和储蓄。

在经济政策方面，亚当·斯密是经济自由主义的倡导者。他期望在自律的个人自由基础上建立起一种自发调节的社会经济秩序，因而倡导一种"自然的、简单明了的自由体系"。在其中，政府只需维持和平，建立和维持一个严密的执法体制，以及提供教育和其他最低限度的公共事业而无须干预一般的经济事务，可以放心地让每一个人有按他自己的方式来行动的自由，而个人也会自然地对公共利益做出最大的贡献。也就是说，自由的社会经济体制是市场经济得以顺利运行和促使经济增长的基本条件。

（资料来源：根据相关资料整理）

（二）穆勒等人的贡献

亚当·斯密之后，首先值得提到的对财政学发展做出贡献的，是法国的让·巴蒂斯特·萨伊（Jean-Baptiste Say，以下简称萨伊）和英国的大卫·李嘉图（David Ricardo，以下简称李嘉图）等人。萨伊的名言"最好的财政计划是尽量少花费，最好的租税是最轻的租税"一直流传至今，成为自由放任学说在财政领域的经典性表述。而李嘉图的一些观点和思想，则被后人概括为"税收邪恶论"和"李嘉图等价定理"，也对后世产生了重大而深远的影响。

1848 年约翰·斯图亚特·穆勒（John Stuart Mill，以下简称穆勒）出版的《政治经济学原理及其在社会哲学上的若干应用》一书，在经济学教科书发展史上具有里程碑意义。与亚当·斯密的《国富论》一样，该书也在第五编"论政府的影响"中专门论述财政问题，即财政学也构成了该书的重要组成部分。相比于亚当·斯密，穆勒大大拓展了财政学的广度与深度，大大丰富和细化了对财政问题的分析。尤其是他立足于"政府"，从探讨政府职责和任务的角度，对财政问题进行分析和论述，至今仍然是具有现实意义的。

此外，19 世纪的德国财政学对后世也有很大影响，其中诸如"瓦格纳定理"等理论的影响就一直持续到现在。

（三）巴斯塔布尔的突破

1892 年，C. F. 巴斯塔布尔（C. F. Bastable，以下简称巴斯塔布尔）的《公共财政学》（*Public Finance*）一书出版，意味着财政学的发展开始突破以往的两个束缚：①此前财政学只是经济学的组成部分，没有单独成书。巴斯塔布尔则使之独立化，而不仅仅是经济学的附属物。②此前人们一直没能找到合适的英语用词来概括财政范畴和现象，这使得财政研究和分析有些混乱，如亚当·斯密一直用"公共"去界定各种财政活动，穆勒则主要使用"政府"这样的词。巴斯塔布尔以"Public Finance"为书名，对政府收支范畴给出了一个贴切的术语与概念，从此被广泛接受与认可，直到数十年后"公共经济"（public economy）一词的出现，才对该词的使用产生了冲击。

（四）英美财政学发展的三大阶段

在此之后，各种财政学专著和教科书不断涌现。这些财政学专著和教科书系统地反映和总结了当时财政理论和财政思想的最新研究成果，这一系列理论体系建立、发展和完善，促进了财政研究的进一步发展和深化。

巴斯塔布尔的《公共财政学》问世之后的百余年间，西方财政学经历了一个极为繁荣的发展过程，它大体上可分为 3 个阶段：①第一阶段为 1892—1928 年，这是英美公共财政学发展的早期。这一阶段的西方财政学代表性著作，除了巴斯塔布尔等人的著作外，还有 1922 年 H. 道尔顿（H. Dalton）出版的《公共财政学原理》和阿瑟·西塞尔·庇古（Arthur Cecil Pigou，以下简称庇古）1928 年出版的《公共财政学研究》。这一时期的财政学，除了少量税收理论外，更多的是对具体的税收、公共支出和公共债务活动的分析。②第二阶段为 1929—1958 年，这是英美公共财政学发展的中期阶段。这一时期西方公共财政学发展相对缓慢，出版物的数量也相对少，在财政学说史上产生深远影响的巨著也较少。值得一提的是，意大利学者安东尼奥·德·维蒂·德·马尔科（Antonio de Viti de Marco，以下简称马尔科）的《公共财政学基本原理》一书 1936 年在美国翻译出版，其中奥意财政学派的公共产品论和公共经济论等全新理论被介绍到英美学术界，对若干年后英美财政学的大发展产生了巨大而深远的影响。③第三阶段为 1959 年至今，是现代西方公共财政学发展的后期。这一阶段，理查德·阿贝尔·马斯格雷夫（Richard Abel Musgrave，以下简称马斯格雷夫）的《公共财政论：公共经济研究》于 1959 年出版，詹姆斯·M. 布坎南（James M. Buchanan，以下简称布坎南）的《公共财政学：教科书导论》于 1960 年出版，开始以公共产品论和社会抉择论等全面重构财政学的体系与内容，这意味着英美财政学一种重大转折的实现。

（五）公共经济学的形成

马尔科的《公共财政学基本原理》一书在美翻译出版，为英美财政学的理论基点从"政府收支"转到"公共经济"上来提供了最为重要的前提条件。E. D. 阿兰（E. D. Allen）和 O. H. 布朗里（O. H. Brownlee）1947 年出版的《公共财政经济学》（*Economics of Public Finance*），首次采用了马尔科的"财政学是'经济学'"的观点并将其贯穿于全书。

正式以"公共经济学"（public economics）为书名的，是 L. 约翰逊（L. Johansan）1965 年出版的《公共经济学》一书。此后，许多教科书都采用了与之相同或相似的书名。它们在相当程度上反映了财政学实质内容的某种转变，公共经济学于 20 世纪六七十年代得到迅速发展，"现代公共部门经济学是经济学的令人激动和富于挑战性的分支……"1972 年《公共经济学学报》（*Journal of Public Economics*）的创刊，可以视为公共经济学完全形成的重要标志。如今，公共经济学作为经济学的一个大类，被广泛地关注和研究，各国已有大量以"公共经济学"或"公共部门经济学"命名的教材或著作问世。

第三节　财政学的研究方法

现代财政学覆盖面非常广泛，涉及微观和宏观经济学、政治学、公共管理学与法学等多个领域，是一门交叉性学科。

一、财政学与相关学科

财政涉及政府的收支分配活动，是整个经济活动的一个组成部分，就学科归属来看，财政学是经济学的一个分支学科，但作为政府的收支分配活动，财政又有着不同于一般经济活动的特点，所以，仅从经济学角度是无法全面、准确地把握与分析财政问题的，还需要从政治学、公共管理学、法学等角度进行分析。

（一）财政学与微观经济学

在西方，财政学在传统上属于微观经济学范畴。众所周知，西方市场经济在前期经历了一个数百年的自由放任阶段。这种政府不插手干预宏观经济的状态，决定了当时经济学所研究的基本上只是微观问题，而不涉及宏观层面的分析。此时存在的只是"小政府"和"小财政"，政府课税收费和提供公共支出的活动，也是一种微观性质的资源配置活动，并不是从宏观层面对整个经济的调控与干预。相应地，财政学也只是微观经济学的一个组成部分。

宏观经济学产生之后微观经济学仍然是财政学的基础，财政学的绝大部分内容仍然离不开微观经济分析，给出的结论仍然是微观性质的结论；同时，财政学也仍然是对微观经济学的拓展与深化。

（二）财政学与宏观经济学

20世纪前期，西方政府对市场从传统的不干预转向了干预，开始运用赤字财政政策去熨平经济周期，取得了很大的成效，并相应地产生了宏观经济学。财政政策是政府宏观经济政策的支柱部分，有关财政政策的理论与分析理所当然是财政研究的组成部分。如同从传统财政学扩展到公共经济学一样，从微观经济领域扩展到宏观经济领域，也是西方财政学的一个重要发展。

（三）财政学与政治学

自亚当·斯密以来，政治学很少出现在财政研究学者的视野中。但财政作为政府的分配手段，其每项活动都直接或间接与政府活动相联系，这决定了财政学从来就不是一门纯粹的经济学学科，而是经济学与政治学的交叉学科。离开了政治学角度的分析与探讨，财政研究与运作总会有所缺失。反过来，现代政治学也越来越多地与财政学发生联系，公共财政问题已成为政治学的重要研究内容。财政问题的研究必须与政治学相联系，采用政治学的某些分析方法、手段，并与其结论相验证。

（四）财政学与公共管理学

市场经济下存在的是公共服务型政府，它进行的是公共管理性质的活动。公共管理学就是介于传统的行政管理学、政治学和经济学之间的交叉学科。政府预算制度是公共财政赖以存在的基本制度，它直接决定、约束、规范和监督政府的收支活动，是政府开展公共管理的基本制度之一。作为政府的基本管理制度之一，它不仅是财政学同时也是公共管理学研究的重要内容。由此可见，财政学还是经济学、政治学与公共管理学之间的一门交叉学科。研究公共财政问题，也必须辅之以公共管理学的基本分析手段和分析方法，也应当从公共管理的角度去分析问题。

（五）财政学与法学

市场经济是法治经济，公共财政是法治财政，其政府收支活动是在法律的约束与规范下展开的。政府必须依法课税收费，社会公众则是依法纳税缴费，议会等国家权力机关通过的政府预算具有法律效力，政府及其官员必须遵循……这些都表明了现代财政学与法学的天然联系，财政问题也需要从法学的角度开展研究。近年来，我国财政学界与法学界的许多学者，不约而同地开展了财政立宪问题的研究，即将公共财政与立宪国家联系起来，大大拓展了财政学和法学的研究领域。

二、财政学的研究方法

（一）财政学的主要研究方法

财政学研究可采用规范分析与实证分析、定量分析与定性分析、理论分析与实践分析等多种方法。

1.规范分析与实证分析

现实中经常会出现一些争论，比如，对于房地产价格问题，有的人认为政府应该干预，有的人认为政府不应该干预，而应该让房地产市场自己去调节。于是，"应该"还是"不应该"所涉及的规范表述，属于规范经济学研究的内容。

近一二十年来，我国的房地产价格持续不断上涨的问题，到底是由于什么原因引起的呢？对原因的分析和研究，属于实证经济学的研究内容。

总之，涉及"应该"或"不应该"等价值判断问题，属于规范经济学研究的内容，应进行规范分析；而涉及"是"或"不是"等不带有价值判断的问题，则属于实证经济学研究的内容，应进行实证分析。

从现实来看，规范分析和实证分析有时很难分开，特别是对效率和公平进行权衡取舍时，更是如此。财政学作为经济学的一个分支学科，必然涉及效率和公平的问题，因此，规范分析和实证分析都是财政学的重要研究方法。

2.定量分析与定性分析

定量分析就是运用数理和统计技术，考察事物的"量"的规定性，从而把握事物性质的一种研究方法。该研究方法着眼于用数量关系精确地提示事物的根本特征。

定性分析是运用理论分析、历史研究和逻辑演绎，剖析事物的"质"的规定性，从而把握事物性质的一种研究方法。其着眼于对事物的表象进行全面、深入细致的考察和分析，进而揭示出决定这一事物运动、变化和发展的内在规律。

3.理论分析与实践分析

理论分析方法是在感性认知的基础上通过理性思维认识事物的本质及其规律的一种科学分析方法。实践分析方法则强调在实践中检验理论和发展理论，并注重理论在实践中的应用。本书除运用大量的理论分析外，也使用实践分析的方法，将现实中真实的案例和财政实践过程中的各项政策、制度等融入教材内容中，从而提高本书的应用性和实践性。

（二）研究财政学要注意的问题

1. 注意目前财政学的过渡性质

2000 年以来，我国学者自己撰写的财政学教科书普遍采用西方财政学的基本体系与理论，绝对否定西方财政学的现象基本上已成历史。但这不等于对西方财政学的争议已不存在了。随着新体系和理论的采用，我国财政学研究有了很大的发展，克服了语录、标语、口号和社论引文、政治说教过多等传统弊端，但也产生了新的问题，其中最为重要的便是缺乏对我国具体国情的分析。西方财政学中的公共选择论和"以脚投票"论等，其分析对象、思维逻辑、内容和结论等，都立足于西方国家的具体制度，与我国有着很大的不同，但我国目前在这方面还没形成与国情相吻合的理论。为此，要注意目前国内财政学研究的过渡性质，注重运用西方财政学理论来分析和研究国内问题。

2. 注意学好现代经济学

西方经济学和财政学在市场经济环境中，经历了数百年的改进完善过程，因此，它们有着鲜明的市场经济特征，与市场经济有着高度的适应性与一致性。这恰恰是我国传统经济学和财政学研究缺乏的背景。我国目前正在全力构建社会主义市场经济体制和公共财政制度，因此，掌握现代经济学和财政学的基本理论与分析方法，成为我国经济学界和财政学界的当务之急。为此，应当学好微观经济学，学会用微观分析的方法去观察财政现象，为财政决策提供理论支撑，而不能武断地认为财政决策即政府的"宏观调控"活动。至于宏观经济学，自 1998 年我国实行了积极财政政策以来，该理论就一直发挥着重要的基础理论作用，其基本原理也是较好掌握的。

3. 注意对中国国情的了解

学习西方、借鉴西方，都是为了解决中国问题。为此，在努力掌握现代经济学和财政学知识的同时，还应当注意对中国国情的了解。这包括两个方面的含义：①现有的财政学理论知识的介绍与分析方法的应用，必须与我国的财政现实相结合。西方的市场经济是高度发达的市场经济，与之相适应的财政学是完善的市场经济下的财政学。我国的市场经济还在发展中，因而我们无法直接套用西方的具体分析方法来解决国内问题。这就需要结合我国具体国情，创造性地构建自己的市场型财政学。②还必须了解我国以往的财政制度和财政实践，这也是了解国情的重要方面。不了解过去，就难以很好地了解现在，也难以正确地把握未来。

▶▶ **本章小结**

1. 财政问题是与现实生活密切联系的问题，财政政策的改变会对社会经济的总量、结构及微观经济决策产生重大影响。

2.财政是国家治理的基础和重要支柱，财政学是研究政府收支活动及其对经济运行产生的影响的经济学分支学科。古今中外，财政学的研究总是伴随社会的不断发展而发展，其研究的内容不断丰富，产生了诸多财政思想。

3.财政学的研究方法具体包括规范分析与实证分析、定量分析与定性分析、理论分析与实践分析等。

4.现代财政覆盖面非常广泛，涉及经济学、政治学、公共管理学、法学等多个领域，是一门交叉学科。

▶▶ **基本概念**

财政　财政学　公共经济学　实证分析　规范分析　定量分析　定性分析

▶▶ **思考题**

1.请列举现实生活中政府经济活动的若干例子。

2.简述私人部门经济和公共部门经济的异同。

3.西方财政学不同发展阶段的主要财政思想有哪些?

4.下列论述中，哪些是实证分析，哪些是规范分析，为什么?

（1）经济发展过程中出现收入差距扩大是合理正常的现象。

（2）利率上升有利于储蓄的增加。

（3）如果限制小汽车进口，国内消费者就需要支付更高的价格。

（4）个人所得税的征收对中等收入家庭是不公平的。

（5）实施营改增以来，企业税收的负担明显下降了。

▶▶ **参考文献**

陈共.财政学 [M].9 版.北京:中国人民大学出版社,2017.

邓子基.财政学 [M].3 版.北京:中国人民大学出版社,2014.

邓子基,陈工,林致远,等.财政学 [M].4 版.北京:高等教育出版社,2014.

马海涛,温来成,姜爱华.财政学 [M].北京:中国人民大学出版社,2012.

孙进,钱邵军,蔡长青.世界经济学名著速读手册 [M].北京:中国致公出版社,2000.

亚当·斯密.国民财富的性质和原因的研究 [M].北京:商务印书馆,2004.

张馨,杨志勇,郝联峰,等.当代财政与财政学主流 [M].大连:东北财经大学出版社,2000.

目 本章测试

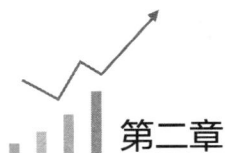

第二章
政府与市场的关系

➤➤ **学习目标**

    通过本章的学习，学生应该了解政府与市场的基本关系，并掌握财政学基本理论，即市场失灵理论、公共产品理论、外部效应理论；能够运用所学的财政学基本理论分析现实生活中的财政问题。

➤➤ **案例导入**

    面对大规模传染病事件，各国政府机构扮演了最为重要的危机应对和纾困角色，我国通过有效措施，本土新冠肺炎疫情传播基本阻断，防控形势逐步向好。但当前，全球范围内的疫情蔓延之势仍在继续，我国也存在一定境外输入风险。最近几次的疫情防控阻击战的有效组织得益于有效的联防联控机制，但也暴露出一些社会治理工作中的不足。如何提升传染病风险管理能力，完善重大公共卫生事件的应急机制，进而维护经济社会稳定发展，是疫情给我国乃至全球政府带来的深刻思考与启示。

（资料来源：中国金融新闻网，https://www.financialnews.com.cn/bx/bxsd/202003/t20200325_186167.html）

请思考：

面对突发性公共卫生事件，政府到底该如何介入？

第一节　市场失灵理论

一、政府与市场的关系

    党的十八届三中全会提出"使市场在资源配置中起决定性作用和更好发挥政府作用"，这是这次全会提出的一个重大理论观点。经济体制改革是全面深化改革的重点，核心问题是处理好政府和市场的关系，因此，财政和财政改革的核心也是处理好政府与市场的关系问题。

    我国的社会主义市场经济体制是由计划经济体制转换过来的，要建设社会主义市场经济体制，首先要正确认识和处理政府与市场的关系，而最首要的问题就是认识市场与计划的关系。邓小平同志曾创造性地阐明了两者的关系："计划多一点还是市场多一点，不是社会主义与资本主义的本质区别。计划经济不等于社会主义，资本主义也有计划；市场经济不等于资本主义，社会主义也有市场。计划和市场都是经济手段。社会主义的本质，是解放生产力，发展生产力，消灭剥削，消除两极分化，最终达到共同富裕。"①

我国明确实行社会主义市场经济，也就是由原来的计划经济体制转向市场经济体制，这个转变是在坚持社会主义基本政治经济制度前提下资源配置方式的转变，因而从社会主义市场经济出发重新认识财政，也就是要从资源配置方式转变及其相关的政府职能转变的角度重新认识财政。这是社会主义市场经济财政体制改革和建设的基本出发点与立足点。

在计划经济体制下，政府计划在资源配置中起主导作用，它削弱甚至排斥市场的资源配置作用。但在市场经济体制下，市场是一种资源配置方式，财政是政府进行资源配置的重要手段，是执行政府职能的工具，所以明确政府与市场的关系是财政理论和财政改革的理论前提，不明确政府与市场的关系，就不能说明有市场配置为什么还要有财政配置，也无法明确财政配置所起的作用、财政配置的运行机制，以及财政配置的范围和规模有多大才符合市场经济的要求等方面的问题。这就需要从市场经济的角度，以资源配置方式的转变和与之相应的政府职能的转变为切入口，重新认识财政在市场经济下的地位、作用及其运行机制。

西方发达国家的市场经济是经由经济发展自发地形成的，而我国社会主义市场经济的形成和建立有本身的特殊性。我国的市场经济是在政府推动下通过经济体制改革由计划经济体制转换过来的，而原来存在的是运行机制不完善的"残缺市场"，经济体制改革就是由政府培育和"塑造"市场经济的过程。从这个意义上说，我国经济的市场化改革和政府职能的转变是同一个问题的两个方面，政府职能的转变也就是市场化改革。改革开放后的一段时间内，我国仍处于"摸着石头过河"阶段，曾先后提出多种思路，不断探索转向市场经济的道路和模式，拓展和认识政府与市场关系新的科学定位。

在不断总结经验的基础上，我国于1992年提出，要使市场在国家的宏观调控下对资源配置起基础性作用。这是一次重大的理论突破，对我国经济体制改革和经济社会发展发挥了重要的作用。

党的十八届三中全会进一步明确提出市场在资源配置中起决定性作用的论断，这是对于政府与市场关系在理论上的进一步升华，这一论断从根本上解决了在资源配置中是市场还是政府起决定性作用的问题。市场决定资源配置是市场经济的一般规律，市场经济本质上就是市场决定资源配置的经济。健全的社会主义市场经济体制必须遵循这条规律，着力解决市场体系不完善、政府干预过多和监管不到位问题。

做出使市场在资源配置中起决定性作用的定位，树立了社会主义市场经济关于政府和

市场关系的正确观念，明确了经济体制改革的终极目标。当然，使市场在资源配置中起决定性作用，并不是否定或忽视政府的作用。完整的市场系统是由家庭、企业和政府3个相对独立的主体组成的。在市场经济下，政府也是构成市场系统的一个主体。比如，政府为市场提供诸如基础设施、教育服务和社会保障之类的公共物品和准公共物品，同时从市场采购大量的私人物品和办公用品。但政府又是一个公共服务和政治权力机构，具有与市场不同的运行机制，在市场体系中具有特殊的地位和特殊的功能，可以通过经济、法律和行政等手段，介入和干预市场。因此，发展社会主义市场经济，既要发挥市场的作用，也要发挥政府及财政的作用。

"看不见的手"和"看得见的手"这个"两只手"的命题也是中国经济体制改革进程中的一个核心命题。行政体制改革是经济体制改革和政治体制改革的重要内容，简政放权，转变政府职能，在经济领域向市场、社会的放权，蕴涵着全面深化改革的明晰思路。放开市场这只"看不见的手"，用好政府这只"看得见的手"，在未来的改革征程上，让"看不见的手"更有效，让"看得见的手"更有为。简言之，市场在资源配置中起决定性作用，政府及其财政的作用就是提供公共物品，满足公共需要，同时，完善政府的宏观调控体系，弥补市场本身的瑕弊。这就是区别于计划经济财政的社会主义市场经济财政，也就是说，计划经济财政是政府在资源配置中起主导作用的财政，而社会主义市场经济财政则是市场在资源配置中起决定性作用的财政。

"坚持和完善社会主义基本经济制度，充分发挥市场在资源配置中的决定性作用，更好发挥政府作用，推动有效市场和有为政府更好结合。"党的十九届五中全会对科学把握市场与政府关系进行了深刻总结，明确了当前和今后一个时期深化社会主义市场经济体制改革的方向。通过全面深化改革，构建高水平社会主义市场经济体制，将会使14亿中国人民的活力充分激发，创造更多社会财富，追求更加美好生活，逐步迈向共同富裕。这种推动现代化的力量，是任何困难都阻挡不了的。

二、市场效率与市场失灵

（一）市场与市场效率

什么是市场？完整的市场系统是由家庭、企业和政府3个相对独立的主体组成的。在市场经济下，政府构成市场系统的一个主体，但为了说明政府与市场的关系，需要首先分析没有政府介入的市场，这时市场只有两个主体，即家庭和企业。家庭是社会的基本细胞，是社会生活的基本单位。它为市场提供劳动力、资本和土地（在土地私有的条件下）等生产要素，并通过提供生产要素获取收入，而后用家庭收入到市场上购买生活消费品或从事投资，家庭的基本目标是满足需要和实现效用水平的最大化。企业是商品生产和商品交换的基本单位，它从市场买进生产要素，通过加工转换为商品或劳务，而后将商品或劳务又卖给家庭并获取企业收入和利润，企业的基本目标是利润最大化并实现扩大再生产。

市场，从日常生活来看，就是商品（包括生产要素）交易的场所，如百货商场、汽车市场、证券市场等，但从经济学的角度来看，市场不仅是商品交易的场所，而且是在无数个买者与卖者的相互作用下形成的商品交易机制。市场机制的基本规律就是供求规律：供大于求，价格下降，库存增加，生产停滞；求大于供，价格上涨，库存减少，生产增长；通过价格和产量的不断波动，自发地达到供给和需求的均衡。

市场是一种结构精巧而且具有效率的商品交易机制，这是毋庸置疑的。亚当·斯密将市场规律形容为"看不见的手"，认为不需要任何组织以任何方式干预，市场可以自动地达到供给与需求的均衡，而且宣称每个人在追求私人利益的同时，都会被这只"看不见的手"牵动着去实现社会福利。马克思同样赞叹市场机制的效率，并将价格规律提升为价值规律，认为商品的价值是由生产商品的社会必要劳动时间决定的，而价格围绕价值上下波动来调节生产和流通，并促进技术进步和经济发展，同时马克思也指出了市场波动是导致经济危机的可能性因素。

福利经济学的代表人物、意大利的经济学家维尔弗雷多·帕累托（Vilfredo Pareto，以下简称帕累托）提出的帕累托效率标准（又称为帕累托最优状态），是在学习西方经济学和财政学时经常提到的一个概念。简单一点说，帕累托最优状态是指这样一种状态：任何一种改变都不可能使一个人的境况变好而又不使别人的境况变坏。帕累托还论证了达到帕累托最优所必须满足的条件，包括交换的最优条件、生产的最优条件、交换和生产的最优条件。帕累托效率标准或帕累托最优状态可以作为我们分析经济效率和财政效率的一个规范性参照标准。

专栏 2-1：帕累托的学术成就

维尔弗雷多·帕累托（1848—1923），意大利经济学家、社会学家，洛桑学派的主要代表之一。生于巴黎，曾就读于意大利都灵大学，后来任瑞士洛桑大学教授。

帕累托运用立体几何研究经济变量间的相互关系，发展了瓦尔拉的一般均衡的代数体系；提出了在收入分配既定的条件下，为了达到最大的社会福利，生产资料的配置所必须达到的状态，这种状态称为"帕累托最优"。在社会学上他属于"机械学派"。认为阶级在任何社会制度中都是永恒存在的，因而反对平等、自由和自治。帕累托对经济学、社会学和伦理学做出了很多重要的贡献，特别是在收入分配的研究和个人选择的分析中。他提出了帕累托最优的概念，并用无差异曲线来帮助发展个体经济学。帕累托因对意大利20%的人口拥有80%的财产的观察而著名，后来被约瑟夫·M.朱兰（Joseph M. Juran）和其他人概括为帕累托法则（20/80法则或二八法则），后来进一步概括为帕累托分布的概念。帕累托指数是对收入分布不均衡的程度的度量。帕雷托提出了精英理论，认为，社会分层结构的存在是普遍和永恒的，但并不意味着，社会上层成员和下层成员的社会地位是稳固不变的。

帕累托最优与帕累托效率是指资源分配的一种状态，在不使任何人境况变坏的情况下，不可能使某些人的处境变好。帕累托改进是指一种变化，在没有使任何人境况变坏的前提下，使得至少一个人变得更好。一方面，帕累托最优是指没有进行帕累托改进的余地的状态；另一方面，帕累托改进是达到帕累托最优的路径和方法。帕累托最优是公平与效率的"理想王国"。

如果一个经济制度不是帕累托最优，则存在一些人可以在不使其他人的境况变坏的情况下使自己的境况变好的情形。普遍认为这样低效的产出的情况是需要避免的，因此帕累托最优是评价一个经济制度和政治方针的非常重要的标准。

帕累托改进基于帕累托最优之基础。帕累托改进是指在不减少一方的福利时，通过改变现有的资源配置而提高另一方的福利。帕累托改进可以在资源闲置或市场失效的情况下实现。在资源闲置的情况下，一些人可以生产更多并从中受益，但又不会损害另外一些人的利益。在市场失效的情况下，一项正确的措施可以消减福利损失而使整个社会受益。

帕累托最优和帕累托改进是微观经济学，特别是福利经济学常用的概念。福利经济学的一个基本定理就是所有的市场均衡都是具有帕累托最优的。但在现实生活中，通常的情况是有人有所得就有人有所失，于是经济学家们又提出了"补偿准则"，即如果一个人的境况由于变革而变好，因而他能够补偿另一个人的损失而且还有剩余，那么整体的效益就改进了，这就是福利经济学的另外一个著名的准则——卡尔多—希克斯改进。

（资料来源：根据相关资料整理）

（二）市场失灵

1.市场失灵的概念

市场失灵是和市场效率对应的。上面谈到的市场配置效率是以完全的自由竞争作为严格假设条件的，而现实的市场并不具备这种充分条件。所以，市场的资源配置功能不是万能的，市场机制本身也存在固有的缺陷，因此，当通过市场配置资源不能实现资源的最优配置时，市场就失灵了。

2.市场失灵的主要表现

（1）市场垄断

市场效率是以完全自由竞争为前提的，然而某一行业在产量达到相对较高的水平之后，就会出现规模收益递增和成本递减问题，这时就会形成垄断。当一个行业被一个企业或几个企业垄断时，垄断者可能通过限制产量、抬高价格，使价格高于其边际成本，获得额外利润，从而丧失市场效率。

（2）信息不充分和不对称

竞争性市场的生产者和消费者都要求有充分的信息，特别是在现代信息社会的条件下，信息构成商品生产、消费和营销的最敏感的神经系统。在市场经济下，生产者与消费者的生产、销售、购买都属于个人行为，信息本身也成为激烈竞争的对象，而信息不充分和信息不对称是影响公平竞争的重要因素。

（3）外部效应与公共物品

完全竞争市场要求成本和效益内在化，产品生产者要负担全部成本，同时全部收益归生产者所有。外部效应说明的是一个厂商从事某项经济活动而对其他人带来利益或损失的现象。如上游水库可以使下游地区受益，是正的外部效应；造纸厂对河流造成污染，是负的外部效应，因此，外部效应就是指在市场活动中没有得到补偿的额外成本和额外收益。当出现正的外部效应时，生产者的成本大于收益，利益外溢，得不到应有的效益补偿，市场竞争就不可能形成理想的效率配置；当出现负的外部效应时，生产者的成本小于收益，受损者得不到损失补偿，同样市场竞争也不可能形成理想的效率配置。外部效应典型的例子是"公共物品"，因为大部分"公共物品"的效益是外在化的。一般而言，市场对提供纯公共物品是失灵的。

（4）收入分配不公

市场机制效率是以充分竞争为前提的，而激烈的竞争不可能自发地解决收入分配公平问题。公平和效率是矛盾的统一，效率是前提，首先要把"蛋糕"做大，没有效率，即使是公平的，也是低水平的平均主义；但公平既是经济问题，也是社会问题，收入差距过大，严重不公，会带来社会不安定，反过来又会影响效率。

（5）经济波动

市场机制是通过价格和产量的自发波动达到需求与供给的均衡的，而过度竞争不可避免地导致求大于供与供大于求的不断反复：求大于供，物价上涨，会导致通货膨胀；供大于求，压缩生产，会导致失业率上升。这是市场机制本身不可克服的瘤疾。

自现实中的市场
失灵现象

三、政府干预与政府干预失效

（一）政府干预和政府干预手段

1.政府干预的必要性与合理性

市场失灵为政府干预提供了必要性与合理性。西方经济学的新凯恩斯主义学派综合西方经济学多年关于政府和市场关系的观点，提出一种新型的政府—市场观，认为现代经济是一种混合经济（指私人经济和公共经济），政府和市场之间不是替代关系，而是互补关系。我国依据全面深化改革的特殊性，则提出市场在资源配置中起决定性作用。明确市场的决定性作用，是强调政府不能替代市场配置资源，并不是否定政府的作用，因为市场

"并不是起全部作用"，而且市场和政府的职能作用是不同的，政府的作用主要是弥补市场失灵。因此政府必须从不同的渠道采取必要和合理的措施对市场进行干预。

2.政府干预的渠道和手段

政府干预的渠道和手段可以概括为以下 4 个方面。

（1）政府的宏观调控

宏观调控的功能是维系经济总量平衡，促进重大经济结构协调和生产力布局优化，减缓经济周期波动及其影响，防范区域性、系统性风险，稳定市场预期，实现经济持续健康发展。宏观调控也就是政策调控，主要手段是财政政策和货币政策及二者的相互配合。在我国强调建立以国家发展战略和规划为导向、以财政政策和货币政策为主要手段的宏观调控体系，推进宏观调控目标制定和政策手段运用机制化，加强财政政策、货币政策与产业、价格等政策的协调配合，提高相机抉择水平，增强宏观调控的前瞻性、针对性、协调性，同时形成参与国际宏观经济政策协调的机制，推动国际经济治理结构的完善。

（2）立法和行政手段

政府干预的立法和行政手段主要有制定市场法规、规范市场行为、制定发展战略和中长期规划、制定经济政策、实行公共管制、规定垄断产品和公共物品价格等。比如，为了对付垄断，政府可以制定反垄断法，实行公共管制，由政府规定价格或收益率；对外部效应大的物品，政府可以强制排污工厂停产，限期治理，或对受损单位给予应有的补偿；为了纠正单纯以增长速度评定政绩的倾向，在考核评价体系中加大资源消耗、环境损害、生态效益、产能过剩、科技创新、安全生产、新增债务等指标的权重，等等。

（3）组织公共生产和提供公共物品

公共生产是指由政府出资兴办的所有权归政府所有的工商企业和事业单位，主要是生产由政府提供的公共物品，也可以在垄断部门建立公共生产部门，并从效率或社会福利角度规定价格。政府组织公共生产，不仅是出于提供公共物品的目的，而且是出于有效调节市场供求和经济稳定的目的。按广义的生产概念，公共生产既包括生产有形物品的工商企业，也包括提供无形物品和服务的学校、医院、文艺团体、气象部门，以及政府机关和国防部门等。比如，为了弥补市场信息的不充分和不对称，政府的有关部门要定期向社会提供有关商品供求状况、价格趋势及宏观经济运行和前景预测的资料，而政府提供经济信息是一种社会性服务，也属于公共物品和公共服务的范围。

（4）财政手段

应当指出，财政手段既不直接生产也不直接提供公共物品，而是通过征税和收费为政府各部门组织公共生产和提供公共物品筹集经费与资金。财政的目标是最终满足社会公共需要，同时又通过财政政策、税收优惠、财政补贴等手段调控市场经济的运行。还应指出，财政运行的主线是财政收（入）支（出），而财政收支既是政府参与国民收入分配的过程（也就是政府参与资源配置的过程），同时也是政府干预市场的过程。

（二）政府干预失效

市场经济需要政府干预，这是毫无疑问的，但政府干预并非总是有效的，市场机制存在失灵问题，政府机制同样会带来政府干预失效的问题。政府的运行是以政治权力为基础和前提的，而经济是政治的基础，政治权力不能创造财富，却可以支配财富，甚至凌驾于经济之上支配经济，这正是政府可以干预市场及政府干预失效的根本原因。恩格斯论述暴力在历史中的作用时曾指出："在政治权力对社会独立起来并且从公仆变为主人以后，它可以朝两个方向起作用。或者按照合乎规律的经济发展的精神和方向去起作用，在这种情况下，它和经济发展之间就没有任何冲突，经济发展就加速了。或者违反经济发展而起作用，在这种情况下，除去少数例外，它照例总是在经济发展的压力下陷于崩溃。"[①]

政治体制和经济体制是相辅相成的，政治体制改革和经济体制改革必须相互适应，政治体制改革迟滞，必然会导致经济改革效率的损失并制约经济的发展。因此，建立"统一、高效、公正、廉洁"的政府，健全政府机制，转变政府职能，简政放权，以政府权力的"减法"换取市场活力的"乘法"，是经济改革的内在要求，也是社会经济发展的重要保证。

政府干预失效的原因和表现可能发生在以下诸多方面。

1.政府决策失误

大的方面包括发展战略和经济政策失误，小的方面包括某个投资项目选择不当或准公共物品提供方式选择不当等，而政府决策失误会造成难以挽回的巨大损失。比如，为居民提供出行便利的城市交通是地方政府的一项重要职责，但公共交通属于准公共物品，可以由政府提供，也可以由企业提供，这里可以有多种决策方案：是由政府机构亲自规划实施，还是推广政府购买服务；是提倡私人购车还是发展公共交通；如发展公共交通，是建设地铁还是建设地上轻轨，何者成本更低、效益更高；等等。这些是决策问题，也就是效率问题。

2.寻租行为

在市场经济体制下，几乎不可避免地会产生由于滥用权力而发生的寻租行为，也就是公务员特别是领导人员，凭借人民赋予的政治权力，谋取私利，进行权钱交易，化公为私，受贿索贿，为"小集体"谋福利，纵容亲属从事非法商业活动，等等。

3.政府提供信息不及时甚至失真，也可视为政府干预失误

这里且不说政府提供的经济信息有可能失真或不及时，仅就政府应提供的信息是多方面的而言，诸如经济形势判断、气象预报、自然灾害预测等都是引导经济运行的重要信息，一旦失误，都会带来不可估量的损失。

4.政府职能的"越位"和"缺位"

这种政府干预失效主要可能发生于经济体制转轨国家。经济体制转轨的一个核心是明

① 中共中央马克思恩格斯列宁斯大林著作编译局.马克思恩格斯选集（第3卷）[M].北京：人民出版社，1995.

确政府与市场的关系，规范政府的经济行为，转变政府的经济职能，其中包括转变财政职能。如前所述，政府干预是为了弥补市场失灵，而政府干预失效是指政府干预非但没有弥补市场失灵，反而干扰了正常的市场规则，损害了市场效率。财政职能的"越位"，是指应当而且可能通过市场机制办好的事情而政府却通过财政手段人为地参与，如政府热衷于竞争性生产领域的投资，代替了市场职能。财政职能的"缺位"，是指该由政府通过财政手段办的事情而财政没有办或者没有办好，如公共设施、义务教育、公共卫生、环境保护等投入不足等，都是政府干预失效或财政失职的表现。当然，政府职能和财政职能的规范和转变，要靠政治经济体制整体改革的逐步到位来实现，需要一个相当长的过程。但可以说，规范政府的经济行为，转变政府职能和财政职能，是建设社会主义市场经济体制的一个基本理论和实践问题，政府的经济行为缺乏规范，政府职能和财政职能没有真正转变，就不能说已经建成社会主义市场经济体制，从而政府干预效率也就不可能达到理想状态。

第二节　公共产品理论

一、公共产品的概念

公共产品的存在是政府财政活动及形成社会资源有效配置的主要原因。公共产品的严格定义是保罗·A. 萨缪尔森（Paul A. Samuelson，以下简称萨缪尔森）在《公共支出的纯理论》[①] 一文中给出的。纯粹的公共产品是指这样的产品，即每个人消费这种物品或服务不会减少他人对该物品或服务的消费。

（一）公共产品的 3 个特性

公共产品的概念本身是与私人产品的概念相对应的，公共产品区别于私人产品有 3 个不同的特性。

1. 效用的不可分割性（non-divisibility）

也就是说，公共产品是向整个社会共同提供的，整个社会的成员共同享用公共产品的效用，而不能将其分割为若干部分，分别归属于某些企业或个人享用；或者不能按照谁付款谁受益的原则，限定为之付款的个人或企业享用。最为典型的是政府提供的国防安全保障服务，它是对一国国内的所有公民而不是个别公民而提供的，只要生活在一国境内的所有人，任何人都无法拒绝这种服务。而同样可以提供安全保障的防盗门，作为私人产品，具有明显的可分割性：只要有人付款，就可以从市场上购买到相应的防盗门安装到自家门上，起到安全保障的作用。

2. 消费的非竞争性（non-rivalness）

这是指某一个人或企业对公共产品的享用，不排斥、妨碍其他人或企业同时享用，也

① Paul A. Samuelson. The Pure Theory of Public Expenditure[J]. *The Review of Economics and Statistics*, 1954, 36(4): 387-389.

不会因此而减少其他人或企业享用该种公共产品的数量或质量。也就是说，增加一个消费者不会减少任何一个人对公共产品的消费量，也可以说，增加一个消费者，其边际成本为零。同样以国防为例，当以一国的国防力量作为现有安全保障提供的基础时，增加一个人到该国来时，不会减少其他人对国防的安全保障。而私人产品的情况就不是这样的，私人产品在消费上具有明显的竞争性。以产品的拍卖市场为例，谁出价最高，该拍卖品归谁，其竞争性是显而易见的。

3. 受益的非排他性（non-excludability）

这是指在技术上因没有相应的技术，或因技术成本太高而没有办法将拒绝为之付款的个人或企业排除在公共产品的受益范围之外。或者说，公共产品不能对拒绝付款的个人和企业加以阻止。同样，任何个人都不能通过拒绝付款，将其所不喜欢的公共产品排除在其享用品范围之外。

（二）典型事例：空调与冰淇淋

可以用一个简单的例子来说明纯公共产品与纯私人产品之间的区别。

假定一个社会是由生活在一个房间内的人们组成的，这个房间内所做出的决定只对这个房间内的人们产生影响，而不影响到其他任何人。炎炎夏日，这个房间内的人每天会收到固定数量的冰淇淋和充足数量的冷气。很显然，冰淇淋是一种纯私人物品。这是因为，一是冰淇淋是可以分割成若干单位，并在人们之间进行分配，符合效用的可分割性；二是这个房间的人每天所收到的冰淇淋总量多一些，其他人所消费的冰淇淋数量就会少一些，符合"消费的竞争性"；三是冰淇淋可以很容易地通过由每天供求双方的数量需求对比所决定的价格在市场上出售，在价格既定的条件下，这个房间的人可根据其偏好和经济状况而调整其消费冰淇淋的数量，满足"受益的排他性"。

那么，在一个房间内充足的冷气又属于什么性质的物品呢？这也可以从 3 个方面来分析：一是这个房间所提供的冷气是不可能在人们之间进行分割的，生活在这个房间的任何位置上的人都享受同样的室内温度，体现了"效用的不可分割性"；二是假定这个房间的面积很大，可容纳更多的人进住其内，虽然室内居住的人数增加了，但该房间的空调也足够用，无须增加新的空调，因而也无法做到让某些人消费的冷气多一些、让另一些人消费的冷气少一些，体现了"消费的非竞争性"；三是在技术上没有可能或在成本上不值得让生活在这个房间里的不同的人消费不同数量的冷气，也就是某个人可以享受的室内温度，其他人同样可以享受。所以，消费者无法根据其个人偏好及经济状况来调整其所消费的冷气，体现了"受益的非排他性"。

其实，类似的情况在我们现实生活中有很多。

（三）如何判定公共产品

1. 公共产品和私人产品的判定

从上述分析可以看出，要辨别一种产品是否是公共产品，可以从以下 3 个步骤进行。

第一步，看该种产品的效用是否具有不可分割性，如果具有不可分割性，则转入第二步分析。

第二步，看该产品的消费是否具有非竞争性，如果具有非竞争性，则转入第三步分析。

第三步，看该产品的受益是否具有非排他性，如果具有非排他性，则该产品肯定属于纯公共产品。

同样，如果一个产品，既不具有效用的不可分割性（即具有效用的可分割性），又不具有消费的非竞争性（即具有消费的竞争性）、不具有受益的非排他性（即具有受益的排他性），则该种产品肯定是属于纯私人产品。

2.其他产品的判定

不过，现实生活中要比上述两类产品丰富和精彩得多，我们接下来继续判断。

如果一种产品同时具有效用的不可分割性和消费的非竞争性，但在技术上能够做到受益的排他，或者说实现受益的排他的成本不是太高，则该产品属于"拥挤性的公共产品"，如电影院、足球场、公路、桥梁等。这类产品可通过市场提供，政府通过财政给予补贴。

如果一种产品同时具有效用的不可分割性和受益的非排他性，但在消费上具有竞争性，则该产品属于公共资源，即属于具有非排他性，但有竞争性的产品或服务。

如果一种物品或服务是纯粹的公共物品或服务，则它肯定属于社会公共需要领域。它应由政府通过公共财政来提供，市场机制在这个领域肯定是要失灵的。

如果一种物品或服务是纯粹的私人物品或服务，则它肯定属于私人个别需要领域。它有可能通过市场机制来实现供求平衡。

上述判断步骤，可以通过图 2-1 直观地加以反映。

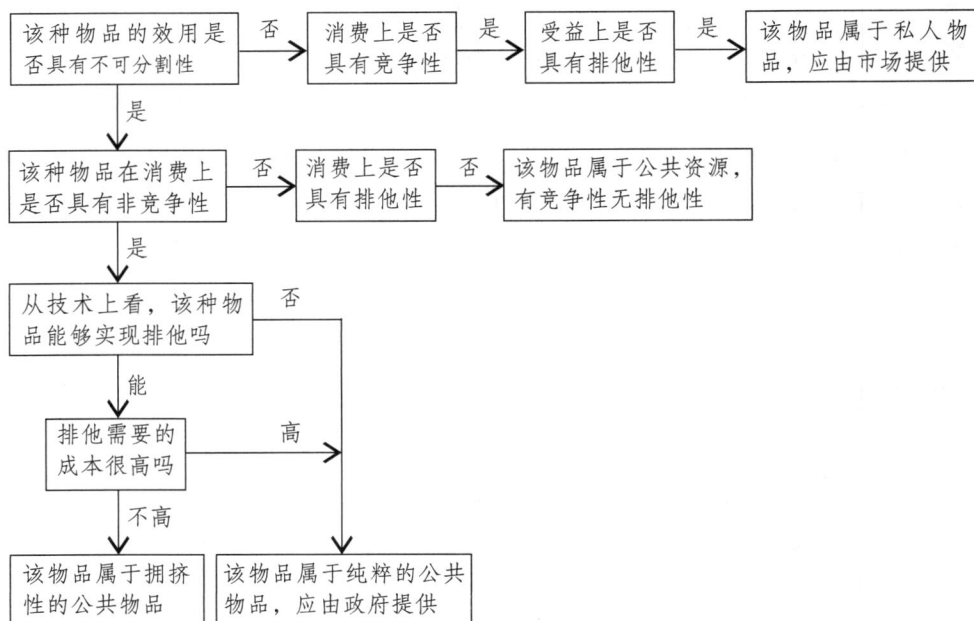

图 2-1　公共产品、私人产品及其他产品的判定步骤

二、公共产品的供给

（一）公共产品有效提供的条件与机制

我们已经讨论了与公共产品有关的概念、特征，现在我们讨论另一个重要的问题，即在什么条件下，公共产品的提供是帕累托有效的，以及在什么机制下能够实现这一有效率的配置。

1. 垂直加总与萨缪尔森条件

我们通过一个例子来推导公共产品的有效率条件。考虑一个村庄，由 A 和 B 两家组成，两家经常受到附近马贼的骚扰，于是决定聘请镇上的巡逻队来村庄巡逻，以保安全。

假定 A 户和 B 户对于巡逻的需求曲线分别为 D_A 和 D_B，分别表示两家对于巡逻的边际支付意愿 P_A 和 P_B 的变化。假定市场上巡逻的供给曲线为 S，表示巡逻的边际成本 MC 的变化，如图 2-2 所示。

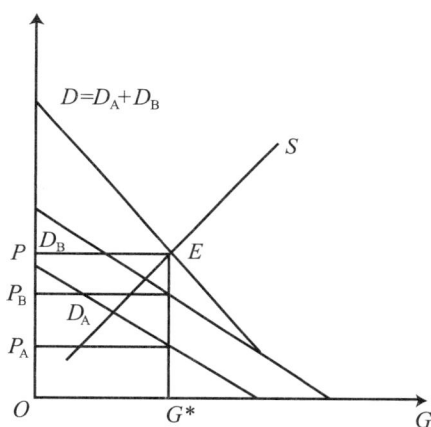

图 2-2　确定有效率的公共产品数量

这里，巡逻对于村庄的两户居民而言，是公共产品。在任意一个给定的巡逻数量上，两家都共同受到该巡逻水平的保护，也就是两家共同消费该巡逻数量，因此，两家的总需求曲线实际上是 D_A 和 D_B 的垂直加总，即图中的 D，表示两户对于巡逻的总边际支付意愿。

显然，巡逻的帕累托有效率水平是由总需求曲线 D 和供给曲线 S 的交点（E）决定的 G^*。当 $G < G^*$ 时，边际支付意愿大于边际成本，增加巡逻能够改善两家的福利；当 $G > G^*$ 时，边际支付意愿小于边际成本，减少巡逻才符合两家的利益。

E 点实际上已经暗含了公共产品的帕累托有效条件，即对公共产品的总边际支付意愿等于生产公共产品的边际成本。由于总边际支付意愿等于两家边际支付意愿的加总，因此，公共产品的帕累托有效提供条件可以写作

$$P_A + P_B = MC \qquad (2-1)$$

我们可以赋予上面的故事以具体数值。假定 A 和 B 的需求曲线分别为

$$P_A=100-G_A$$
$$P_B=300-4G_B$$

巡逻的市场供给曲线为

$$MC=100+G$$

则村庄总的需求曲线为

$$P=P_A+P_B=400-5G$$

利用条件（2-1），可以得到巡逻的有效率数量（$G*$）为 50。

进一步，根据微观经济学理论，我们知道消费者实现效用最大化时，在公共产品（G）与私人产品（X）之间的边际替代率等于其价格之比，即

$$MRS_{GX}=P_G/P_X \qquad\qquad (2-2)$$

同时，生产的边际转换率必然等于两种商品的边际成本之比，即

$$MRT_{GX}=MC_G/MC_X \qquad\qquad (2-3)$$

由于对私人产品（X）而言，有效率的时候必然满足，每个人面临同样的价格，且价格等于边际成本，因此式（2-1）可以改写为

$$MRS_A+MRS_B=MRT \qquad\qquad (2-4)$$

式（2-4）是公共产品有效率条件的常见形式，它最早是由萨缪尔森在《公共支出的纯理论》和《公共支出理论的图解》[①] 两篇论文中推导出来的，因此也被称作萨缪尔森条件。

2. 与私人产品有效率提供条件的比较

回忆一下微观经济学，私人产品的有效率提供条件为

$$MRS_A=MRS_B=MRT \qquad\qquad (2-5)$$

比较式（2-4）和式（2-5），不难发现，私人产品的有效率条件要求所有人的边际替代率都相等并且等于生产的边际转换率；而公共产品的有效率条件则要求所有人的边际替代率加总后等于边际转换率。为什么公共产品与私人产品的有效率条件会有上述差异？归根到底还在于它们不同的商品性质。

私人产品是竞争性的，也就是私人消费的，每个人的消费数量不同，该产品的总量就等于每个人消费数量的加总，因为社会需求曲线是私人需求曲线的水平加总，当社会需求曲线与市场供给曲线相交时，私人产品的配置达到了帕累托最优，这时每个人对私人产品的评价（即边际替代率）都相等且等于生产的边际转换率。

而公共产品是非竞争的，也就是共同消费的，每个人对公共产品的评价各不相同，社会需求曲线是私人需求曲线的垂直加总，当社会需求曲线与市场供给曲线相交时，公共产品实现了帕累托最优配置，这时每个人对公共产品的评价（即边际替代率）之和等于生产的边际转换率。

---

① Paul A. Samuelson. Diagrammtic Exposition of a Theory of Public Expenditure[J]. *The Review of Economics and Statistics*, 1955, 11(37): 350-356.

3. 关于公共产品有效率提供的进一步讨论

根据福利经济学第一定理，我们知道，在竞争性的私人产品市场上，每个人都面对同样的价格，因而市场均衡是帕累托有效的。

这一结论对于公共产品而言，依然成立吗？换句话说，能否通过竞争性市场机制来实现有效率的公共产品提供水平？这个问题的答案一般而言是否定的。

这是因为，在竞争性市场上，每个人都为同一种商品支付同样的价格，然而对于给定数量的公共产品，每个人都有不同的边际评价，从而公共产品的存在将导致竞争性市场的均衡是无效率的。

那么，我们是不是可以构造一种替代机制，允许每个人可以根据自己的意愿为公共产品支付不同的价格，并且实现公共产品的有效率提供？对于这个问题，理论上是可以实现的。

埃里克·罗伯特·林达尔（Erik Robert Lindahl，以下简称林达尔）在其经典论文《公平税收：一个积极的解决方案》（1919）中就提出了这样一种机制。在林达尔模型中，每个人为公共产品支付个性化的纳税份额（林达尔价格），并且我们可以证明，林达尔机制的均衡都满足公共产品有效率提供的要求。

然而，林达尔模型的价值主要还是体现在理论上，在实践中却很难奏效。这是因为，林达尔模型有一个重要前提，就是假定所有人都是诚实的。但问题在于公共产品往往具有非排他性，一旦一定数量的公共产品被提供出来，所有人都消费同样数量的公共产品而不用付钱。这就产生了所谓的"搭便车"（free riding）问题：不购买也同样能消费公共产品，那自己何必掏钱购买呢？从而 A 就有动机隐藏自己对公共产品的真实偏好，而寄希望于 B 来为公共产品买单。反过来，B 也会有同样的动机。由于消费者具有隐藏自己真实偏好的动机，结果会阻止他们达到一个帕累托有效的结果。

为进一步说明这一问题，我们回到前面村庄的例子。假定 A 户决定采取搭便车的行为，那么 B 户的需求曲线就变成市场需求曲线，即

$$P=300-4G$$

与巡逻的市场供给曲线联立，得到

$$MC=100+G$$

可得，由 B 户私人提供的巡逻数量为 40，小于最优的数量 60。

进一步，如果 B 和 A 一样试图"搭便车"，那么最终的结果很可能是，不会有巡逻这样的公共产品，这就是所谓的"三个和尚没水喝"。

上面的例子可能会有点极端，在现实世界中，私人提供公共产品的例子还是有的，比如我们经常可以看到，由私人提供的公共图书馆、花园等。罗纳德·哈里·科斯（Ronald Harry Coase，以下简称科斯，1991 年诺贝尔经济学奖得主）在一篇重要论文《经济学中的

灯塔》①一文中还专门给出了由私人提供灯塔这种典型公共产品的案例。

虽然存在私人提供公共产品的例子，但是有一点可以肯定，就是由私人提供公共产品将会导致公共产品的提供数量不足。所以，人们通常把公共产品看作是一种典型的市场失灵。

（二）公共提供与公共生产

既然私人部门不能有效提供公共产品，那么公共部门就取而代之。事实上，提供公共产品是政府部门的主要职能，政府部门通过税收筹集资金，进而向社会提供诸如国防、治安、法律制度、环境保护等各种各样的公共产品。

这里首先需要对生产和提供的概念做出明确界定。所谓生产（production），其实是一个投入—产出的过程，因此公共生产就是指由公共部门组织人力、物力、财力生产产品的过程。而所谓提供（provision），则是一个谁在为消费某种商品付钱的问题，因此公共提供的意思就是指公共部门通过税收等形式筹集资金购买商品并免费提供给社会公众消费的行为。

1.关于公共提供与公共生产的几点说明

关于公共提供与公共生产，有几个方面需要重点加以说明。

（1）我们在这里讨论公共产品由公共部门提供的问题，并不意味着由公共部门提供的产品就一定是公共产品。比如，医疗服务是一种典型的私人产品，却在很大程度上由公共部门来提供。

（2）某种产品（不论是公共产品还是私人产品）由公共部门提供，并不意味着它一定由公共部门生产。事实上存在着大量公共部门提供的产品由私人部门来生产的例子。比如某个地方政府出资但委托私人企业来建设一座桥梁，在国外还有一些政府部门将监狱承包给私人经营，这些都是公共提供私人生产的典型例子。

（3）反过来由公共部门生产的产品也不见得一定是由公共部门提供的，比如我们日常使用的水和电，实际上都是我们自己付账的（也就是由私人提供），但它们都是由公共部门的企业生产的。表 2-1 给出了不同类型的提供与生产的组合。

表 2-1 不同类型的提供与生产的组合

提供方	公共生产	私人生产
公共提供	法律制度	城市道路
私人提供	水、电	面包

（4）除此以外，经济中还存在着大量混合提供或混合生产的情形。所谓混合提供，是指对某种商品的消费由公共部门和私人部门共同出资的现象，比如乘客坐地铁需要自己购买车票，然而地铁公司仅依靠车票收入往往是亏损的，需要政府进行大量补贴才能维持经营，从而地铁的提供实际上就采取了混合提供的形式。而混合生产则是指某种商品的生产

---

① R. H. Coase. The Lighthouse in Economics[J]. *Journal of Law and Economics*, 1974, 17(2):357-376.

由公共部门和私人部门合作进行的现象，这种现象有时被称为 PPP 模式（public-private-partnership，公共私营合作制），杭州湾跨海大桥的建设就是一种典型的 PPP 模式。

2. 关于公共生产与公共定价问题的进一步讨论

根据微观经济学理论，垄断者为了追求利润最大化，会选择低于竞争性水平的产量，和高于边际成本的价格，导致了社会福利的下降。为了弥补垄断引起的市场失灵，政府可以采取的方式主要是价格管制，规定垄断企业只能按最高不超过边际成本的价格来出售其产品。这样从理论上可以实现帕累托效率的条件，即价格等于边际成本。

但是对于自然垄断（natural monopoly）的企业来说，边际成本定价法常常会导致它们亏损。因为自然垄断的特点是具有持续的规模经济，平均成本曲线向下倾斜，平均成本随着产量的提高而下降。这是由于生产这种产品的固定成本非常高，而边际成本却很小，于是，边际成本曲线总是位于平均成本曲线之下，平均成本曲线就表现为向下倾斜。这样，如果按边际成本定价，就会导致企业因不能弥补其成本而亏损。

自然垄断往往存在于涉及公用服务或基础设施的产业中，如水、电、通信、公路、铁路、桥梁等。实践中，世界上大多数国家（地区）的政府对自然垄断采取两种干预形式：一是政府管制私营垄断企业，二是政府直接经营垄断企业。在很多国家（地区），政府都是直接经营供水、供电、铁路等公用服务。

对于自然垄断的公共企业，就存在着一个所谓公共定价问题。常见的公共定价方法有以下两种。

第一，平均成本定价法。即产品按平均成本（而非边际成本）出售，这样可以保证企业收支相抵。但由于平均成本高于边际成本，因而这种定价方法并没有达到帕累托效率，但相比垄断定价的效率要高，属于次优的定价方法。

第二，两部定价法。即对于消费者收取两笔费用：一是"使用费"，根据消费者使用的数量进行收费，按照边际成本进行定价；同时向消费者收取"基本费"，这与消费者使用的数量无关，只要消费了就要支付，基本费用于弥补按边际成本定价给企业带来的损失。当然基本费也可以不由消费者支付，而通过政府支出的形式给亏损企业进行补贴。两部定价法在日常生活中被广泛采用，比如电话费通常包含月租费和通话费两个部分，而管道煤气用户则需要在支付高昂的初装费之后再根据实际用气数量支付用气费，这些都是典型的两部定价法。

三、混合产品与有益物品

（一）混合产品的概念

纯粹的公共产品与纯粹的私人产品并不是普遍存在的。在现实生活中，更为常见的物品或服务是居于这两个极点之间的。它们既非纯粹的公共产品，又非纯粹的私人产品；既具有私人产品的特性，又具有公共产品的特性。可以赋予它们一个特殊的名称——"混合产品"。也有人将其称作"准公共物品"或"准私人物品"。

拥挤性的公共物品（congestible public goods）即是其中之一。所谓拥挤性的公共物品，是指那些随着消费者人数的增加而产生拥挤，从而会减少每个消费者可以从中获得的效益的公共物品或服务。这种物品或服务的效用虽为全体社会成员所共享，但在消费上具有一定程度的竞争性。这即是说，这种物品或服务在消费者的人数达到拥挤点之后，消费者人数再增加，其边际成本不为零。例如，拥挤性的公路，当行驶的车辆达到一定数量之后，追加的车辆便会阻碍交通，甚至增加交通事故的风险。

价格排他的公共物品（price-excludable public goods）是另一个例子。它是指那些效益可以定价，从而可在技术上实现排他的公共物品或服务。这类物品或服务的特点是：一方面，它的效用名义上向全社会提供，即谁都可以享用；另一方面，它在受益上却可以排他，即谁花钱谁受益。

中央政府或地方政府兴建的公园及其他娱乐设施即是这样。名义上整个社会的成员都可到公园游览，享受公园提供的效益。而实际上由于公园收费，只有为此付钱的人才可以进入公园，而不为此付钱的人是被排除在公园的受益范围之外的。公办的学校和医院也属于这类。一方面，公民都可以进入学校和医院就学、就医，而且，就学、就医也会带来正的外部效应；另一方面，学校和医院的收费制，又使得那些不愿为此付钱的人享受不到学校和医院的服务。

（二）混合物品的供给

私人物品或服务由私人部门通过市场提供，公共物品或服务由政府部门以非市场方式提供，只是理论上的一种理想化的说法。现实生活中的情况并非如此简单。实践上很难将市场的供给和政府的供给截然分开。在许多物品或服务上，市场的供给和政府的供给都是交织在一起的。这突出表现在混合物品或服务的供给上。

就前述两类混合物品或服务来看，它们的一个共同特点就是既可由私人部门通过市场提供，也可由政府部门直接提供，或是由政府部门给予补助的办法通过市场提供。

例如，价格排他的公共物品或服务，可在技术上实现排他，但其生产或消费很可能会产生外部效应，而且是正的外部效应。这类物品或服务，如果由私人部门通过市场提供，由此而带来的正的外部效应，必须由公共财政给予补贴，否则很可能会出现供给不足。如果由政府部门直接出资经营，往往也需通过市场上的销售渠道，利用市场价格机制。无偿（免费）供给的情况是不多见的。不少国家的私人或公共医院、学校、大型交通设施等方面的供给，即属于这种情况。

再如，拥挤性的公共物品，只有在消费者达到一定数量之前，其消费才具有非竞争性。这就意味着，通过向消费者收取一定的费用，是可以在技术上实现排他的。既然如此，市场的供给和政府的供给便都是可以选择的方式。至于实践上是以政府的供给为主，还是以市场的供给为主，则可视具体情况而定。如公路、桥梁及其他类似公共设施的建设，通常要以政府的税收为资金来源，并由政府部门经营。但同时，这些公共设施的使用或受益者则要以向政府缴纳一定的使用费为代价。而电影院、剧场、体育设施等，通常是由私人部门出面提供的，但其建设和经营的资金，一方面来源于向使用者收取的费用，另一方面也有可能来源于政府给予的补贴。所以，在这类物品或服务的供给中，市场的因素和政府的因素兼而有之。

（三）有益物品概念

马斯格雷夫对"有益物品"（merit goods，又译为"有益品""有益产品""德优产品"等）下的定义是："一种极为重要的物品，当主管当局对该物品在市场机制下的消费水平不满意时，它甚至可以在违背消费者个人意愿的情况下对该物品的消费进行干预。"[1] 他的突出贡献在于对非私人物品做了"公共物品"和"有益物品"的区分。二者的区别在于供给者是否尊重消费者的个人意愿和消费偏好。"公共物品"是政府在尊重个人偏好的前提下提供的，而之所以由政府来提供，是由于公共物品本身技术上的特性（特别是消费的非竞争性和非排他性）使得市场无法提供最优数量。而"有益物品"存在的原因完全是由于主观上的价值判断，即认为市场机制无法提供符合这种判断标准的数量。消费者对"公共物品"有选择消费或不消费的权利，但是对于"有益物品"没有这样的选择权，"有益物品"带有消费的强制性。

威尔弗莱德·维尔·艾克（Wilfried Ver Eecke）对"有益物品"做了进一步的区分，将"有益物品"分为三类：第一类是政府为实现最低限度的政府职能而必须提供的，如国防和治安；第二类是为了维护自由竞争的市场制度，提高经济活动效率而必须提供的，如各种法律制度、产权保护和公共基础设施等；第三类是"提高公众运用理性的能力"，如各种形式的教育。[2]

马斯格雷夫理论的缺陷有二：一是没有说明"主管机构"是如何对个人消费做出满意与否的判断的，事实上，之后的公共选择理论和政府理论证明了"主管机构"也不是万能的。二是没有说明什么是符合"判断标准"的"有益物品"数量，事实上，社会并不存在作为政府公共决策追求的所谓公共利益，"阿罗不可能定理"表明了将个人偏好或利益加总为集体偏好或利益的内在困难。

高速公路是否应该免费？

有益物品概念与伦理道德等联系在一起，增添了判断某种物品是否属于有益物品的难度。也正因为如此，许多经济学家放弃使用这一概念。

[1]　R. A. Musgrave. *The Theory of Public Finance*[M]. New York: McGraw-Hill, 1959.

[2]　Wilfried Ver Eecke. Public Goods: An Ideal Concept[J]. *Journal of Socio-Ecnomics*, 1999, 28(2): 139-156.

第三节　外部效应理论

一、外部效应的概念

（一）外部效应的含义

外部效应，又称为外部经济、外部性、外溢性。1962 年，布坎南和 Wm. 克雷格·斯塔布尔宾（Wm. Craig Stubblebine，以下简称斯塔布尔宾）合作发表了一篇题为《外部效应》[①]的论文。在这篇论文中，他们对外部效应给出了定义：只要某一个人的效用函数（某一企业的生产函数）所包含的变量是在另一个人（企业）的控制之下，即存在有外部效应。可用公式表示为

$$U_A = U_A (X_1, X_2, X_3, \cdots, X_n, Y_1) \qquad (2\text{-}6)$$

即是说，如果某一个人 A 的效用，不仅受其所控制的活动 X_1，X_2，X_3，$\cdots$，X_n 的影响，而且也受到其他活动 Y_1 的影响，而 Y_1 又在第二个人 B 的控制之下，就发生了外部效应。布坎南和斯塔布尔宾将类似于 Y_1 的这类活动解释为"任何可以计量的人类行为，如吃面包、喝牛奶、向空中喷烟、在公路上洒水及救济穷人等"。

相对而言，一些公共经济学教科书的定义似乎更为简练些：当一种经济交易的结果对除交易双方之外的第三者发生了影响，而其又未参与该项交易的任何决策时，即存在外部效应。

由上述对外部效应定义的表述可知，外部效应的关键方面是相互影响而又没有相应的补偿。某些个人或企业的行为活动影响了他人或企业，却没有为之承担应有的成本费用或没有获得应有的报酬。简言之，外部效应就是未在价格中得以反映的经济交易成本或效益。

很明显，在现实生活中，有无数种活动会影响到其他人或企业，或者，会受到其他人或企业的影响。也就是说，具有外部效应的经济活动的例子是随处可见的。

如果某一个人或企业的行为活动使得其他人或企业因此而受益，可称为正的外部效应，或称作外部效益。反之，如果某一个人或企业的行为活动使得其他人或企业因此而受损，可称为负的外部效应，或称作外部成本。无论是正的外部效应，还是负的外部效应，如果不能予以纠正或抵消，其结果都将是资源配置的失效。即具有外部效应的物品或服务的供给，不是过多，就是过少，不可能实现具有效率的均衡。这是因为，在存在正的外部效应（外部效益）时，社会边际效益就会和私人边际效益发生偏离，社会边际效益超过了私人边际效益。而决定市场状况的是私人边际效益，由此会导致社会消费不足；在存在负的外部效应（外部成本）时，社会边际成本也会和私人边际成本发生偏离，社会边际成本超过了私

---

 ① James M. Buchanan, Wm. Craig Stubblebine. Externality[J]. *Economica*, 1962, 11(31): 371-384.

人边际成本。而决定市场价格的是私人边际成本，由此会造成物品或服务的过度生产。

（二）外部效应的分类方法

1. 外部效应的分类标准

在现实经济生活中，外部效应的表现形式是多种多样的。对此，可以依照不同的标准来分类。例如：外部效应的承受者，可能是消费者也可能是生产者。于是，按照外部效应的承受者的不同，可将外部效应区分为消费活动的外部效应和生产活动的外部效应。

外部效应的发起者，可能是生产单位，也可能消费单位。于是，又可按照外部效应的发起者的不同，将外部效应区分为生产活动的外部效应和消费活动的外部效应。

外部效应可能对承受者有利，也可能对承受者不利。于是，还可按照外部效应结果的不同，将外部效应区分为正的外部效应——外部效益和负的外部效应——外部成本。

2. 外部效应的排列

据此，外部效应大致有下述 8 种排列方式。

（1）消费活动产生正的消费外部效应——某个人或某个人的家庭因别人或别人家庭的消费活动而受益。

（2）消费活动产生正的生产外部效应——某企业因某个人或某个人的家庭的消费活动而受益。

（3）消费活动产生负的消费外部效应——某个人或某个人的家庭因别人或别人家庭的消费活动而受损。

（4）消费活动产生负的生产外部效应——某企业因某个人或某个人的家庭的消费活动而受损。

（5）生产活动产生正的消费外部效应——某个人或某个人的家庭因某企业的生产活动而受益。

（6）生产活动产生正的生产外部效应——某企业因别的企业的生产活动而受益。

（7）生产活动产生负的消费外部效应——某个人或某个人的家庭因某企业的生产活动而受损。

（8）生产活动产生负的生产外部效应——某企业因别的企业的生产活动而受损。

（三）正的外部效应与负的外部效应

尽管对外部效应可从不同的角度做不同的分类，但从外部效应同经济效率之间的关系来看，最基本的还是依靠外部效应的结果来分类，即正的外部效应和负的外部效应。

正的外部效应，亦称外部效益或外部经济，指的是对交易双方之外的第三者所带来的未在价格中得以反映的经济效益。在存在正的外部效应的情况下，无论是物品的买者，还是物品的卖者，都未在其决策中计入其间交易可能给其他人或企业带来的益处。

关于正的外部效应的一个最突出的例子是消防设备的交易。一笔消防设备的交易，除了买卖双方可从中得益之外，其他人或企业——至少是邻近买方的个人或企业——也可从火灾蔓延的风险减少中得益。但消防设备买卖双方并未意识到这一点，他们的买卖决策并未加入其交易会降低第三者的财产损失风险这样一个因素。如果加入了这一因素，也就是将外部效应考虑在内，在不能向第三者收取相应报偿的情况下，消防设备的交易量将肯定会因此而出现不足。

负的外部效应，亦称外部成本或外部不经济，指的是对交易双方之外的第三者所带来的未在价格中得以反映的成本费用。在存在负的外部效应的情况下，无论是物品的买者，还是物品的卖者，都未在其决策中计入其间交易可能给其他人或企业带来的损害。

工业污染对人及其财产所带来的损害，是关于负的外部效应的一个最突出的例子。工业污染在损害人们的身体健康，降低人们的财产及其在资源价值上的负效应，已为现代社会的人们所共识。但是，与带来工业污染有关的物品的生产者和购买者，显然是不会在其生产决策或消费决策中考虑那些因此而受损害的人们的利益的。也正因为如此，这类物品的生产往往是过多的。

在这里，有必要指出的是，并非所有的对交易双方之外的第三者所带来的影响都可称作外部效应。那些对第三者所造成的可以通过价格或可以在价格中得以反映的影响，就不是本章所阐述的外部效应。例如，如果一个人增加了摄影的爱好，那么，这一爱好本身肯定会增加对摄影器材的市场需求，从而抬高摄影器材的市场价格。毫无疑问，其他摄影爱好者或摄影器材消费者会因摄影器材价格上扬而受损。但不能因此说由于这个人的摄影爱好的增加而给第三者带来了负的外部效应。物品价格上扬，仅仅说明这样一个事实，即该物品相对于人们的现实需求来说变得稀缺了。价格上扬的结果是一部分收入从购买者手中转移给生产者，并增加了生产该种物品的动力。同时，从资源配置的角度看，通过价格的提高也使现有的产量处于合理状态。很明显，这样的影响并不会导致资源配置的扭曲，当然也不在政府要采取措施加以矫正的效应范围之列。

🎬蓝天保卫战

二、外部效应的矫正

（一）庇古的思路

英国经济学家阿瑟·西塞尔·庇古主张用政府干预的方法解决外部效应问题。本书将这样的解决问题的思路称为庇古的思路。

1.外部效应的内在化

外部效应的内在化，可用以解释政府对外部效应的矫正措施。既然造成带有外部效应的物品或服务的市场供给不是过多就是不足的原因，在于私人边际效益或成本同社会边际效益或成本的非一致性，那么，政府的矫正措施应当着眼于对私人边际效益或成本的调整。当某种物品或服务的私人边际效益或成本被调整到足以使得个人或企业的决策考虑其所产生的外部效应，即考虑实际的社会效益或成本时，就实现了外部效应的内在化。

由此看来，外部效应的内在化过程，也就是外部效应得以矫正，资源配置由不具有效率到具有效率的过程。

具体来说，外部效应的内在化，实际上就是外部效应的边际价值被定价了。就负的外部效应而言，其内在化就是外部边际成本被加计到私人边际成本之上，从而该种物品（服务）的价格得以反映全部的社会边际成本；就正的外部效应而言，其内在化就是外部边际效益被加计到私人边际效益之上，从而该种物品（服务）的价格得以反映全部的社会边际效益。

政府用于矫正外部效应（或说是实现外部效应内在化）的公共财政措施可区分为两类：矫正性的税收和矫正性的财政补贴。前者用于实现负的外部效应的内在化，后者则用于实现正的外部效应的内在化。

2. 矫正性的税收与负的外部效应的内在化

矫正性的税收着眼于私人边际成本的调整。其操作办法是：对带有负的外部效应的物品或服务征收相当于其外部边际成本大小的税收，以此将征税物品或服务的私人边际成本提高到同社会边际成本相一致的水平，实现负的外部效应的内在化。所以，矫正性的税收的突出特征是其数额同外部边际成本相等。

以造纸行业的例子来说明，假定政府决定以对纸张生产者征收矫正性的税收（如污染税）的办法，来实现纸张生产所带来的负的外部效应的内在化。

矫正性的税收应该可以起到如下作用。

第一，将外部边际成本加计到私人边际成本之上。

第二，增加企业的生产成本和售价，进而将企业的产量减少至社会边际效益和社会边际成本相等的最佳水平。

第三，将部分收入从企业生产者手中转移给遭受企业生产所带来的负的外部效应之害的个人或其他企业，以及需要享受政府提供的服务的个人和其他企业。

第四，将产生的负外部效应减少到可以容忍的水平（但不能减少为零）。

3. 矫正性的财政补贴与正的外部效应的内在化

矫正性的财政补贴着眼于私人边际效益的调整。其操作方法是：对带有正的外部效应的物品或服务的消费者，按照该种物品或服务的外部边际效益的大小发放财政补贴，以此将补贴物品或服务的私人边际效益提高到同社会边际效益相一致的水平，实现正的外部效应的内在化。所以，矫正性的财政补贴的突出特征是其数额与外部边际效益相等。

关于矫正性的财政补贴的例子有很多，例如，接种疫苗。假定政府决定以对接种者发放财政补贴的办法，来增加消费者对接种疫苗的需求，实现接种疫苗带来的正的外部效应的内在化。再如，对于在自己庭院内或庭院周围植树的个人或家庭，虽然其所植的树木属私人财产，但由此可带来自然环境的改善，政府往往要给予补贴。如他们可以半价从政府那里购置树苗，以此实现植树所带来的正的外部效应的内在化。还有，政府对在校学生所发放的助学金和奖学金，也可看作是矫正性的财政补贴的一种类型。教育所带来的正的外部效应表现在：良好的社会风气和生活环境、经济可以较快地获得发展等。助学金和奖学金的发放，显然是将这些正的外部效应内在化的一个措施。

不过，也要注意到，并非政府发放的财政补贴都是基于矫正外部效应的目的。实际上，许多财政补贴是建立在其他政策目标的基础之上的。如食品券补贴、副食品补贴，就不是用于实现外部效应的内在化，而是为了减轻贫困，维持人们基本的生活水准。

至此，可将矫正性的财政补贴的作用归纳如下。

第一，外部边际效益加计到私人边际效益之上。

第二，增加对带有正的外部效应的物品或服务的需求，并降低消费者为其支付的净价格，进而将其产量调整至社会边际效益同社会边际成本相等的最佳水平。

第三，增加带有正的外部效应的物品或服务的消费者所获得的效益，从而鼓励这类物品或服务的消费。

✎ 专栏2-2 庇古与福利经济学 ——————————————

庇古是英国著名经济学家，剑桥学派的主要代表之一。出生在英国一个军人家庭，他是这个家庭的长子。青年时代入剑桥大学学习，最初的专业是历史，后来受当时英国著名经济学家马歇尔的影响，并在其鼓励下转学经济学。毕业后投身于教育事业，成为宣传他的老师马歇尔的经济学说的一位学者。他先后担任过英国伦敦大学杰文斯纪念讲座讲师和剑桥大学经济学讲座教授，被认为是剑桥学派领袖马歇尔的继承人。当时他年仅31岁，是剑桥大学历来担任这个职位最年轻的人。他任期长达35年，一直到1943年退休为止。退休后，他仍留在剑桥大学从事研究工作。另外他还担任英国皇家科学院院士、国际经济学会名誉会长、英国通货外汇委员会委员和所得税委员会委员等职。他的著作很多，比较著名的有：《财富与福利》（1912）、《福利经济学》（1920）、《产业波动》（1926）、《失业论》（1933）、《社会主义和资本主义的比较》（1938）、《就业与均衡》（1941）等。

《福利经济学》是庇古最著名的代表作。该书是西方资产阶级经济学中影响较大的著作之一。它将资产阶级福利经济学系统化，标志着其完整理论体系的建立。它对福利经济学的解释一直被视为"经典性"的。庇古也因此被称为"福利经济学之父"。

《福利经济学》共四篇。第一篇为"福利与国民收入"；第二篇为"国民收入的数量和资源在不同用途间的分配"；第三篇为"国民收入与劳动"；第四篇为"国民收入的分配"。庇古认为，《福利经济学》一书的目的，就是研究在现代实际生活中影响经济福利的重要因素。全书的中心就是研究如何增加社会福利。

（资料来源：根据相关资料整理）

（二）科斯的思路

庇古的思路是求助于政府，实际上，市场本身就可能解决外部效应问题。科斯的分析大致反映了这一思路。我们将求助于市场，解决外部效应问题的思路称之为科斯的思路。

1960 年，科斯在他的《社会成本问题》一文中指出：如果交易费用为零，那么自愿的市场交易必然达到资源最优配置的结果。这就是科斯定理。

通常人的思维是，一个人的行为给另一个人带来了伤害，那么害人者应该对受害者进行赔偿。科斯的那篇文章石破天惊地表明，也许应该是受害者赔偿受益者，问题的关键在于受益者是否有权害人，如果有权的话，那么问题的解决就要转向受害者，如果要让受益者不继续侵害受害人的利益，就必须给害人者相应的补偿。同样的道理，如果受益者无权损害受害者，那么要么受益者停止侵害，要么受益者给受害者进行相应的赔偿。就所谓的"外部性"问题而言，谁补偿谁并不重要，只要交易费用为零，相关各方之间的讨价还价总是可以得到最有效的结果。后来的研究者发现，科斯定理没有考虑收入分配因素可能带来的公平问题。

现实中，交易费用并不为零，科斯定理也就不能在任何条件下都能成立。在这个时候，外部性内部化是解决问题的基本思路。相关各方如果有共同的利益，通过妥协合作的办法，都可以促进问题的解决，诸如不同企业之间的并购，矛盾冲突的男女双方结成夫妻，等等。公共部门在促进问题的解决上，也可以采取有效措施。

专栏 2-3 科斯与科斯定理

科斯，美国芝加哥大学法学院慕瑟经济学荣誉教授，法律与经济学资深研究员，经济学派代表人物之一。科斯的主要学术贡献在于，发现并阐明了交换成本和产权在经济组织和制度结构中的重要性及其在经济活动中的作用。在他的两篇代表作——《企业的性质》和《社会成本问题》中，科斯首次创造性地提出用"交易费用"来解释企业存在的原因及企业扩展的边界问题。科斯还认为，一旦交易费用为零，而且产权界定是清晰的，那么法律不会影响合约的结果。瑞典皇家科学委员会因此提出，一门新的科学——法律经济学诞生了。

《企业的性质》于1937年发表，该文独辟蹊径地讨论了产业企业存在的原因及其扩展规模的界限问题。科斯在文中提出了"交易成本"（transaction costs）这一重要理论来对上述问题加以解释。所谓交易成本，即"利用价格机制的费用"或"利用市场的交换手段进行交易的费用"，包括提供价格的费用、讨价还价的费用、订立和执行合同的费用等。科斯认为，当市场交易成本高于企业内部的管理协调成本时，企业便产生了，企业的存在正是为了节约市场交易费用，即用费用较低的企业内交易代替费用较高的市场交易；当市场交易的边际成本等于企业内部的管理协调的边际成本时，就是企业规模扩张的界限。但此篇论文发表后并未在当时得到人们太多的关注。

1960年，科斯在发表的《社会成本问题》一文中，重新研究了交易成本为零时合约行为的特征，批评了庇古关于"外部性"问题的补偿原则（政府干预），并论证了在产权明确的前提下，市场交易即使在出现社会成本（即外部性）的场合也同样有效。科斯发现，一旦假定交易成本为零，而且对产权（指财产使用权，即运行和操作中的财产权利）界定是清晰的，那么法律规范并不影响合约行为的结果，即最优化结果保持不变。换言之，只要交易成本为零，那么无论产权归谁，都可以通过市场自由交易达到资源的最佳配置。芝加哥大学经济学家乔治·斯蒂格勒（George Stigler，1982年诺贝尔经济学奖得主）将科斯的这一思想概括为"在完全竞争条件下，私人成本等于社会成本"，并命名为"科斯定理"（Coase Theorem）。产权理论从第一次被提出，沉默了近30年才受到重视。20世纪80年代后，产权理论受到高度评价，科斯也正是因此于1991年获得了诺贝尔经济学奖，被认为是新制度经济学的鼻祖。

（资料来源：根据相关资料整理）

▶ **本章小结**

1. 经济体制改革是全面深化改革的重点，核心问题是处理好政府和市场的关系，因此，财政和财政改革的核心也是处理好政府与市场的关系问题。

2. 西方发达国家的市场经济是由经济发展自发地形成的，而我国社会主市场经济的形成和建立有本身的特殊性。

3. 我国于1992年曾提出要使市场在国家的宏观调控下对资源配置起基础性作用。这是一次重大的理论突破，对我国经济体制改革和经济社会发展起了重要的作用。2013年，党的十八届三中全会提出，"使市场在资源配置中起决定性作用和更好发挥政府作用"。这是这次全会提出的一个重大理论观点。

4. 市场不是万能的，市场存在缺陷和不足，严重会导致市场经济危机，这就需要借助政府的干预；但政府如果干预不当，也会导致政府失效。

5. 纯粹的公共产品是指这样的产品，即每个人消费这种物品或服务不会减少他人对该物品或服务的消费。具有明显的效用的不可分割性、消费的非竞争性、受益的非排他性。我们可以通过具体的步骤来判断公共产品。

6. 从理论上来说，公共产品的提供是可以实现有"效率"的，其有效条件被称为萨缪尔森条件；林达尔机制分析了公共产品通过市场机制来实现有效提供的可能性，但与现实条件并不相符，主要原因是存在"免费搭便车"现象。

7. 现实生活中可能存在更多的是混合产品和有益物品，需要我们认真分析和研究。

8. 外部效应的存在，使我们生活的世界变得丰富多彩。现实生活中会有许许多多、各色各样的外部效应，有正的外部效应也有负的外部效应；解决外部效应，需要借助于庇古和科斯的思路。

▶▶ **基本概念**

资源配置　市场失灵　政府干预　政府失效　公共产品　公共提供　公共生产　混合产品　有益物品　外部效应

▶▶ **思考题**

1.举例理解和分析市场与政府的关系是财政的核心问题这一观点。

2.试述政府干预市场的必要性及主要干预手段。举例分析政府干预失效的原因。

3.举例思考并区分公共产品和私人产品的基本标准。

4.用具体的例子来分析，为什么公共产品交由市场提供往往是不足的?

5.用现实生活中的例子来分析各种不同的外部效应。

6.用现实的案例或判例分析外部效应的主要解决办法。

▶▶ **参考文献**

陈共.财政学 [M].9 版.北京:中国人民大学出版社,2017.

储敏伟,章辉.财政学 [M].4 版.北京:高等教育出版社,2018.

邓子基.财政学 [M].3 版.北京:中国人民大学出版社,2014.

邓子基,陈工,林致远,等.财政学 [M].4 版.北京:高等教育出版社,2014.

樊利明,李齐云,陈东.财政学 [M].3 版.北京:高等教育出版社,2012.

高培勇,杨志勇,杨立刚,等.公共经济学 [M].北京:中国社会科学出版社,2007.

刘小兵,蒋洪.公共经济学 [M].3 版.北京:高等教育出版社,2012.

马海涛,温来成,姜爱华.财政学 [M].北京:中国人民大学出版社,2012.

王国清,马骁,程谦.财政学 [M].2 版.北京:高等教育出版社,2010.

亚当·斯密.国民财富的性质和原因的研究 [M].北京:商务印书馆,2004.

张馨,杨志勇,郝联峰,等.财政学 [M].2 版.北京:科学出版社,2013.

目 本章测试

第三章
财政职能

➡ **学习目标**

通过本章学习，学生能够了解财政职能的定义，并掌握财政资源配置职能、收入分配职能、经济稳定与发展职能的定义、主要内容及实现方式；能够运用所学的知识分析现实生活中的财政问题。

➡ **案例导入**

积极财政政策助力经济高质量发展

2018 年以来，面对复杂多变的国内外形势，我国积极财政政策聚力增效，大力实施减税降费措施，着力扩内需调结构，促进中国经济稳步迈向高质量发展。

在减税降费方面，全年减税降费预计超 1.3 万亿元，2018 年初，我国确定了全年减税降费 1.1 万亿元的政策目标，在此基础上，又出台了一系列促进实体经济发展、支持科技创新等措施。同时加快债券发行，截至 2018 年 9 月 26 日，地方政府新增一般债券已完成全年计划的 91.8%，新增专项债券已完成全年计划的 85%。在此过程中，财政部督促地方政府加快资金使用，尽快发挥效益。

在优化财政支出结构方面，严格控制一般性支出，加强"三公"经费管理，加大对重点领域和关键环节的投入力度。一是推动区域均衡发展。2018 年中央对地方一般性转移支付 3.9 万亿元，增长 10.9%。在资金分配中，重点向中西部等财政困难地区倾斜，增强这些地方的财政保障能力，促进基本公共服务均等化。二是支持打好三大攻坚战。比如，2018 年大幅度增加中央专项扶贫资金，安排了 1061 亿元，同比增长 23.2%，增加的部分重点用于"三区三州"等深度贫困地区；安排大气、水、土壤三项污染防治资金 405 亿元。三是加强基本民生经费保障。安排就业补助资金 469 亿元，安排基本养老金转移支付 6697 亿元，安排困难群众救助补助资金 1396 亿元等，提高保障和改善民生水平。四是加大重点领域投入力度。截至 9 月，中央财政已累计下达地方基建支出 4094 亿元，占年初预算的 94.2%，重点用于支持创新驱动、生态环保等领域基础设施建设，推动经济持续健康发展。

未来财政政策将在扩大内需和结构调整上发挥更大作用，财政政策将根据形势变化相机预调微调、定向调控，更有效服务实体经济，确保实现经济社会发展的目标任务。

（资料来源：中华人民共和国中央人民政府网，http://www.gov.cn/zhengce/2018−10/08/content_5328406.htm）

请思考：

1.实现积极的财政政策的背景是什么？

2.财政运用了哪些手段来促进经济高质量发展？

第一节　财政职能概述与发展

一、财政职能的概述

财政职能是指财政在一定经济模式下所固有的功能和应承担的职责，是财政作为一个经济范畴所固有的职责和功能，涉及经济运行过程中政府活动对经济的各种政策规定所产生的影响，属于政府职能的一个部分，是政府职能实现的经济条件。经济学的基本问题是在资源稀缺的前提下如何实现资源有效配置，但由于市场失灵的存在导致市场无法对资源实现有效配置，进而需要政府干预对稀缺资源进行配置，以实现帕累托效率；同时市场无法实现社会财富在成员之间的恰当分配，损害了社会公平与正义，因此需要利用财政职能进行调整，以增进社会福利。美国著名经济学家、财政学家马斯格雷夫在其著作《公共财政》一书中把市场经济条件下的财政职能归为三类：资源配置职能、收入再分配职能、经济稳定与发展职能，即三职能论。具体而言，三职能包含如下内容：资源配置职能，即对不能由市场提供的产品或者市场资源配置低效率的，通过政府财政收支等政策措施来影响资源在不同行业、地区之间的配置；收入再分配职能，即调节收入与财富的分配，使之符合公平与正义原则；经济稳定与发展职能，即运用财政政策，实现经济稳定、持续健康发展。

二、财政职能的发展

财政职能问题是财政理论与实务中的一个重要问题，体现着财政在国民经济中的地位和作用。由于受市场化进程和政府转型进程的制约，财政职能的内涵也处于一个动态演变的过程中。改革开放之后，我国社会主义市场经济体制经历了探索时期（1978—1991年）、建立时期（1992—2002年）、完善时期（2003—2011年）、全面深化改革时期（2012年至今）。中华人民共和国成立初期由于我国特殊的国情，学者们提出了符合国情的财政职能观点，比较有代表性的就是叶振鹏先生的"三职能论"，即分配、调节和监督，以及邓子基先生的"四职能论"，即筹集资金、供应资金、调节平衡和反映监督。社会主义市场经济体制建立时期，学者们提出了适应社会主义市场经济的"三职能论"，即资源配置职能、收入分配职能和经济稳定与发展职能。长期的市场经济建设过程实际上是对政府与市场关系的不断认识与转变的过程，由市场在资源配置中起基础作用，政府扮演管理者和主导者角色，转变为市场在资源配置中起决定性作用，我国财政制度也由公共财政向治理理念下的现代财政转变。党的十八届三中全会通过的《中共中央关于全面深化改革若干重大问题的决定》（以下简称《决定》）指出，财政是国家治理的基础和重要支柱，科学的财税体制是优化资源配置、维护市场统一、促进社会公平、实现国家长治久安的制度保障，将财政的地位提到了前所未有的高度，并对财税体制功能作用做了新的概括。与之相适应的，财政职能的内涵和外延、广度和深度也应当同步进行调整。

党的十九大报告指出："中国特色社会主义进入新时代，我国社会主要矛盾已经转化为人民日益增长的美好生活需要和不平衡不充分的发展之间的矛盾。"新时期社会主要矛盾的变化，体现出我国独特的国情，目前被广泛接受的西方经典财政学理论可能无法解释我国发展过程中的一系列现象，也难以为应对未来的社会主要矛盾新形态提供足够的指导，因此，未来应突破西方财政学中的财政三职能论，形成中国语境下的财政职能定位。

从党的十八大以来若干重大会议精神可以看出，我国对财政的职能定位已经从传统的服务市场经济转变为新时代服务国家治理。党的十九届四中全会提出，坚持和完善我国国家制度和国家治理体系，则是将财政的职能定位进一步深化为财政服务国家制度和治理体系。为此，财政要以更好发挥我国国家制度和治理体系显著优势为根本，提高政治站位，从全局的高度出发，拓展财政职能范畴。未来应突破"就财政论财政""就经济论财政"的认识局限，树立"就国家治理论财政"的大财政理念，将财政职能作用扩展到制度和治理体系所涉及的经济、政治、文化、社会、生态文明和党的建设等各个领域。通过构建现代化财政治理体系，提高改革发展稳定、内政外交国防、治党治国治军等国家各方面事务的治理能力。

国家治理语境下的财政职能内容，自 2013 年以来，国内学术界展开了广泛研究，转型时期我国财政的职能为改善资源配置，增加公共品投入；调节收入分配，促进社会平等；保持经济稳定，推进社会发展等。我国财政职能定位应侧重以下 4 个方面：体现资源配置与国家治理能力的整体保障职能、建立现代预算管理制度的规范职能、进行税制改革的调节职能和处理政府间财政关系的稳定预期职能。财政应该成为国家（政府）与公民（纳税人）之间需求偏好传递、利益交汇博弈的平台，以财政平台的交流、交换、碰撞与妥协，来实现社会各阶层利益的共容。从上述研究中，不难发现，可以从资源配置、收入分配、调控稳定及以预算管理为主的监督管理 4 个方面来概括我国的财政职能，其中，调控稳定是由原来的经济稳定与发展职能延伸而来，主要是考虑十八届三中全会之后，我国财政在国家治理中的地位和作用发生了重大变化，财政不仅要调控经济，保持经济稳定，还要通过科学的制度安排和有效的政策实施，维护国家政权稳固和社会稳定，保障国家长治久安，突出财政职能的政治属性和社会属性。但实际上，总体上经济稳定与发展的方向是不变的，因此，本书的财政四职能包括资源配置、收入分配、经济稳定与发展、监督管理。四项职能的名称虽然不变，但其具体内容在新时代下有所拓展和深化，具体内容变化详见表3-1。

表3-1 我国新旧财政职能区别

原财政职能	定义	机制和手段	新财政职能	定义	机制和手段
资源配置	运用有限资源，形成一定的资产结构，产业结构，技术结构和地区结构，达到优化资源配置的目标	1.确定财政收支占GDP的合理比例 2.优化财政支出结构，保证重点支出。合理安排政府投资的规模和结构，保证国家重点建设 3.带动和促进民间投资、吸引外资和对外贸易 4.提高财政资源配置本身的效率	资源配置	在发挥市场资源配置决定性作用的基础上，运用各类政府性资源，优化资源配置，形成一定的资产结构、产业结构、技术结构和地区结构	1.确定财政收支占GDP的合理比例 2.合理安排政府投资规模和结构，政府逐步退出竞争性领域 3.科学制定税收和支出政策，清理财税优惠政策 4.强化公共服务和管理，有效增加政府公共服务供给 5.促进地区间财力均衡和基本公共服务均等化 6.发挥税收调节作用，促进产业结构调整，推动经济转型升级 7.加强财政政策、资金与市场机制的有机结合，引导、撬动金融资本，带动、促进民间投资 8.提高财政资源配置本身的效率
收入分配	通过财政分配活动实现收入在全社会内的公平分配	1.划清市场分配与财政分配的界限和范围 2.规范工资制度 3.加强税收调节 4.转移性支出	收入分配	调节政府、企业、个人之间，以及中央与地方之间的分配关系，实现公平分配	1.理顺中央和地方收入划分，构建稳定规范的地方税体系 2.科学划分中央与地方事权和支出责任 3.发挥税收调节功能，加强税制改革 4.安排适当比重的财政支出，包括收缴一定比例的国有资本收益，用于保障和改善民生 5.加大教育、科技、文化等社会事业投入，建立公平可持续的社会保障制度
经济稳定与发展	通过财政收支活动的调整，对生产、消费、储蓄、投资等行为产生影响，保持经济稳定增长	1.采取相机抉择的财政政策，保持社会总供给和社会总需求的大体平衡 2.发挥累进的个人所得税等制度的"内在稳定器"作用 3.通过投资、补贴和税收等，加快公共设施、基础产业发展 4.逐步增加生态保护等支出，保证非生产性社会公共需要	调控稳定	根据宏观经济运行、社会事业发展、民主法治建设等状况，加强财政政策与货币、产业、价格等政策协调配合，提高相机抉择水平，增强宏观调控前瞻性、针对性、协同性，保持经济、社会、政治稳定	1.调节总供给和总需求，处理好经济稳定与经济长期增长的关系 2.根据逆周期调节的需要，建立跨年度预算平衡机制，实行中期财政规划管理 3.加强政府性债务监管，赋予地方政府适度直接举债融资权 4.支持健全城乡一体化发展体制机制，推进城乡基本公共服务均等化 5.支持健全公共安全、食品药品安全监管制度，强化生态环境保护，支持具有巨大外部经济效应的公益性基础设施建设 6.强化财政对政府行为的支持和约束，支持加快事业单位分类改革，推行政府购买服务 7.支持推进法治中国建设，保证国家法律统一正确实施 8.支持加强国防建设

续表

监督管理	在履行资源配置、收入分配、调控经济等职能过程中，对国民经济各个方面活动进行综合反映和制约	1.对宏观经济运行进行监督管理 2.对微观经济运行进行监督管理 3.对国有资产运营进行监督管理 4.对财政工作自身进行监督管理	监督管理	依法加强对政府、单位和个人涉及的财政、财务和会计事项的全面监督，积极构建"预算编制、预算执行、绩效评价、监督检查"有机衔接、相互制约的财政运行机制	1.加强政府全口径预算管理，逐步建立权责发生制的政府综合财务报告制度 2.严格执行国库集中收付制度，确保财政资金使用规范安全、有序高效 3.建立健全内控机制，约束和规范财政权力运行 4.严格会计管理，规范中介机构管理，推进会计准则制度实施，提高会计信息质量 5.深入推进财政预决算公开 6.强化财政资金绩效评价，做到"花钱必有效、用钱要负责" 7.借助人大、审计等外部力量实施有效监督，形成全方位、立体式监管格局 8.严格执行制度，严肃查处各种违反财经纪律的行为，维护国家财经秩序

✐ 专栏 3-1 我国财政职能沿革

　　不同历史时期，不同发展阶段，不同社会类型，财政职能的重点和主要内容都有很大差别。我国财政职能的演变大致经历了3个阶段。

　　（一）计划经济时期。20世纪70年代末以前，我国实行高度集中的计划管理体制。财政是政府集中分配全国资源的工具，并且通过国家与国有企业之间的缴拨款活动，对企业生产经营的耗费和成果进行计算和监督。这一时期的财政职能主要包括分配职能和监督职能。

　　（二）有计划的商品经济时期。20世纪80年代初，我国开始经济管理体制改革，进入有计划的商品经济时代，形成了新的国家、企业、个人三者之间的收入分配关系。为调动各方积极性，政府需要制定合理的税收政策和支出政策，科学确定、及时修正税种和税率、支出范围和规模。这一时期的财政职能主要包括分配职能、监督职能和调节职能。

　　（三）社会主义市场经济时期。1992年，中共十四大确定了我国经济体制改革的目标模式，即实行社会主义市场经济体制。我国财政职能随之与西方接轨，具有了一般市场经济国家财政相同的三项职能，即资源配置职能、收入分配职能和经济稳定职能。此外，由于我国是以公有制为基础的社会主义国家，必须保证政令统一，维护国家和人民的根本利益。在市场经济条件下，利益主体的多元性、经济决策的分散性、市场竞争的自发性和排他性，决定财政需要实施监督和管理，以规范财经秩序、促进社会主义市场经济健康发展。因此，监督管理职能成为我国财政不可或缺的又一项职能。

　　[资料来源：朱长才.新形势下财政职能的重新定位[J].财政研究，2014，（7）：44-46.]

✏️ 专栏 3-2 《中共中央关于全面深化改革若干重大问题的决定》关于财政的论述 ————————

　　财政是国家治理的基础和重要支柱，科学的财税体制是优化资源配置、维护市场统一、促进社会公平、实现国家长治久安的制度保障。必须完善立法、明确事权、改革税制、稳定税负、透明预算、提高效率，建立现代财政制度，发挥中央和地方两个积极性。

　　1.改进预算管理制度。实施全面规范、公开透明的预算制度。审核预算的重点由平衡状态、赤字规模向支出预算和政策拓展。清理规范重点支出同财政收支增幅或生产总值挂钩事项，一般不采取挂钩方式。建立跨年度预算平衡机制，建立权责发生制的政府综合财务报告制度，建立规范合理的中央和地方政府债务管理及风险预警机制。

　　完善一般性转移支付增长机制，重点增加对革命老区、民族地区、边疆地区、贫困地区的转移支付。中央出台增支政策形成的地方财力缺口，原则上通过一般性转移支付调节。清理、整合、规范专项转移支付项目，逐步取消竞争性领域专项和地方资金配套，严格控制引导类、救济类、应急类专项，对保留专项进行甄别，属地方事务的划入一般性转移支付。

　　2.完善税收制度。深化税收制度改革，完善地方税体系，逐步提高直接税比重。推进增值税改革，适当简化税率。调整消费税征收范围、环节、税率，把高耗能、高污染产品及部分高档消费品纳入征收范围。逐步建立综合与分类相结合的个人所得税制。加快房地产税立法并适时推进改革，加快资源税改革，推动环境保护费改税。

　　按照统一税制、公平税负、促进公平竞争的原则，加强对税收优惠特别是区域税收优惠政策的规范管理。税收优惠政策统一由专门税收法律法规规定，清理规范税收优惠政策。完善国税、地税征管体制。

　　3.建立事权和支出责任相适应的制度。适度加强中央事权和支出责任，国防、外交、国家安全、关系全国统一市场规则和管理等作为中央事权；部分社会保障、跨区域重大项目建设维护等作为中央和地方共同事权，逐步理顺事权关系；区域性公共服务作为地方事权。中央和地方按照事权划分相应承担和分担支出责任。中央可通过安排转移支付将部分事权支出责任委托地方承担。对于跨区域且对其他地区影响较大的公共服务，中央通过转移支付承担一部分地方事权支出责任。

　　保持现有中央和地方财力格局总体稳定，结合税制改革，考虑税种属性，进一步理顺中央和地方收入划分。

（资料来源：人民网，http://cpc.people.com.cn/n/2013/1116/c64094-23561785.html）

第二节　资源配置职能

一、资源配置的含义

资源是人类社会赖以生存和发展的基本条件，其基本特性是稀缺性，因此如何实现资源的最优配置成为人类社会永恒追求的方向。资源是指自然界和人类社会一切有价值的物质，包括自然资源、资本资源和人力资源。经济学中的资源是指必须付出一定代价才能获得的、可以用于生产或消费、满足人类需要的经济资源。从生产的角度来看，经济资源也被称为生产要素，包括土地、资本、劳动和信息[①]。配置是指资源在不同的部门、地区、时期与产品间的分配。因此资源配置是指为满足人们的需要，将有限的资源在各种可能的用途间进行分配和组合，并形成一定的资产结构、产业结构、技术结构和地区结构，以达到优化资源结构的目的。狭义的资源配置是指生产要素的配置，广义的资源配置是指除了生产要素之外的配置，还包括消费品在消费者之间的配置，本文的资源配置主要是指生产要素的配置。

✎ **专栏 3-3　信息也是一种资源吗？** ─────────────

信息资源一词最早出现于 J.O. 罗尔科（J.O. Rourke）的《加拿大的信息资源》。信息资源有狭义和广义之分，狭义的信息资源，指的是信息本身或信息内容，即经过加工处理，对决策有用的数据。开发利用信息资源的目的就是为了充分发挥信息的效用，实现信息的价值。广义的信息资源，指的是信息活动中各种要素的总称。"要素"包括信息、信息技术，以及相应的设备、资金和人等。

信息资源与自然资源、物质资源相比，具有以下几个特点：第一，能够重复使用，其价值在使用中得到体现。第二，信息资源的利用具有很强的目标导向，不同的信息在不同的用户中体现不同的价值。第三，具有整合性，人们对其检索和利用，不受时间、空间、语言、地域和行业的制约。第四，它是社会财富，任何人无权全部或永久买下信息的使用权；它是商品，可以被销售、贸易和交换。第五，具有流动性。随着社会的不断发展，信息资源广泛存在于经济、社会各个领域，成为国民经济和社会发展的重要战略资源，未来生活也离不开信息资源。

（资料来源：根据相关资料整理）

在市场经济条件下，市场是资源配置的主要机制，但市场失灵，使得"一些事情是我们不能期望市场完成的、有些事情市场做得不能令人满意"，如一些公共产品是个人或企

---

　① 本文将信息也归入生产资源，是因为随着互联网技术的发展，信息经过加工处理之后，能够被人类利用并创造巨大的价值与利润。

业不愿意或不能充分提供的，包括教育、医疗等；企业或个人等经济活动主体的"短视行为"导致负的外部性；信息不对称问题导致消费者无法做出正确的合理的价值判断等，因此需要财政在这些领域对社会资源进行某些配置。

二、主要内容

（一）调节资源在产业部门之间的配置

资源在产业部门之间的配置状态如何，直接关系到一个国家、一个地区的国民经济结构是否合理及其合理化程度。财政对资源在产业部门之间的配置和调节，是通过两个途径实现的：一是通过调整国家预算支出结构，如增加对基础产业和基础设施的投资，相应减少对加工部门的投资等，达到合理配置资源的目的。二是通过制定财政、税收和投资政策，来引导和协调社会资源的流动，达到调节现行资源配置结构的目的，如财政部于2019年出台《中央引导地方科技发展资金管理办法》以促进科技产业的发展与科技创新，促进资金在科技领域合理分工与流动。

（二）调节资源在地区之间的配置

由于历史、地理和自然条件等方面的差异，我国客观上存在着地区之间经济发展不平衡的现实，同时改革开放之后，市场机制又进一步导致资源向发达地区、大城市集中，这种不平衡的状况无法通过市场机制得以解决，同时如果这种不平衡长期存在，会进一步加剧区域之间的不平衡，因此必须通过政府财政介入，利用诸如补贴、税收等财政分配手段，对资源进行配置以实现不同地区之间的合理配置。如中央每年下达社会救助补贴、东部地区对西部的援助等，从而实现地区之间的财力均衡与公共服务均等化，以促进资源在区域之间的均衡配置。

🖉 专栏 3-4 中国地方财政转移支付依赖度增加

中国财政科学研究院发布的地方财政经济运行调研报告指出，我国转移支付的规模越来越大，从2008年的18708.6亿元增加到2018年的69674亿元，年均增长14.05%，一般性转移支付占比从2008年的46.75%增加到2017年61.63%，提高14.88百分点，2019年预算安排达到7万多亿元，占中央财政的规模接近70%，近些年转移支付的增长速度都是两位数。其中转移支付分配向经济欠发达的中西部地区倾斜，近年来中西部地区转移支付规模占全国近80%，为区域经济均衡发展及欠发达地区基本公共服务均等化做出重要贡献。

过去认为转移支付本来就是在区域化不平衡的条件下去促进区域之间的基本公共服务的均等化，解决的是区域公平的问题，但在实际中，在原有东、中、西区域发展不平衡的基础上，南北之间的差距在不断拉大，产生这种现象的原因除了实行的2万亿元减税降费政策之外，与当地老龄化、创新能力、地方的经济效益及政府能力分化有关。

除此之外，转移支付资金使用中的低效跟区域差异加大也有密切关系。一些地方获得了大规模的转移支付，有的投资不是有效投资，而公共服务有的也没有真正转化成人力资本，或者转化成了人力资本但没有和当地的产业及经济发展有任何关联。

因此要尽快完善一般性转移支付分配办法，精确反映基本公共服务成本差异，进一步完善共同财政事权转移支付，加快推进均等化，以有利于人力资本的公平积累来完善转移支付制度，避免公平的短期化。同时调整转移支付定位，推动地方市场化改革和营商环境的优化，完善统筹机制，建立转移支付的定期评估、修正和退出机制，加快财政体制改革，加快中央与地方财政事权、支出责任和收入划分改革，稳定地方预期，增加地方政府稳增长和防风险的动力。并适度加大中央的事权和支出责任，减少转移支付的压力，合理推动横向转移支付的完善，构建纵横结合的制度体系。

（资料来源：参考网，https://www.fx361.com/page/2019/0531/5166669.shtml）

（三）调节社会资源在政府和非政府之间的配置

政府部门是指分配与使用财政资金的部门，包括中央政府和地方政府，还包括政府设立的行政机构和事业机构。凡是不在这个范围以内者，均称为非政府部门，主要包括企业部门和家庭部门。政府部门占有的资源用于满足社会公共需要，非政府部门占有的资源用于微观经济活动及个人需要。调节资源在政府与非政府部门之间的配置，使有限的社会经济资源既能满足一定时期的社会公共需要，又能保证企业生产经营活动的顺利进行。资源在政府与非政府部门之间的配置体现在财政收入占国民生产总值或国内生产总值（gross domestic produce, GDP）的比重上。财政收入占国内生产总值的比重，又称为国民经济的财政负担率，这一比重越高，则社会资源中由政府部门支配使用的部分越大，国家就越有能力为国民提供充足的公共服务。同时它又取决于必须由政府通过财政提供的社会共同需要规模的大小，社会共同需要的规模并不是一成不变的，而是随社会经济、政治、文化条件的变化而变化的，随之而来的财政资金规模也发生相应变动。

三、财政资源配置职能的实现方式

（一）合理确定财政收入占国内生产总值的比重

我们要根据社会主义市场经济条件下的政府职能确定社会公共需要的基本范围，从而确定财政收支占国内生产总值的合理比例，实现资源高效配置。相关资料数据显示，我国近些年的财政收入占 GDP 比重为 20%~25%，一般来说，一国的财政收入占 GDP 的比重为 30% 较为合理，由此可见，我国的财政负担率还有一定的上升空间。

（二）优化财政支出结构

财政支出结构也就是财政资源内部的配置比例。财政支出结构是各类财政支出占总支出的比重。财政支出结构优化是指在一定时期内，在财政支出总规模占国民生产总值比重合理的前提下，财政支出内部各构成要素符合社会共同需要且各构成要素占财政支出总量的比例相对协调、合理的状态。从社会资源的配置角度来说，财政支出结构直接关系到政府动员社会资源的程度，从而对市场经济运行的影响可能比财政支出规模的影响更大。不仅如此，一国财政支出结构的现状及其变化，也表明了该国政府正在履行的重点职能及变化趋势。如生产性支出与非生产性支出的比例、购买性支出与转移性支出的比例，前者表明资本品和消费品的配置结构，后者表明财政配置功能的大小，它对社会资源的配置状态起着重要作用。

（三）引导民间资源合理配置

政府通过政府投资、税收和转移支付等手段，加大投入和扶持力度，调节社会投资方向，引导社会资源流向经济欠发达地区，向国民经济薄弱的部门和产业流动。而未被财政集中的民间资源的配置原则上属于市场机制的范围。当市场本身的配置有效率时，各种财政政策工具应保持中性，不干扰市场机制的运行。当市场本身的配置效率不高时，可考虑采用非中性的财政政策手段进行调节，提高社会投资整体效率，实现社会资源整体的优化配置。

（四）提高财政配置工具的使用效率

财政配置的基本工具是税收和财政支出。提高财政配置工具的使用效率，就税收而言，主要是提高税收征管效率，一是要降低税收的超额负担，使税收对市场配置资源效率负面影响最小化，二是要降低税收的征收成本和纳税成本；就财政支出而言，就是要努力提高财政资金的使用效率。

科学制定税收政策和支出政策，合理确定财政收支占 GDP 的比例，清理规范区域性土地、财税优惠政策，维护市场统一。强化公共服务和管理，有效增加政府的公共服务供给，提高资源配置的结构效率。统筹区域间协调发展，促进地区间财力均衡和基本公共服务均等化。统筹行业间协调发展，发挥税收调节作用，促进产业结构调整，推动经济转型升级。

为构建更加完善的要素市场化配置体制机制，财政应该怎么做？

第三节　收入分配职能

一、收入分配职能的含义

收入分配是指国民经济在一定时期内创造的国民收入，按一定的方式在政府、企业和居民个人之间的分配。它是政府为了实现公平目标，对市场经济形成的收入分配格局予以调整的过程。国民收入分配包括初次分配、再分配和最终分配 3 个过程。初次分配主要是对由市场价格形成的要素分配。要素分配是以要素投入为依据，由市场供求形成的要素价格所决定的。由要素分配形成的收入可分为劳动收入和非劳动收入。劳动收入包括工资、薪金、奖金、津贴等；非劳动收入包括财产转让收入、租金、利息、红利和公司未分配利润等。市场机制遵循要素投入与要素收入对等的分配原则，但由于资源稀缺程度的差异、先天禀赋的差异与其他非竞争因素的干扰，各经济主体获得的收入会有较大差异，财政收入分配职能正是为弥补市场机制在这方面的缺陷，维护社会公平。

对初次分配形成的收入分配格局进行重新调整，叫作国民收入的再分配。国民收入再分配既包括政府凭借政治权利通过财政手段实现的财政再分配，也包括慈善机构和社会组织参与的一部分再分配活动。国民收入的最终分配是指国民收入经过前两次分配之后，最终分配到积累和消费两个方面。最终分配的主要任务是正确制定积累基金和消费基金的比例，使积累基金和消费基金的需求总额同国民收入供给总额相平衡，使积累和消费的价值形态与实物形态相适应，以保证生产的不断扩大和群众生活水平的逐步提高。党的十九大提出我国当前社会主要矛盾已经转化为人民日益增长的美好生活需要和不平衡不充分的发展之间的矛盾，可以看出关注的重心是在广大人民生活质量与生产发展质量上，如何处理好积累和消费的关系必然影响到我国社会主要矛盾的解决。

二、收入分配职能的内容

运用财政手段对收入分配进行有效调控，主要通过调节企业的利润水平和个人收入水平来实现。

（一）调节企业利润水平

调节企业利润水平是指通过调节使企业的利润水平能够比较客观地反映企业的生产经营管理水平和主观努力状况，使企业在条件大致相同的情况下，获得大体相同的利润，从而为企业创造一个公平竞争的外部环境。调节企业利润水平主要通过税收、财政补贴等财政手段实现对企业利润水平的调节。

（二）调节居民个人收入水平

我国的收入分配实行以按劳分配为主体，其他收入分配方式并存的原则。在收入水平上，既要合理拉开收入水平的差距，又要防止贫富差距悬殊，逐步实现共同富裕，在促进效率提高的前提下体现社会公平。因此，调节居民个人收入水平的手段主要包括以下两方面：一是通过税收进行调节，如个人所得税专项附加扣除政策的出台，减轻个人税收负担，进而缩小个人收入之间的差距；二是通过转移支付，如医疗救助补助、困难群众基本生活救助支出等保障城乡困难人群的最低生活水平和福利水平。

三、收入分配职能的实现方式

收入分配的核心问题是实现社会公平，因而财政分配职能所要研究的问题应集中在显示社会公平的标准与财政调节收入分配的特殊机制和手段上。

（一）合理界定市场分配与财政分配的界限与范围

原则上市场分配的范围，财政不能越俎代庖，属于财政分配的范围，财政应尽其职。如初始分配中的企业职工的工资、利润、财产专任收入等，应由市场分配来完成，财政不能干预。在社会公平原则指导下，财政只能对市场分配的结果进行调节，以缩小因市场分配导致的收入差距过大的问题，如政府提供社会保障和社会救助。

□我国出台政策
促进商业消费

（二）规范工资制度

工资制度具体包括事业单位和公务员单位的工资制度、税法中有关工薪收入中的扣除项目规定、最低工资标准等。通过工资制度的规范，实现对部分国民收入分配领域的调节。

（三）加强税收调节

税收是政府执行收入分配职能的主要工具之一。通过征税，可以在相当大范围内实现对收入的调节。例如对奢侈品和贵重消费品征收消费税，调节高收入者的实际可支配收入；通过征收所得税和财产税等税种，如个人所得税等，可以直接起到调节个人收入与财富水平的作用。

（四）完善转移性支出制度

转移支付是指将财政资金直接地、无偿地分配给特定的地区、单位和个人。作为一种直接的收入分配方式，通过对低收入阶层、老龄人口、失业人口等弱势群体提供补贴来改变收入分配不公的程度。具有转移支付性质的支出项目主要包括各种专项拨款和各类补助支出，如扶贫专项支出、困难群众基本生活补助、就业补助、孤儿基本生活保障补助等。

✐ 专栏 3-6 收入分配"面面观" ——————————————————

　　追求公平是人类的天性，与生俱来。美国哲学家约翰·罗尔斯（John Rawls，以下简称罗尔斯）在《正义论》中曾做过这样的讨论：把一群人送到一个孤岛，让他们一切从零开始，谁也没有财产，谁也不知道未来，然后让他们自己选择分配制度，他们会选择均等分配还是差别分配？罗尔斯推测，多数人会选择均等分配。罗尔斯做此推测显然不是主观臆断。有事实为证，原始社会的分配其实就是均等分配。对人类为何倾向于均等分配，英国经济学家庇古在1920年出版的《福利经济学》中做过分析。他说，即便社会财富不增加，只要均等分配收入便能增进社会福利。庇古的理由是：穷人手里一元钱的效用要比在富人手里的一元钱效用大。富人增加一元钱不过是锦上添花，减少一元钱也无伤大雅；可对穷人来说，增加一元钱是雪中送炭，减少一元钱则可能影响生存。于是他得出结论：将富人收入转移一部分给穷人，必能增加社会福利。20世纪前半期，庇古的观点广受好评，并一度影响过西方国家的分配政策，欧洲的福利国家社会保障模式正是在庇古思想的影响下建立起来的。可是后来由于英国等欧洲国家先后患上了"福利国家病"，庇古的观点便遭到了众多的质疑和反对。有学者批评说,公平与效率同等重要,绝不能顾此失彼,若只强调公平不重视效率,经济发展就会停滞,最后富人都会变成穷人。

其实,在庇古之前,意大利经济学家帕累托就提出过"帕累托最优状态"。其含义是,在既定分配状态下,若不减少一个人的福利便无法增加另一人的福利,分配若达到这样的状态就是最优状态。反之,若不减少任何人的福利却能增加其他人的福利,则属"帕累托改进"。帕累托指出,只有"改进状态"的收入调整,才能同时兼顾公平与效率。然而困难在于,现实中收入调整不能仅局限于"帕累托改进",为了照顾公平,政府有时不得不抽肥补瘦。问题是在何种条件下才可抽肥补瘦呢?为此美国学者尼古拉斯·卡尔多(Nikolas Cardol)提出了"假想补偿原则":补贴穷人要以穷人收入增加能弥补富人收入减少为前提。比如,让富人拿100元补贴给穷人,若穷人能够增加100元,这样的调整可取;若穷人只增加了90元,对社会则是得不偿失。问题是怎样让补贴有效率?米尔顿·弗里德曼(Milton Friedman)主张采用负所得税方案,即负所得税=(收入保障数—个人实际收入)×负所得税率。举例解释:假定贫困保障线为1000元,负所得税率为50%,若某人实际收入为500元,按上面公式计算可得补贴250元,个人可支配收入(实际收入+负所得税)为750元;若实际收入为750元,可得补贴125元,个人可支配收入为875元。用这种办法补贴穷人可鼓励人们勤奋劳动创造收入。

(资料来源:搜狐网,http://www.sohu.com/a/323347436_123753)

第四节　经济稳定与发展的职能

一、经济稳定与发展职能的定义

财政的经济稳定与发展职能是指财政通过税收和财政支出等手段对国民经济运行进行干预和调节,以达到社会总供给和总需求的基本平衡,从而实现充分就业、物价稳定、国际收支平衡等目标,同时在经济增长的基础上,使经济运行和人民生活质量得到改善。即财政在市场经济条件下承担国民经济宏观调控责任,实现国家宏观经济政策目标。党的十八届三中全会之后,为应对国内外复杂的经济社会形势,我国财政经济稳定与发展职能的方向逐步向调控稳定方向发展。

(一)充分就业

充分就业是指有能力并愿意寻找工作的人,通过劳动力市场和社会中介机构,寻找到自己满意的工作。它是英国经济学家约翰·梅纳德·凯恩斯(John Maynad Keynes,以下简称凯恩斯)在《就业、利息和货币通论》一书中提出的,充分就业是宏观经济目标中的首要目标。因此,这里的充分就业,不是指可就业人口100%的就业,一般认为失业率维持在 3%~5%，就视为已经实现充分就业了。这里的 3%~5% 的失业率，主要是由于摩擦性失业和结构性失业造成的。摩擦性失业是指由于经济在调整过程中，因资源配置比例失调等原因，使一些人需要在不同的工作中转移，转移过程中出现的时间消耗而造成的失业现象。结构性失业是指由于经济结构、体制、增长方式等的变动，使劳动力在包括技能、经验、工种、知识、年龄、性别、主观意愿、地区等方面的供给结构与需求结构不相一致而导致的失业。如果全社会的就业未达到充分就业状态，政府能采取的最有效措施就是利用财政政策与货币政策，增加就业岗位、促进职业培训、激励创业等，使失业者重新上岗。

（二）物价稳定

物价稳定是指物价总水平的基本稳定。物价稳定的目标是以零售物价指数衡量的全社会的一般物价水平的波动幅度维持在稳定范围内。也就是说，物价稳定并不意味着物价绝对禁止不动或上涨率为零，而是一般物价水平在短期内不发生显著或急剧波动。国际上一般认为物价波动幅度在 3%~5% 为合理范围，政府的职责就是要利用有效的财政政策将物价水平的波动幅度控制在这个范围内。

（三）国际收支平衡

国际收支平衡是指一国国际收支净额即进出口与净资本流出的差额为零。国际收支平衡主要涉及国际经济活动。全球化背景下，国内企业利用比较优势参与到世界经济竞争中，能够在广泛的范围内实现资源的合理有效配置，进而促进国内经济的竞争力。同时，国际收支与国内收支也是密切联系的，国际收支不平衡也意味着国内收支不平衡，因为一国的国际收支无论表现为逆差还是顺差，都会给本国货币对外币汇率产生直接影响。国际收支出现大量逆差，会导致该国货币储备减少，本国货币对外币汇率下降，削弱本国的经济实力；国际收支出现大量顺差，则会导致本国货币对外币汇率上升，影响出口，且会使大量外资流入，加剧本国的通货膨胀。因此，必须采取财政政策和货币政策应对国际收支不平衡的状况，如采取适度的外债规模，使外债规模与本国清偿能力相适应，与政府经济实力相适应，保证国际收支平衡。

（四）经济增长

经济增长是指一个国家或地区一定时期内国民生产总值的增加，通常用国民生产总值或国内生产总值及其人均水平来衡量。经济增长是财政资源配置职能、收入分配职能和稳定发展职能综合作用的结果。经济增长意味着现有资源的充分利用及政府所制定的经济社会发展规划得到了较好的执行，只有确保国民经济持续有效的增长，才能实现社会福利和综合实力的提高及社会的全面进步。因此，政府应利用财政政策，保持经济的增长。当然，在促进经济增长的过程中，要注重经济发展的结构与质量。如财政部出台减税降费、支持中央确定的重大项目建设、促进消费及调整财政支出结构等措施来改善营商环境。

二、经济稳定与发展职能的内容

目猪肉价格上涨，政府动用储备猪肉稳定市场价格

市场机制的缺陷决定了经济稳定与发展职能的客观必然性。市场经济中，充分就业和物价稳定不会自动出现，因为就业和物价水平是由社会总需求水平所决定的，并与当时的生产能力相关，而社会总需求水平具有不可控性。供需不平衡易导致周期性经济波动，因此，需要有一个逆商业周期变动的外部力量作用于市场体系，就能够实现总供给与总需求相吻合的稳定状态。作为唯一具有宏观调控能力的政府，可借助财政政策，承担起逆商业周期的调控责任，以确保经济稳定发展。

（一）调节社会总需求

财政来调节社会总需求的平衡，就是通过有目的、有计划的集中性的收支活动来矫正无数微观经济主体分散的收支活动形成的不利结果。从财政收入方面来看，有税收、资产收益和公债等方式；从财政支出来看，有购买性支出和转移支出。政府购买性支出是总需求的一个组成部分，其数量自然也会影响到总需求，而政府的转移性支出、税收、定价政策等也会间接影响总需求。政府活动之所以能影响总需求，是因为它的规模巨大，虽然个人、家庭和企业的收支活动也是社会总需求的一个重要组成部分，但就某一个具体单位来说，它对总量的影响微乎其微。因此当社会总需求小于总供给时，财政可实行适度扩张的政策，如增加财政支出或减税以扩大总需求，反之则实行紧缩的政策。

（二）调节社会总供给

财政对总供给的调节是通过政府对劳动供给和整个社会资本积累的影响而实现的。总供给取决于现有资源的数量及使用这些资源的技术和组织能力。财政活动对资源供给的影响一方面通过税收或者支出政策对劳动供给施加影响，另一方面通过财政收支活动对私人投资和整个社会投资总量施加影响。如政府调整个人所得税税率，刺激劳动力供给，或者财政提供就业补助资金，用于个人与企业职业培训补贴、社会保险补贴、创业补贴、就业见习补贴等支出，促进劳动力供给；又如政府利用税收、补贴等财政杠杆诱导非政府部门对基础产业的资金投入，加快农业、能源、交通运输等公共设施的建设。

三、经济稳定与发展职能的实现方式

（一）发挥财政的自动稳定器功能

财政的自动稳定器是指国家财政预算中根据经济状况而自动发生变化的收入和支出项目，如税收、转移支付、社会保障相关支出等，都具有自动稳定的显著功能。从税收看，所得税的征收本身就是一种重要的自动稳定器。不同的财政制度所具有的稳定功能不同，因此，在财政制度设计上，要选择对经济波动起较强稳定作用的财政制度。如所得税、社会保障税的自动稳定器功能要强于商品税，它可以通过减小乘数起到自动稳定器的作用，当收入增加时，个人和企业必须缴纳更多的税款，这能限制支出的增加和保持总支出在总体上更稳定的作用。财政的转移支付也是一个自动稳定器，例如失业津贴和社会保障支出，自动稳定器在经济状况变动时也会自动做出调整，当经济衰退，失业率上升时，失业津贴和社会保障支出会自动增加，这有助于抑制消费需求的下降；反之，当经济膨胀时，失业人数减少，失业津贴和社会保障支出会自动减少，进而抑制消费需求的上升。同时，强化公共服务和管理，有效增加政府公共服务供给，促进地区间财力均衡和基本公共服务均等化，促进财政调控稳定功能的发挥。

（二）采取相机决策的财政政策

财政政策的自动稳定器功能可以在一定程度上缓冲经济波动带来的影响，但不能完全消除经济波动，因此，根据国民经济运行的趋势，逆向变化其财政支出政策和税收政策，使之改变国民经济运行方向，减少商业周期的波动，这种针对不断变化的经济形势而灵活变动税收和支出政策的行为，被称为相机抉择的财政政策。如在经济衰退时期，物价下跌、失业率居高不下，政府可加大政府采购力度、增加转移支付或者降低税率，进而刺激社会总需求，抑制经济衰退趋势；在经济过热的情况下，物价过高、通货膨胀严重，政府应削减采购、减少转移支付或者提高税率以抑制社会总需求过快增长，防止通货膨胀的发生。

第五节　监督管理职能

一、监督管理职能的定义

财政监督职能，是指在国民收入的分配、再分配过程中，财政所具有的对财政收支活动，以及对经济、政治、社会、文化、生态文明等活动的监督与管理功能。其职能目标是依据国家政策、法令、制度和财政经济杠杆来规范分配秩序，严格财政预算管理，防范财政金融风险，提高财政资金使用效益，促进社会主义市场经济的健康发展和经济持续、稳定、快速的增长，促进政治文明、社会和谐、文化昌盛、生态绿色等。

我国财政监督是党和国家监督体系下的重要行政监督，财政监督职能既是财政基本职能，也是国家监督职能的核心部分，它与社会公众监督、部门监督、司法监督、立法监督、党内监督共同构成我国统一的国家监督体系。财政监督通过对政府资金分配和再分配过程进行监督管理，反映、制约、监督着所有政府行政活动，从资金及分配管理内容和环节，直接督促政府及行政的法制规范目标实现。因此，我国社会主义市场经济下的财政监督职能仍是重要的财政职能，也是我国社会主义市场经济财政职能的特色所在。

二、监督管理职能的内容

财政是国家治理的基础和重要支柱，进一步说，财政是国家治理体系的基础和治理能力的重要支柱，因而除赋予财政在经济方面的监督功能之外，还赋予财政在政治、社会、文化和生态文明等方面内在的监督功能。此外，财政监督在立法、执法、司法和监督的法治体系及其在国家监察体系中的专业性监督的技术支撑，深化和提升了财政内在的监督职能。一般来说，财政监督管理职能的内容包括以下 5 个方面。

（一）公共预算的监督

公共预算监督包括预算编制的监督、预算执行情况的监督和国库集中收付制度的监督。其中预算编制的监督是对预算编制法律依据的监督、对预算编制程序和对预算编制方法的监督。

（二）公共收入的监督

公共收入的监督主要有税收监督，筹集社会保障资金的监督，政府性收费、政府性基金和政府性所得收入的监督。其中税收监督包括监督税收法规、政策的执行情况，监督税收征管质量、税收退交库行为等。

（三）公共支出的监督

公共支出的监督内容首先是监督政府各部门的行政事业管理费支出。其中涉及行政管理费支出的监督、事业经费的支出及对政府采购的监督。其次是对转移支付的监督，涉及审核转移支付项目是否纳入预算；审核督促地方接受中央的财政转移支付，或地方财政接受上级财政转移支付的款项是否按指定的内容或项目拨付到位，有无截留或挪用情况等。再次，监督基本建设投资，涉及基本建设投资计划的合理性与合法性，包括计划的分解与落实情况，计划与资金的配比及其结构，建设项目、竣工、财务决算的审核，确认交付使用财产价值，审查在建工程和尾工工程，清算结余资金和基本建设收入，监督基建资金的拨款环节等。最后是对社会保障资金的监督，包括社会资金是否实行严格的预算管理，社会保障资金投资运营的安全性，投资运营的收益效率，是否设立并正确计提投资风险准备金等。

（四）公共资产管理的监督

公共资产管理的监督涉及国有资本产权的界定和国有资本的保全，包括监督企业在持续经营期间对注册的国有资本是否出现不规范的变动，有无违反规定，减少国有资本；当企业与其他投资为注册资本，发生注册资本变更时，是否违反国家有关规定和公司章程，减少国有资本的份额；企业使用盈余供给、资本供给、转增实收资本时，是否按同比例增加国有注册资本；发生清产核资时，企业持有的国有资本是否严格按照实际交易价格调整；国有资本的转让等。对国有资本运营的监督涉及国有企业开展资本运作活动是否履行严格的内部管理程序，是否尊重了所有者的意见；企业发生合并、分立、转让、公司改制等重大行为是否对相关资产进行清理和资产评估，最终确认的资产交易价格是否合理。企业对外投资等资本运作的效率是否达到预期目标，所显示的收益是否如期收回，并进行相应的会计核算。对国有收益的监督包括国有资本收益是否按照注册资本中应该分配企业净利润的国有份额；对国家直接投资企业的产权转让收益，督促其上缴主管财政机关；监督企业清算净收益。最后是审核企业的国有资本保值增值情况。

（五）会计信息质量监督

会计信息质量监督是财政部门为稳定经济秩序、维护经济运行质量的一项十分重要的监督工作。会计信息包括企业会计信息、行政单位会计信息、公益事业单位会计信息、基本建设项目会计信息、财政收支信息。会计信息质量监督的主要内容，按照企业经营成果及资产相关程度所涉及的监督，包括所有者权益的划分、收入的确认、成本支出的确定、其他资产的确定、收入与支出的配比、实有资产与或有资产的对照、利润的真实性与现金流量的对照；按与核算资料相关联系程度确定的监督涉及财务部门的原始凭据、记账凭证、账簿、报表等会计资料，形成核算依据的各基础资料；对资产类项目实施的复核性监督包括实施货币资金项目的复核监督、审查存货的真实性及现实价值、对应收预付等结算项目的审查、对固定资产项目的审查、无形资产项目的审查、对外投资的审查。会计信息质量监督还包括对流动负债项目的审查、权益类项目的监督、收入类项目的监督、费用成本类项目的监督、经营成果及其分配项目的监督、会计报表附注的监督、监督或有事项尤其是或有负债的披露、监督是否如实披露期后事项，以及对持续经营能力的影响程度、监督合并会计报表、汇总会计报表的真实性与完整性。同时对社会审计质量的监督也是一项重要内容。

三、监督管理职能的实现方式

党的十八届三中全会以来，为适应我国经济社会的变化，未来财政监督管理方面将形成财政预算执行监控纳入财政业务流程并制度化，强化部内干部责任和出资人审计、重大项目及转移支付监管和绩效评价等内容的财政监督转型顶层设计，财政监督融入并服务于财政管理的特色显著。财政监督管理职能一方面从过去的财政边缘向现在的财政核心之一发展；另一方面，从过去限于经济领域向国家治理体系和能力拓展深化。因此，我国的财政监督管理职能的实现方式也将有所侧重，主要将侧重于以下两个方面。

第一，依法加强对政府、单位和个人涉及的财政、财务和会计事项的全面监督，积极构建"预算编制、预算执行、绩效评价、监督检查"有机衔接、相互制约的财政运行机制。加强政府全口径预算管理，逐步建立权责发生制的政府综合财务报告制度。严格执行国库集中收付制度，加强国库资金监管，对大额资金流转实行跟踪管理，确保财政资金使用规范安全、有序高效。建立健全内控机制，全面梳理排查违纪风险点，规范流程、明晰责任，加强监督、严格考核，约束和规范财政权力运行。严格会计管理，规范中介机构管理，推进会计准则制度实施，提高会计信息质量。深入推进财政预决算公开。强化财政资金绩效评价，做到"花钱必有效、无效必问责"。借助人大、审计等外部力量实施有效监督，形成全方位、立体式监管格局。严格制度执行，严肃查处各种违反财经纪律的行为，维护国家财经秩序。

第二，加强对各类经济社会事业活动的资金管理，形成高质量的发展水平。财政收入反映单位的经济效益和财务经营成果，财政支出反映用于经济、社会、政治、文化和生态文明等发展的各项事业的成就。因此，各种经济、政治、社会、文化和生态文明等事业活动都会综合地反映到财政资金运动上。国家通过加强对财政收支管理，引导各企事业单位的各种经济、政治、社会、文化和生态文明建设朝着符合党和国家的方针政策、符合国家的法律、符合市场经济原则的方向发展，为我国高质量的社会经济发展事业奠定基础。

第六节　财政职能的实现与公平效率的协调

一、财政职能之间的矛盾与协调

财政职能包括资源配置职能、收入分配职能、经济稳定与发展、监督管理职能，前两者侧重于对微观经济领域产生的影响，第三个职能则是侧重于财政在宏观经济领域中的影响，监督管理职能则广泛存在于微观、宏观领域。在实际运作过程中，实现 4 个职能的政策手段不可能是孤立地为各自目标服务，而必定是在为某一目标服务时，对其他的目标也产生一定的影响，形成有利影响与不利影响，有利影响表现为财政职能之间的协同，不利影响则表现为 4 个职能之间的矛盾和冲突。

财政 4 个职能的协调性表现在它们都在国民经济运行的大环境中发挥作用，互相促进。资源配置职能是各职能的前提，生产条件的分配决定生产成果的分配，只有实现资源配置优化，才能为收入分配关系调节提供可靠的基础。例如，通过促进税收优惠政策来促进高科技产业的发展，可以提高企业的产出水平，与此同时，还可能增加国民收入，进而减轻不公平。收入分配职能则是优化资源配置的继续，因为在调节资源配置中，会涉及各个经济主体的利益或收入的公平分配问题，而经济主体利益之间的变动与调整，必然会反作用到资源配置上来，比如高科技产业的产出水平提高，增加了企业利润与员工的收入，促进了民间投资资本的增加，可以进一步对企业的上下游配套企业增加投资，促进产业的高质量发展。经济稳定与发展则是前两个职能的结果，同时又进一步构成实现前两个职能的前提条件。财政监督管理职能则能进一步规范各类财政行为，有助于前三个职能更好地发挥各自的功能。

但财政 4 个职能在实践中又会经常处于矛盾状态，有时会出现顾此失彼的状况，削弱正向效果。比如，减税降负政策在一定情况下会提高经济增长率，但也确实降低了地方政府的财政收入，尤其是以税收为主要财政收入来源的地方政府，给他们的公共支出造成较大压力，如果缺乏上级的转移支付，则容易导致收入与财富分配的不公平。因此，应综合地考察财政 4 个职能的矛盾与协调，权衡财政政策的公平与效率。

二、公平与效率的权衡

任何经济活动最终都是为了增进社会福利，满足人们的需求，财政活动也不例外，具体体现在两个方面：（1）如何生产出尽可能多的物质财富，体现出财政活动对效率的追求；（2）生产的财富如何在社会成员之间恰当地进行分配，体现出财政活动对公平的追求。公平是与收入分配相联系的概念，它包括经济公平与社会公平两方面。经济公平是指要素投入与要素收入相匹配，是市场分配的原则与本质要求。社会公平则是指将收入差距维持在现阶段社会各阶层所能接受的范围内。

效率则属于生产力范畴，是指资源得到有效配置，每个人经济福利达到最大化和社会经济稳定增长，达到帕累托最优，主要表现为：（1）在分配上充分调动劳动者积极性和主动性；（2）社会资源配置优化。但在社会主义市场经济条件下，公平与效率总体上是一种既统一又矛盾的关系，政府的主要职责是利用包括财政在内的政策手段，权衡政府行为的公平与效率，最终实现公平与效率的基本协调。从世界各国的实践经验来看，协调公平与效率两个原则，主要归结为如下两个方面。

（一）协调市场与政府两种机制

市场主要通过价格机制在资源配置和收入初次分配领域发挥基础性作用，政府主要通过财政收入，如税收和社会保障在收入分配领域发挥主导作用，因此，实现效率要有市场主导，实现公平则需政府主导。但这并不意味着市场与政府是互相对立的关系，恰恰相反，二者是相互交织在一起的，纯粹的市场体系是不存在的，因此需要协调市场与政府两种机制，这个机制是指要利用政府与市场各自的优点，实现对资源配置有效配置和协调社会经济活动，从而实现公平与效率的两相兼顾。如市场的自发调节性能促进资源得到有效配置与经济公平的实现，而政府则通过财政手段校正市场失灵，以实现收入分配的社会公平。我国是一个发展中国家，处于社会转型中，市场机制发育尚未成熟，市场机制的资源配置功能与那些成熟的市场经济国家相比，存在很多缺陷，因此，政府应在资源配置和经济增长方面承担更大的责任。

（二）正确处理收入差距与效率的关系

公平不等于平均，当前在收入分配制度改革上仍要继续克服平均主义，提倡让一部分人先富起来，拉开收入差距，但要把收入差距控制在一个合理的范围内。收入差距越大，并不意味着效率越高。在正确认识和处理收入差距与效率关系时，必须注意两个方面：一是收入差距的扩大应建立在要素分配的基础上，在国家法律许可的范围内一部分人依靠要素贡献获取高额收入，并依法纳税，由此形成的收入差距是合理的，也是符合效率原则的。二是收入差距要适度，适度的收入差距有利于推动效率的提高；收入差距过大，超过社会承受能力，会影响社会安定团结，不利于效率提高。因此，在促进效率的同时，必须通过税收和社会保障等财政政策来调节收入差距，使之维持在合理的范围之内。

➤ **本章小结**

1.财政职能是指财政在一定经济模式下所固有的功能和应承担的职责。它包括资源配置、收入分配、经济稳定与发展、监督管理4种职能。

2.资源配置职能是指政府为满足人们的需要，将有限的资源在各种可能的用途间进行分配和组合的过程。政府通过财政资源配置职能，调节资源在部门之间、地区之间、政府与非政府之间的配置，并通过优化财政支出结构、引导民间资源合理配置等方式实现配置职能。

3.收入分配职能是指财政参与国民收入初次分配和再分配的功能。政府通过规范工资制度、加强税收调节、完善转移支付制度等方式调节企业利润水平与居民个人收入水平。

4.经济稳定与发展职能是指当经济出现非均衡状态时财政通过收支调整来影响社会总需求，从而实现稳定宏观经济、推动经济增长的功能。财政通过自动稳定器与相机抉择的财政政策来调节社会总需求与总供给，以稳定经济，促进经济高质量发展。

5.监督管理职能是指在国民收入的分配、再分配过程中，财政所具有的对财政收支活动，以及对经济、政治、社会、文化、生态文明等活动的监督与管理功能。包括公共预算、公共收入、公共支出等方面的监督，在国家治理体系中，发挥着重要的作用。

6.财政4个职能之间存在协调与矛盾之处，实际上是公平与效率的权衡，可从协调市场与政府两种机制、正确处理收入差距与效率的关系两个方面着手。

➤ **基本概念**

财政职能　资源配置　收入分配　充分就业　财政监督

➤ **思考题**

1.财政职能的定义是什么？它有哪些组成部分？

2.财政的资源配置职能的定义是什么？它的内容与实现方式分别是什么？

3.财政的收入分配职能的定义是什么？它的内容与实现方式分别是什么？

4.财政的经济稳定与发展职能的定义是什么？如何实现该职能？

5.财政的监督管理职能的定义是什么？它的内容与实现方式分别是什么？

6.如何权衡公平与效率呢？

➤ **参考文献**

胡春兰，许卓云.对我国转型时期财政职能定位与实现的若干思考[J].经济体制改革，2013（2）：10-14.

蒋震.中华人民共和国成立70周年以来财政支出的演变与展望[J].财政监督，2019（20）：12-16.

理查德·A.马斯格雷夫，佩吉·B.马斯格雷夫.财政理论与实践[M].邓子基，邓力平，译校.北京：中国财政经济出版社，2003.

刘明慧.从公共财政制度到现代财政制度：逻辑演进与职能定位[J].财政监督，2014（17）：7-10.

刘尚希，程瑜，李成威，等.十八届三中全会以来财税体制改革的进展及评估[J].新金融评论，2018（2）：41-82.

吕炜.转轨过程中的财政职能界定与实现：基于体制的评价与改革[J].世界经济，2006（10）：85-94.

马国贤.财政学原理[M].北京：中国财政经济出版社，1998.

武靖国.我国社会主要矛盾变化与财政职能定位探讨：兼论中国特色财政理论发展的使命[J].财政研究，2018（10）：25-34.

张明.我国财政监督转型与定型问题探讨[J].财政监督，2015（24）：33-38.

目 本章测试

第四章
财政支出

通过本章学习，学生可以掌握财政支出的分类与原则、财政支出规模的衡量指标、财政支出增长理论及财政支出效益评价方法。

➦ 案例导入

财政支出关系着每一位纳税人的切身利益。我们能享受多少公共服务及公共服务的质量如何与政府财政支出的多少、使用方向息息相关。近年来，关于公车改革的议论不断，成为社会关注的焦点。公车必须改革已成为全社会共识。有资料显示，我国在 2015 年实行公车改革之前，至少有公车 400 万辆，公车消费占用财政资源 4000 多亿元。与公车消费相联系，全国一年的公务接待费在 2000 亿元以上，两者相加总数高达 6000 亿元以上。如果这笔资金能够节约 20%，就可以改善普通百姓衣食住行的许多问题。纳税人对于自己所缴纳的税款用到哪里去了、用得是否合理、近些年增加的十几万亿元财政资金为我们带来哪些好处等问题越来越关心。我们将通过上述问题一起走进财政支出的世界。

（资料来源：根据相关资料整理）

请思考：

1. 财政支出与个人花钱有何异同？

2. 控制财政支出的方法或路径有哪些？

第一节　财政支出概述

财政支出也称公共财政支出、公共支出或政府支出，是各级政府履行其必要职能所进行的各项活动的成本，包括为提供公共产品和服务，满足社会公共需要所进行的财政资金的支付。财政支出是政府为实现其职能对财政资金进行的再分配，属于财政资金分配的第二阶段。财政支出是政府经济活动的一个重要方面，因为政府对社会经济活动的影响主要表现在财政支出上，且政府干预、调控经济的职能也主要是通过财政支出来实现的。所以财政支出的规模和结构反映了政府介入社会经济活动的范围、领域和深度。

财政支出是政府经济活动的一个重要方面，不仅政府运转靠财政支出，而且政府干预、调节经济，进行收入再分配，也要通过财政支出实现。因此，财政支出的规模和结构既反映政府介入经济生活和社会生活的范围、领域和力度，也反映着财政在经济和社会生活中的地位。

针对财政支出，可从以下两个方面进行理解。

第一，财政支出是政府职能最直接的反映。政府为了实现其政府、经济和社会方面的职能，必须动用一定的社会资源。政府占用资源的过程就是财政收入行为，而使用这些资源的过程就是财政支出行为。因此取得财政收入的直接目的是满足财政支出的需要，而财政支出的目的是实现政府职能，在不同历史时期，政府权力来源可能有差异，政府职能也可能有不同的内容，从而使财政支出的受益对象、财政支出的规模和结构有所不同。因此，财政支出直接反映了政府职能。

第二，财政支出是政府行为的成本。在政府履行其职能的过程中，社会将消耗一定的资源，这构成了政府行为的社会成本。但是这种社会成本并非全部由政府承担，政府行为的某些成本可能是由国民间接承担的（这不同于公民直接纳税）。因此，财政支出只是政府行为的部分成本，即政府（承担的）成本。

财政支出是了解政府角色的重要窗口。目前我国财政支出正在发生很大的变化。政府积极地退出"生产领域"，大幅度地减少了直接的经济建设支出，从而相应减少了政府直接财政支出。

目 中国财政扶贫项目资金支出超 790 亿元

第二节　财政支出的分类与原则

一、财政支出的分类

随着社会经济的发展，财政支出的数量不断增加，财政支出的种类也越来越复杂，为了正确安排、合理分配和有效使用财政资金，有必要根据不同的标准和需要对财政支出进行科学的分类。

（一）按经济性质分类

以能否直接得到商品和劳务为标准，公共支出可分为购买性支出和转移性支出两类。所谓购买性支出，指的是政府用于购买商品和劳务的支出。这类支出的共同特点是遵循等价交换的原则，政府一手付出货币，一手得到所需的商品和劳务。

购买性支出包括购买日常政务活动所需商品和劳务的社会消费品支出与公共投资支出两个大类。购买性支出占 GDP 和财政支出比重的大小，代表公共部门对资源配置及经济稳定影响的程度。一般来说，政府增加购买性支出，会直接或间接地引起社会总需求的扩大，其结果是企业生产规模的扩大和就业人数的增加。相反，如果政府减少购买性支出，会引起社会需求的下降，其结果可能导致企业生产规模的缩小和就业人数的减少。

转移性支出是指政府按照一定的方式，将一部分财政资金无偿地、单方面地转移给居民、企业和其他受益者所形成的财政支出，主要由社会保障支出和财政补贴组成。它是政府的非市场性再分配活动，对收入分配的直接影响较大，执行收入分配的职能较强。事实上，转移性支出所体现的是一种以政府和政府财政为主体，并以它们为中介者，在不同社会成员之间进行资源再分配的活动。因此，西方国家在国民经济核算中将此类支出排除在国民生产总值或国民收入之外。

购买性支出和转移性支出的差别主要表现在以下方面：第一，购买性支出通过支出使政府掌握的资金与微观经济主体提供的商品和服务相交换，政府直接以商品和服务的购买者身份出现在市场上，对社会的生产和就业有直接的影响，并间接影响收入分配。转移性支出是通过支出使政府所有的资金转移到受益者手中，是资金使用权的转移，微观经济主体获得这笔资金以后，是否用于购买商品和服务、购买哪些商品和服务，均已脱离开了政府的控制。因此，转移性支出直接影响收入分配，而对生产和就业的影响是间接的。第二，在安排购买性支出时，政府必须遵循等价交换原则，此时的财政活动对政府形成较强的效益约束。在安排转移性支出时，政府并没有十分明确的原则可以遵循，且财政支出效益难以衡量。因此，此时的财政活动对政府的效益是软约束。第三，由于微观经济主体在同政府的购买性支出发生联系时必须遵循等价交换原则，向政府提供商品和服务的企业的收益大小，取决于市场供求状况及其销售收入同生产成本的对比关系，所以对微观经济主体的预算是硬约束。而微观经济主体在同政府的转移性支出发生关系时，并无交换发生，它们收入的高低在很大程度上并不取决于自己的能力（或生产能力），而取决于同政府讨价还价的能力，对微观经济主体的预算是软约束。

由此可见，在财政支出总额中，购买性支出所占比重越大，政府所配置的资源规模就大，财政活动对生产和就业的直接影响就越大；反之，转移性支出所占的比重越大，财政活动对收入分配的直接影响就越大。联系财政的职能来看，购买性支出占较大比重的财政支出结构，执行配置资源的职能较强；转移性支出占较大比重的财政支出结构，则执行收入分配的职能较强。改革开放前后，我国财政支出结构发生了明显的变化。在改革开放前，购买性支出占绝对优势，1980年以前平均占96.9%，表现出财政具有较强的资源配置职能。改革开放之后，转移性支出所占的比重大幅度上升，并一直保持比较稳定的比例，说明财政的收入分配职能得到加强。

（二）按政府职能分类

尽管人们对政府职能的范围还存在很多争论，但一般认为，政府职能包括三方面，即政治职能、经济职能和社会职能。与此相对应，财政支出大体上可分为以下三大类：维持性支出、经济性支出和社会性支出。

维持性支出是指政府为维持公共安全和宪法秩序的支出，主要包括国防支出、行政管理支出和法律方面的支出。维持性支出所提供的公共产品和劳务有两个特点：第一，它是纯公共产品；第二，它是国家和社会赖以正常运行所必需的产品，其需求的收入弹性较小。

经济性支出是指政府为提高资源配置效率和保持经济稳定用于经济发展方面的支出，主要包括基础设施投资支出、国家物资储备支出、应用性科研支出和对生产活动的补贴支出等。经济性支出的两个特点是：第一，它提供的是混合商品；第二，支出的范围和规模取决于市场失灵的程度。

社会性支出是指政府为满足社会非物质公共需求而安排的用于科学、教育、文化、卫生、环境保护、社会保障等社会服务的事业型支出。社会性支出的两个特点是：第一，它提供的对象有的是纯公共产品，有的是混合产品；第二，这些产品需求的收入弹性较高。

以上这种分类方法，从实证角度看，有助于我们了解各个时期政府职能与活动范围的变化情况；从规范角度看，则有助于我们明确政府在不同时期所保持的合理的支出结构。

（三）按照政府收支科目分类

我国现行支出分类体系将政府支出按照职能和经济性质分设了两层既相互独立又紧密联系的支出分类体系。这种设置的理论依据与财政资金使用去向细化透明的要求有关，现实依据则是财政资金的分配和使用分为两个阶段：第一阶段，财政部门将资金分配到部门和单位；第二阶段，部门和单位使用财政资金购买相应的商品和服务。

1. 支出功能分类

支出功能分类属于财政资金分配的第一阶段。是要完整反映政府各项职能活动，说明政府做了什么。财政支出按支出功能分类一般可分为4个部分：（1）一般公共服务。支出一般没有具体的受益人，主要包括一般公共管理、国防、公共秩序与安全等。（2）社会服务。支出具有明确的受益人，主要包括教育、卫生、社会保障等。（3）经济服务。支出着重于提高经济运行效率，包括交通、电力、工业、农业等。（4）其他支出。如利息、转移支付等。

根据表4-1的数据，2020年全国一般公共预算支出总额约为24.57万亿元，其中占比最多的是教育支出，达3.64万亿元，占14.80%；其次是社会保障和就业支出，达3.26万亿元，占13.26%。

表4-1　2020年全国公共支出按功能分类表

序号	项目	数额/亿元
1	一般公共服务	20061.10
2	外交	515.44
3	国防	12918.77
4	公共安全	13862.90
5	教育	36359.94
6	科学技术	9018.34

续表

7	文化旅游、体育与传媒	4245.58
8	社会保障和就业	32568.51
9	卫生健康	19216.19
10	节能环保	6333.40
11	城乡社区	19945.91
12	农林水	23948.46
13	交通运输	12197.88
14	资源勘探信息	6066.88
15	商业服务	1568.92
16	金融支出	1277.39
17	援助其他地区	448.59
18	自然资源海洋气象等	2333.94
19	住房保障	7106.08
20	粮油物资储备	2117.30
21	灾害防治及应急管理	1940.66
22	其他支出	1737.18
23	债务付息支出	9812.62
24	债务发行费用支出	77.05
全国一般公共预算支出		245679.03

资料来源：根据国家财政部（http://www.mof.gov.cn）《2020年全国一般公共预算支出决算表》整理。

2.支出经济分类

支出经济分类属财政资金分配的第二阶段，反映政府支出的经济性质和具体用途，即反映政府的钱是怎么花出去的，多少支付了人员工资，多少用于公共开支，多少用于购买办公设备和进行基本建设。

根据《2020年政府收支分类科目》，政府预算支出经济分类科目具体为：机关工资福利支出、机关商品和服务支出、机关资本性支出（一）、机关资本性支出（二）、对事业单位经济性补助；对事业单位资本性补助、对企业补助、对企业资本性支出、对个人和家庭的补助、对社会保障基金的补助、债务利息及费用支出、债务还本支出、转移性支出、预备费及预留、其他支出等15个方面。

（四）按照国际货币基金组织的分类方法

按照国际货币基金组织的分类方法，财政支出可划分为两类：职能分类法和经济分类法。按职能分类，财政支出包括一般公共服务支出、国防支出、教育支出、保健支出、社会保障和福利支出、住房和社区生活设施支出、其他社区和社会服务支出、经济服务支出和其他无法归类的其他支出。按经济分类，财政支出包括经常性支出和资本性支出。其中，经常性支出指的是政府为履行其职能，用于维持公共部门正常运转所需的日常费用方面的支出；资本性支出是指政府用于购买使用年限在一年以上的耐用品方面的投资性支出，包括生产性投资与非生产性投资。

二、财政支出的原则

所谓财政支出原则，是指政府在安排财政支出过程中应当遵循的具有客观规律性的基本原则。财政支出是财政分配的重要环节，财政支出规模是否合理、财政支出结构是否平衡、财政资金使用效益的高低等问题，直接影响到政府各项职能的履行。为保证财政资金的合理分配和有效使用，使财政支出在国民经济运行中发挥更重要的作用，在安排和组织财政支出时应遵循一般的原则。

（一）量入为出与量出为入相结合的原则

量入为出是指在财政收入总额既定的前提下，按照财政收入的规模确定财政支出的规模，支出总量不能超过收入总量。即以收定支、量力而行。量出为入是指应考虑国家最基本的财政支出需要来确定收入规模。量出为入肯定了公共支出保持必要数量的重要作用。

作为财政支出的原则，应将量入为出与量出为入结合起来。从量出为入与量入为出原则相互关系看，应当肯定量入为出是一国实现财政分配的相对稳定、防止财政支出不平衡和因此产生社会经济问题的最终选择。因此，量入为出原则具有普遍的实践意义，是政府安排财政支出必须坚持的基本原则，也是实现量出为入原则的基础。而量出为入原则是随着国家社会的发展，以及对政府在资源配置上的重要地位的肯定，为保障必不可少的公共支出的需要而形成的，但并不是指政府可以任意扩大财政支出。在现代社会中，只有把量入为出与量出为入的财政支出的原则有效地结合起来，才能既避免财政分配的风险，又有利于政府公共职能的实现。

✐ 专栏 4-1 浅谈量入为出与量出为入 ——————————

量入为出与量出为入，即以收定支与以支定收，是两种不同的理财观，也是财政与财务预算管理需要认真考虑的问题。

在我国，古代就有关于量入为出与量出为入思想的论述。西周末年，《礼记·王制》提出，"用地小大，视年之丰耗。以三十年之通制国用，量入以为出"。这是量入为出理财观的最早记载。唐代宰相杨炎主张，"凡百役之费，一钱之敛，先度其数而赋于人，量出以制入"。这开了量出为入思想的先河。清朝末年，黄遵宪提出，"权一岁入，量入为出；权一岁出，量出为入；多取非盈，寡取非绌，上下流通，无壅无积，是在筹国计"。这就把量入为出与量出为入结合了起来。

在西方，也有关于量入为出与量出为入的不同观点。米尔顿·弗里德曼提出的持久收入假说，把人们的收入分为一时性收入与持久性收入，支出分为一时性支出与持久性支出，认为持久性收入才是决定支出的关键因素。这可以说是量入为出观点的代表。凯恩斯的经济理论视支出政策为萧条时期刺激经济增长的相机抉择手段，提出财政支出可以按照有效需求的要求通过赤字来补充。其思想总体上是量出为入的。

其实，无论量入为出还是量出为入，其着眼点都是"入"与"出"，即"收"与"支"的关系，重在协调二者之间的矛盾。

量入为出，关键在"入"，"入"是矛盾的主要方面。在农业社会，无论政府税收还是家庭收入，都受到农业产出季节性和数量的限制，收入成为硬约束，量入为出是逻辑的必然，也是生产力不发达的反映。同时，在高度集权的封建体制下，"事无巨细皆决于上"，政府的职能边界难以有效界定，财政支出的数量也就难以合理限定，只能通过收入水平来制约。量入为出在一定意义上也是当时生产关系的反映。

量出为入，关键在"出"，"出"成为矛盾的主要方面。这至少需要两方面的条件：其一，要有一定的生产力水平作支撑；其二，支出水平的确定要合法、合理、有效。从国家层面看，就是要通过法定的规则和程序，界定政府的职能和公共预算的规模。从企业层面看，就是要讲求支出的必要性和效益性，保证有投入就有产出。

可见，无论量入为出还是量出为入，都有合理的一面，也都有局限性。量入为出，强调勤俭节约、收支平衡，意味着有多少收入就安排多少支出，但不能据此引申出能取得多少收入就安排多少支出，甚至为了多安排支出而杀鸡取卵、竭泽而渔。同理，量出为入，强调应收才收、收支匹配，预算收入为支出提供保证，但不能据此片面地认为支出决定收入，为好大喜功、脱离实际找借口。

我国财政预算体系由公共财政预算、国有资本经营预算、政府性基金预算和社会保障预算组成。一方面，"四大预算"的功能定位、收支范围及管理特征等存在明显区别，彼此之间应保持相对独立；另一方面，它们又应有机衔接，相互可进行适当调剂。因此，既应注重以收定支、量入为出，又应兼顾以支定收、量出为入，不断完善公共财政框架，规范政府职能。

企业财务预算同样应重视收、支关系问题，加强全面预算和分类预算管理，注重运用金融和资本市场及相关工具，多角度思考，多手段协同，努力实现从绝对平衡向相对平衡、从年度平衡向周期平衡、从静态平衡向动态平衡、从局部平衡向集团平衡、从单一收支平衡向经营综合平衡转变，为增强企业财务与经营管理的灵活性、提升企业整体竞争力服务。

（资料来源：人民网，http://theory.people.com.cn/n/2013/0221/c40531-20552175.html）

（二）优化支出结构原则

在财政支出中，应当正确安排财政支出中的各项比例，使之实现结构的最佳组合，要正确处理积累性支出与消费性支出、生产性支出与非生产性支出、简单再生产与扩大再生产、不同地区的投资及其比例关系，促进经济的协调、均衡、可持续发展。政府必须合理安排和不断调整、优化财政支出结构，以克服和减轻市场经济造成的缺陷。通过财政支出的合理安排，为改进全国资源的有效开发利用，引导全社会资金、技术、人才、劳动力的流向，实现全国生产力的合理布局服务。

（三）兼顾公平和效率原则

财政支出的过程实际上就是政府配置资源的过程。政府配置资源的活动和其他一切经济活动一样，应当从公平和效率两个方面进行评价。在财政支出过程中，实现公平和效率的统一，是政府要努力实现的重要目标之一。公平分配是实现效率的前提，效率是公平分配的归宿。

财政支出的公平原则，是指政府财政支出的安排能够比较均衡地照顾和平衡好各方面的利益。有助于社会公平的实现，提高社会大多数人的福利水平。政府主要通过财政支出结构的调整及受益对象的调整来修正或者改善社会成员对物质财富的占有。比如政府可以根据国内的经济发展水平，按照人均收入划出贫困线，对处于贫困线以下的国民进行保障；或者是根据国家经济长期发展战略，在教育、医疗、环境保护、公共卫生等领域提供均等化的公共服务，作为促进社会公平的措施。

财政支出的效率原则，就是通过公共选择过程，优化财政支出结构，优化公共资源配置结构，使社会效率最大化。

第三节　财政支出规模与结构

财政支出规模及其变化，直接关系到对财政与市场关系的认识和分析，因而是必须关注的重要问题之一。

一、财政支出规模的衡量

财政支出规模，是指在一定时期内（预算年度）政府通过财政渠道安排和使用财政资金的绝对数量及相对比率，即财政支出的绝对量和相对量，它反映了政府参与分配的情况，体现了政府职能和政府的活动范围，是研究和确定财政分配规模的重要指标。衡量财政支出规模的指标有两种：一是绝对量指标，二是相对量指标。

绝对指标是以一国货币单位表示的财政年度内政府实际安排和使用的财政资金的数额。绝对指标的作用表现为：第一，它是计算相对指标的基础；第二，对绝对指标从时间序列加以对比可以看出财政支出规模发展变化的趋势。由于不同国家及一个国家的不同经济发展时期的经济发展水平存在很大的差异，所以虽然经常用财政支出的绝对量来分析财政支出的规模，但把它作为不同国家的衡量指标用以分析财政支出的规模，显然是不够充分的。因此，衡量和考查财政支出的指标通常是以财政支出的相对量来表示的。它既可以用作不同国家财政支出规模的比较分析，也可以用作一国不同时期内财政支出规模的对比分析。它可以反映一国经济发展水平及政府职能范围的大小等。

相对指标是绝对指标与有关指标的比率。相对指标的作用表现为：相对指标本身可以反映政府公共经济部门在社会资源配置过程中的地位；通过指标的横向对比，可以反映不同国家或地区的政府在社会经济生活中地位的差异；通过指标的纵向比较，可以看出政府在社会经济生活中的地位和作用变化及发展趋势。

二、财政支出增长理论变迁

（一）瓦格纳法则

19世纪德国社会政策学派的代表人物阿道夫·瓦格纳（Adolf Wagner，以下简称瓦格纳）最早对财政支出规模不断扩大的现象展开了研究。他在对当时欧美及日本等国公共部门进行调查的基础上，从政治因素和经济因素两方面分析了财政支出不断增长的原因。他认为财政支出不断增长的政治因素是国家活动规模不断扩大，而经济因素则是工业化和城市人均收入的提高。他指出，财政支出呈现出一种不断上升的长期趋势，并认为其中最根本的原因是工业化中的社会进步对政府活动规模扩大的需要。具体表现为增加了3种需求：政府保护与管理服务方面的需求，政府干预经济及直接从事生产经营活动的需求，以及具有极大外部经济效益项目的需求。同时，随着国民收入的改善，人们对文化、教育、卫生、福利等公共产品及混合产品的需求会上升，也促使财政支出不断增长。尽管瓦格纳并没有对财政支出总量增长与规模确定的全部原因进行分析，但其研究成果已为众多国家的财政支出实践所证实，故被称为"瓦格纳法则"。瓦格纳法则在经济学家对财政支出增长规律的研究中起着重要作用（见图4-1）。

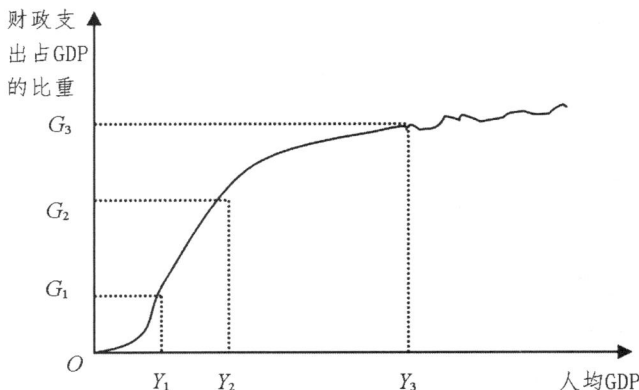

图4-1　瓦格纳法则的解释

（二）梯度渐进增长理论

1961年，英国经济学家阿兰·T.皮科克（Alan T. Peacock，以下简称皮科克）和 J.威斯曼（J. Wiseman，以下简称威斯曼）提出了财政支出的"梯度渐进增长理论"，对财政支出规模的扩张性趋势进行了进一步研究。他们认为，外在因素是影响政府财政支出增长的重要方面。即正常情况下，财政支出呈现一种渐进的上升趋势，只有当社会历史经受"激变"（如战争、经济危机、特大自然灾害等）时，财政支出才会急剧上升，经过这个"激变"时期后，财政支出水平会有所下降，但一般不会再回到原来的水平。

对财政支出规模呈"梯度渐进增长"的变化趋势原因，皮科克和威斯曼将其归结于人们的"租税容忍水平"。他们认为，在正常年间人们对"可忍受"的租税负担基本稳定，财政支出规模不可能有太大的扩张。但在经济正常增长、国民生产总值增加、社会平均税率不变的条件下，税收会随国民收入的增长而自动提高，从而导致财政支出水平的上升。如果没有外部"激变"因素的影响，这种财政支出的渐进增长将会持续。但当国家面临种种"激变"而影响到全社会共同利益时，纳税人有可能接受较重的税收负担，人们的税收容忍水平将会提高，政府财政支出也就可能跃上一个新的阶梯。虽然"激变"过后，财政支出水平会有所下降，但通常不会降到原有的水平，从而形成置换效应、集中效应和审视效应。其中置换效应是指"激变"后财政支出替代了部分私人支出，高税收水平开始替代低税收水平；集中效应是指"激变"之后全国性调整会扩大中央政府的财权，造成地方政府财权收缩；审视效应是指"激变"后人们会加强对社会财政支出制度的检查和反省，从而促使财政支出水平维持在"激变"时期的水平上。

（三）发展阶段增长论

发展阶段增长论，即经济发展的财政支出增长理论，是马斯格雷夫和沃尔特·惠特曼·罗斯托（Walt Whitman Rostow）的重要研究成果。该理论指出，在经济发展的初级阶段，政府公共投资在社会总投资中占有较大比重，公共部门必须为整个经济的发展提供具有较大外部收益的基础设施，从而为经济发展创造一个良好的投资环境。到经济发展的中级阶段，私人部门已经有较大发展，私人资本积累增大，基础设施大都已经建成，政府投资成为私人投资的补充。在经济发展的成熟阶段，社会公众对交通及相应基础设施、教育、医疗、住房、通信等服务的改善要求不断上升，从而促使政府财政支出规模上升。

在该理论中，马斯格雷夫还研究了政府转移支出的变化。他认为，转移支出占 GDP 的比重，要取决于不同时期政府的再分配目标。马斯格雷夫认为，低收入国家如果处于公平考虑而增加转移支出，会降低私人储蓄并产生其他负激励效应，不利于经济增长率的提高。因此，经济发展早期政府转移支出不会太大。在经济发展中期和成熟期，政府再分配的成本会下降，转移支出将会有较大程度的增长。此外，马斯格雷夫还对人口、技术、社会、文化、政治等因素对财政支出规模的影响进行了研究。表4-2较为直观地反映了上述理论。

表 4-2　不同发展阶段的财政支出

财政支出	初级阶段	中级阶段	成熟阶段
公共积累	投入较大	增长减缓，投入下降	投资增长回升
公共消费	增长不十分明显	随消费档次提高，需政府提供配套设施与管理	
转移支出	以确保人们最低生活水平为目标使转移支出占 GDP 的比例不会增加	公共支出的目标转向教育、卫生、福利等方面，此时对社会保障和收入再分配的转移支出会大大增加	

✎ **专栏 4-2：如何理解"我国经济已由高速增长阶段转向高质量发展阶段"** ——————————————

习近平总书记在党的十九大报告中明确指出："我国经济已由高速增长阶段转向高质量发展阶段。"中央经济工作会议强调："中国特色社会主义进入了新时代，我国经济发展也进入了新时代，基本特征就是我国经济已由高速增长阶段转向高质量发展阶段。"这是以习近平同志为核心的党中央根据国际国内环境变化，特别是我国发展条件和发展阶段变化做出的重大判断。

中国经济过去30多年的年均增长率接近10%，GDP的世界占比由2.7%迅速提高到目前的近15%，创造了世界经济史上的"中国奇迹"。国际金融危机爆发后，世界经济格局不断发生深刻变化，中国经济发展的内在支撑条件和外部需求环境都已今非昔比，这就要求经济增长速度"换挡"。实现经济由高速增长向高质量发展的转变，有以下几个方面的因素。

一是世界经济复苏一波三折，前景不明。国际金融危机以来，世界经济呈现出"总量需求增长缓慢、经济结构深度调整"的特征，使得我国的外部需求出现常态性萎缩。统计数据表明，2008年以来至2016年底，全球经济增长由前10年的年均4.13%下降为2.85%，全球贸易增速由年均11%大幅下降为 0.21%。虽然根据世界银行的判断，2017年的世界经济形势已有所好转，各项宏观经济指标有所回升，但复苏的不确定性依然客观存在，这就导致外需对中国经济的拉动作用明显弱化。

二是我国传统人口红利逐渐减少，资源环境约束正在加强。我国的经济增长结构正在发生历史性变化。目前，东部发达地区的劳动力供给短缺情况更加明显，带动外向型经济的传统人口红利正在逐步减弱。与此相对应的是，我国过度依靠投资和外需的经济增长模式，已使得能源、资源、环境的制约影响越来越明显，石油、天然气等重要矿产资源的对外依存度在不断提高，生态环境压力在不断加大，要素的边际供给增量已难以支撑传统的经济高速发展路子。

三是国际创新驱动竞争更为激烈，我国产业结构转型升级任重道远。当前，第三次工业革命正迎面走来，主要发达国家纷纷加快发展战略性新兴产业，力图抢占未来科技创新和产业发展的制高点，这些新挑战倒逼着我国的经济发展方式要加快向创新驱动型转换。但长期以来，我国产业发展方式粗放，而科技创新能力不足，科技与产业的融合力度不够，使得很多产业竞争力不强、核心技术受制于他人。为了改变这种被动状况，我们需要有所为，有所不为，需要主动放慢经济增长速度，为发展高质量型的经济腾出空间、留出时间。

四是我国市场需求结构升级加快，高质量产品供给不足。随着我国居民收入水平不断提高，消费者对高品质农产品、高端制造品和高质量服务的需求更加突出，但国内企业的现有产品供给还不能很好满足需求结构的这一变化，导致越来越多的优质农产品需求、高端制造品需求、高品质服务需求等高端需求转向海外市场。近年来，我国消费者越来越多地到国外采购消费品，到海外留学、旅游、就医，就是国内供给质量不能很好满足国内需求的真实反映。

上述内外条件所发生的深刻变化，使得我国原有主要依靠要素投入、外需拉动、投资拉动、规模扩张的增长模式难以为继，迫切需要转变发展方式、优化经济结构、转换增长动力，要求中国经济必须向追求高质量和高效益增长的模式转变。因此，推动高质量发展，既是保持中国经济持续健康发展的必然要求，也是适应我国经济结构变化和全面建成小康社会、全面建设社会主义现代化国家的必然选择。

按照中央的决策部署，当前和未来一段时期，推动中国经济由高速增长阶段转向高质量发展阶段，需要重点抓好以下几项工作。一是深化供给侧结构性改革。这是实现高质量发展的首要任务。继续推进中国制造向中国创造转变，中国速度向中国质量转变，制造大国向制造强国转变。深化要素市场化配置改革，大力培育新动能，强化科技创新，大力降低实体经济成本。二是激发各类市场主体活力。推动国有资本做强做优做大，加强国有企业党的领导和党的建设，推动国有企业完善现代企业制度，健全公司法人治理结构。支持民营企业发展，加快构建清新型政商关系。三是实施乡村振兴战略。健全城乡融合发展体制机制，深化粮食收储制度改革，坚持质量兴农、绿色兴农，农业政策从增产导向转向提质导向。四是深入实施区域协调发展战略。推动实现区域之间的基本公共服务均等化，加快实施京津冀协同发展战略，推进长江经济带建设，推动"一带一路"建设。继续推进西部大开发，加快东北等老工业基地振兴，推动中部地区崛起，支持东部地区率先推动高质量发展。五是推动形成全面开放新格局。要求有序放宽市场准入，促进贸易平衡，继续推进自由贸易试验区改革试点，有效引导支持对外投资。

值得指出的是，推动中国经济由高速增长阶段转向高质量发展阶段，要更加重视实体经济尤其是制造业的发展。因为制造业既是技术创新的"主战场"，也是供给侧结构性改革的核心产业领域。没有强大的制造业，高质量的经济发展也就无从谈起，我们要谨防包括金融资源在内的各类资源"脱实向虚"的倾向。需要以建设制造强国为载体，面向新技术发展趋势，推动互联网、大数据、人工智能和制造业深度融合，促进制造和服务的融合与协同发展，加快培育若干世界级先进制造业群，增强我国制造业的集群优势和核心竞争力。

促进经济高质量发展的措施最终都要落脚到提高保障和改善民生水平上来。要针对人民群众关心的问题精准施策，加大对教育、就业、收入分配、医疗、社会保障等民生领域的改革力度。加快建立多主体供应、多渠道保障、租购并举的住房制度。加快推进生态文明建设，只有恢复绿水青山，才能使绿水青山变成金山银山。要始终坚持质量第一、效益优先的原则，坚持新发展理念，以供给侧结构性改革为主线，推动经济发展质量变革、效率变革、动力变革"三大变革"，从而不断增强我国经济发展的质量和效益。

（资料来源：人民网，http://theory.people.com.cn/big5/n1/2018/0131/c40531-29797885.html）

（四）官僚行为增长论

从官僚行为的角度来研究财政支出规模的问题，是强调政治制度与官僚行为对财政支出规模的影响。公共选择理论认为，官僚是指负责执行政治家决策的代理人集团，目标是追求机构规模最大化或预算规模最大化。实践中，官僚机构通常可通过两种方式来扩大预算规模：第一，利用其信息优势使社会公众和政府相信他们确定的产出水平是必要的；第二，利用低效率的生产技术来增加既定的产出量所必需的投入量。

官僚行为增长论还强调特殊利益集团的存在对于财政支出增长的影响。该理论认为，特殊利益集团会利用其政治权力影响政府决策，并使财政支出向有利于自己的方面倾斜，从而直接促使政府预算规模的扩张，导致财政支出规模不断增长。

除此之外，西方福利经济学派也分析了财政支出规模的增长。福利经济学派主要从微观角度解释财政支出增长的原因，以自身有关理论为基础，把私人产品市场的有效供应理论移植于公共产品的供应中来，并找出影响公共产品供应和需求的主要因素，计量诸如需求、环境、人口、公共供应品质量、公共部门投入的价格等对财政支出产生的影响。

三、我国财政支出规模增长分析

（一）经济体制转型时期公共财政支出增长的基本特征

我国改革开放后，从"六五"时期到"十一五"时期的30年间是经济高速增长的时期，相伴随的财政支出也处于高速增长时期。财政支出除1980年和1981年两年呈负增长外，其余年份基本呈现出增长趋势。所以，在这一时期财政支出增长率基本是一条波折上升的曲线，但是我国财政支出占GDP的比重的发展变化有其自身特殊性。

改革开放前，我国实行计划经济体制，实行"统收统支"制度，财政支出占GDP的比重较高。在实施经济体制改革以后，首先要解决的核心问题是调动千千万万微观经济主体的积极性，使社会主义经济充满生机。为实现这一目标，实行放权让利政策显然是一个必要条件。所以，改革之初，不可避免地要经历一个向国有企业放权让和提高城乡居民收入水平的阶段，同时其间有一阶段时间对企业实行财政包干制，导致了财政支出增长弹性和财政支出增长边际倾向的下降。由于财政支出增长弹性和增长边际倾向的下滑，财政支出占GDP的比重逐年下滑趋势理应逆转，即下降的趋势会在某一时点终止，转而趋于回升。我国从1994年开始财税体制改革，公共支出占GDP的比重于1995年停止下降，1996年开始回升。1998年我国开始实施积极的财政政策，公共财政支出占GDP的比重升至16%。这样，5年间上升了4.9%，年均上升近1%。2005年转向稳健的财政政策，随后几年虽然财政赤字逐年有所压缩，但由于GDP高速增长带来了财政收入增长率的上升，因而公共财政支出占 GDP 的比重仍然维持基本稳定的趋势。

整体来看，我国财政支出增长率基本上是一条波折上升的曲线，而财政支出占 GDP 的比重在 1995 年以前的这段时间内曾由于财政支出增长速度慢于 GDP 增长速度而一路下滑，以 1996 年为拐点开始回升，而且回升速度较快。这种发展变化的趋势明显体现了经济体制转型和经济高速增长时期的特征。

（二）经济发展进入新常态阶段财政支出增长的特征

新常态阶段，经济发展面临较大下行压力，GDP 增长率开始下滑，进入中高速增长常态，公共财政支出增长率也随之下滑，由 2011 年的 21.6% 下滑到 2015 年的 8.4%，但由于公共财政支出增长率高于 GDP 增长率，增长弹性系数和增长边际倾向升高，公共财政支出占 GDP 的比重有所上升，2014 年曾高达 23.6%。2016 年是进入全面建成小康社会决胜阶段的开局之年，也是推进结构性改革的攻坚之年。我国经济长期向好的基本面没有变，但同时"三期叠加"的影响凸显，结构性矛盾导致全要素生产率增速放缓，经济下行压力依然较大，加上加大减税降费力度，进一步拉低了财政收入增幅；另一方面，财政支出刚性较强，支持转方式、补短板、防风险等增支需求较大。总体判断，财政收入增速下滑，财政支出刚性不减，收支矛盾凸显，这是当前财政收支形势的重要特征。2016—2020 年，我国财政支出占 GDP 的比重总体上维持在 24%~25%。

1979—2020 年我国财政支出占 GDP 的比重如表 4-3 所示。

表 4-3　1979—2020 年我国财政支出占 GDP 的比重

年份	GDP/ 亿元	财政支出 / 亿元	财政支出占 GDP 的比重 /%
1979	4062.58	1281.79	31.55
1980	4545.62	1228.83	27.03
1981	4891.56	1138.41	23.27
1982	5323.35	1229.98	23.11
1983	5962.65	1409.52	23.64
1984	7208.05	1701.02	23.60
1985	9016.04	2004.25	22.23
1986	10275.18	2204.91	21.46
1987	12058.62	2262.18	18.76
1988	15042.82	2491.21	16.56
1989	16992.32	2823.78	16.62
1990	18667.82	3083.59	16.52
1991	21781.5	3386.62	15.55
1992	26923.48	3742.2	13.90
1993	35333.92	4642.3	13.14
1994	48197.86	5792.62	12.02
1995	60793.73	6823.72	11.22
1996	71176.59	7937.55	11.15
1997	78973.03	9233.56	11.69
1998	84402.28	10798.18	12.79
1999	89677.05	13187.67	14.71

续表

年份	GDP/亿元	财政支出/亿元	财政支出占GDP的比重/%
2000	99214.55	15886.5	16.01
2001	109655.17	18902.58	17.24
2002	120332.69	22053.15	18.33
2003	135822.76	24649.95	18.15
2004	159878.34	28486.89	17.82
2005	184937.37	33930.28	18.35
2006	216314.43	40422.73	18.69
2007	265810.31	49781.35	18.73
2008	314045.43	62592.66	19.93
2009	340902.81	76299.93	22.38
2010	401512.8	89874.16	22.38
2011	473104.05	109247.79	23.09
2012	519470.1	125952.97	24.25
2013	568845.21	140212.1	24.65
2014	643563.1	151785.56	23.59
2015	688858.2	175877.77	25.53
2016	746395.1	187755.21	25.15
2017	832035.9	203085.49	24.41
2018	919281.1	220904.13	24.03
2019	986515.2	238858.37	24.21
2020	1015986.2	245588.03	24.17

资料来源：根据国家统计局网站（http://www.stats.gov.cn）相关数据整理。

四、我国财政支出结构存在的问题及优化

（一）存在的问题

1. 一般性公共服务支出占比过高

一般性服务支出包括行政管理支出和社会治安支出等，我国政府的一般性公共服务支出近几年逐年增加，2019年突破2万亿元，达到了20344.66亿元，比2018年增长10.72%。

在所有的一般性公共服务支出项目中，行政管理费是增长最快的一个项目。近几年来，其占财政支出比重攀升，增长速度已超过同期财政收入、财政支出和GDP的增长速度。

2. 国防支出比重低

无论是从绝对数还是从相对数来看，我国国防经费都明显偏低。中国奉行防御性国防政策，国防费用支出是适度的，是符合我国国情的，但由于国防和军队建设需要，特别是立足于周边局势和未来战争形态的新变化，我国国防费仍需适度增加。

3. 社会公共服务支出比重低

长期以来，我国财政预算安排中社会公共服务性支出明显偏低，把大量的财力用于经济建设，对社会性服务支出的重视不够，导致社会发展欠账较多。改革后，国家加大了社

会服务性支出的投入力度，但由于各方面原因，国家财力过度分散，财力不足，对一些社会公共服务性支出连最低的需求也难以保证。

4.经济服务支出分配不均

这一领域中，最突出的表现就是"越位""缺位"并存。我国经济建设经费支出在财政总支出中的比重仍然是最高的，这与建设公共财政框架的要求相悖。过高的经济建设费用及对竞争性领域的过多介入，挤占了稀缺的社会资源，侵蚀了政府财力，使得政府对其他领域投入不足。对竞争经营性领域的越位与对基础产业和基础设施的缺位，是导致财政资金分配方向和结构不合理的重要原因。

（二）优化我国财政支出结构的措施

1.健全以市场为基础的政府职能，提高政府的行政效率

（1）进一步完善政府职能

市场经济作为有利于经济发展的最基本的经济制度，其制度基础是经济决策自由、个人权利、政法环境和法律制度。因此，政府的基本职能是保护产权，为市场经济的运作提供必要的制度框架。政府必须保护产权和维护市场秩序，协调社会各利益集团之间，以及个人之间的利益关系，对社会各主体合法权益给予应有的保障。

（2）依法行政，提高政府行政效率，使政府真正成为"服务型政府"

在市场经济中引入政府管制、发挥政府职能是必要的。因此，在法律框架下提高政府效率时：一是要以所服务的公众需求为中心，了解公众的不同情况，区分不同的公共需求，提供多元化公共服务，建立政府与公众的互动机制，形成新型的诚信合作关系。二是要增强"政府提供公共产品和公共服务"决策程序和透明度。三是要以公众满意度为服务标准，全面提升公共服务品质。制定和实施公众服务标准和申诉处理办法，提供最便捷的服务方式和申诉渠道，改善服务态度，树立全新的服务形象。

（3）深化政府机构改革，大力压缩行政经费

保证政府机构的正常运转是财政支出的范围，但是，也必须注意到，行政机构的数量与规模及行政经费供给的数量也必须和市场经济体制的要求相适应。深化机构改革，精简多余人员，关键是要通过调整结构、发展经济，为精简出来的公务人员找到新的就业出路，否则精简难以成功。

2.进一步规范财政支出的供给范围

合理界定支出范围。财政的支出范围必须紧随政府职能的转换而变化。市场经济体制下，政府职能严格限制在市场失灵领域，以保证资源配置的高效率，因而财政支出的范围也不能超越这个限制，要把有限的资源用到最需要的地方去，集中力量去解决私人部门不愿做、做不了或做不好的事情。

扫 中国政府机构改革历程与成效

调整供给范围内的各项支出。从广大发达国家和发展中国家的经验来看，财政支出有不断增长的趋势，但这不能简单地理解为只要扩大财政投入就行了，总量一定的情况下还

有一个结构问题，即财政投入领域内各个方面的比重要协调和配合。具体来说，一方面是要保证纯公共品的资金供给，如义务教育、卫生防疫、国防等，其资金需求完全由财政来承担，并随着经济的发展和财力的增强，不断加大投入力度；另一方面，对于准公共品，财政也要提供资金，但不是全额供给，要在其向消费者收取一定费用的基础上，只拨付其正常收入不能抵偿的资金差额，以突出准公共品和纯公共品的差别。

3. 继续加大对"三农"的投入

农业是面临自然和市场双重风险的弱质产业，同时又是国民经济的基础产业，具有战略意义，为此，国家必须予以支持。在"十四五"期间，要继续加大对农业的投入，充分体现政府解决"三农"问题的国家意志，为基本解决"三农"问题铺平道路。

4. 优化社会文教支出

在知识经济时代，科技进步是经济发展的重要动力。政府应提高对科学研究事业的财力投入，并使科学投入的增长快于同期财政支出的增长，同时，在科学研究支出总量提高的基础上，不断加大基础科研的投入力度，优化科研支出结构。

5. 逐步增加社会保障支出

在社会主义市场经济条件下，社会保障是一个重要的"内在稳定器"。各级政府要加大对社会保障支出的投入力度，大力推进社会保障制度改革，完善社会保障体系。财政必须按照公共财政要求，进一步调整现行支出分配结构，尽快使财政资金退出一般竞争性领域，真正把社会保障支出作为财政预算的一个重要内容。

✏️ **专栏 4-3 2022 年财政十项重点工作** ————————————

2021 年 12 月 27 日，全国财政工作视频会议在北京召开。会议要求，2022 年，围绕宏观政策要稳健有效、微观政策要持续激发市场主体活力、结构政策要着力畅通国民经济循环、科技政策要扎实落地、改革开放政策要激活发展动力、区域政策要增强发展的平衡性协调性、社会政策要兜住兜牢民生底线的要求，发挥好财政职能作用，找准政策发力点，加强政策协同，扎实做好以下十项重点工作。

一是加强对市场主体支持，加大政策实施力度。严格落实国家出台的各项减税降费政策，确保减税降费政策红利落地。加强对中小微企业纾困帮扶，实施普惠金融发展示范区奖补政策，继续实行小微企业融资担保降费奖补，新增支持一批国家级专精特新"小巨人"企业，鼓励地方安排中小企业纾困资金。着力支持稳定和扩大就业。

二是充分挖掘国内需求潜力，发挥财政稳投资促消费作用。管好用好专项债券资金，拉动有效投资。适度超前开展基础设施投资，发挥政府投资引导带动作用。优化收入分配结构，推动消费持续恢复。深入实施区域重大战略。

三是加强风险防控，牢牢守住不发生系统性风险的底线。持续防范化解地方政府隐性债务风险，对化债不实、新增隐性债务的要严肃问责，完善防范化解隐性债务风险长效机制。推动财力向基层倾斜，继续用好财政资金直达机制，有效防范基层财政运行风险。配合防范化解金融风险。

四是强化会计质量监督和注册会计师行业建设，切实履行好财会监督主责。紧盯重点领域加强监管，提升行业监管水平，完善行业监管法规制度，加强其他领域财会监督力度。

五是优化财政科技经费管理，增强产业链供应链韧性。支持加强原创性、引领性科技攻关，强化国家战略科技力量，深入推进科技经费管理改革，增强产业链供应链自主可控能力。

六是突出保基本兜底线，持续增进民生福祉。支持建设高质量教育体系，推进卫生健康体系建设，提高社会保障水平，完善住房保障体系，推动文化体育事业发展。

七是保障农业农村优先发展，加快推进农业农村现代化。全力支持粮食等重要农产品稳产保供，全面巩固拓展脱贫攻坚成果，推进农业高质量发展，提升乡村建设和治理能力。

八是完善生态文明财税支持政策，推动绿色低碳发展。稳步有序推进碳达峰碳中和，支持深入打好污染防治攻坚战，加强生态系统保护和修复，促进优化能源结构。

九是加快建立现代财税体制，提高财政管理水平。加强财政法治建设，深化财税体制改革，强化国有资产管理，持续推动内控建设，加快预算管理一体化。

十是深化国际财经交流合作，坚定维护和增进国家利益。提升对全球重大议题的话语权和影响力，支持高质量共建"一带一路"，推动多双边经贸合作。

（资料来源：中华人民共和国财政部，http://www.mof.gov.cn/zhengwuxinxi/caizhengxinwen/202112/t20211227_3778258.html）

第四节　财政支出效益

一、财政支出效益的内涵

不论何种社会制度、何种所有制形式，政府在配置资源过程中都力求以最少的耗费取得最满意的效果，即都追求财政支出效益最大化。所谓效益，从经济学的一般意义上讲，就是人们在有目的的实践活动中，"所得"与"所费"的对比关系；所谓提高经济效益，就是"少花钱、多办事、办好事"。

对于微观经济主体来说，提高经济效益，有着十分明确且易于把握的标准。花了一笔钱，赚回了更多的钱，收益大于成本，这项活动便是有效益的。从原则上说，财政支出效益与微观经济主体的支出效益是一样的，但是由于政府处于宏观调控主体的地位上，支出项目在性质上也千差万别，与微观经济主体支出的效益又存在重大差别。首先，两者计算的所费与所得的单位大相径庭。微观经济主体只需分析发生在自身范围内的直接的和有形的所费与所得；政府则不仅要分析直接的和有形的所费与所得，还需要分析长期的、间接的和无形的所费与所得。其次，两者的选优标准不同，微观经济主体的目标一般是追求利润，绝不可能选择赔钱的方案；政府追求的则是整个社会的最大效益，为达到此目标，局部亏损是可能的，也是必要的。所以，在提高财政支出使用效益的过程中，政府需要处理极为复杂的问题。

二、财政支出效益评价方法

（一）开展财政支出效益评价的原因

对财政支出进行效益评价是一项比较困难的工作，原因在于：一是效益或成本有很多是难以用市场价格或货币单位计量的，即缺乏共同性；二是效益或成本往往不是直接体现出来，有些效益是无形的，即存在隐性；三是效益或成本往往具有长期性，甚至会影响到下一代或更长的时间；四是不同的支出项目有不同的短期、长期效益。因此，对财政支出项目的效益实施评估时，应采用静态分析与动态分析相结合、单项分析与综合分析结合、定性与定量结合的分析方法。

（二）开展财政支出效益评价的必要性

财政支出效益评价的评价目标概括地说就是评价财政支出和耗用效益，即财政支出的合理性、效益性；评价对象包括财政部门、财政资金使用部门、财政支出项目。与此对应，财政支出效益评价可分为综合效益评价和项目效果评价。综合效益评价包括财政支出总量效益评价和财政支出结构效益评价；项目效果评价是指对具体支出项目所产生的效益的评价。开展财政支出效益评价的必要性可从以下 3 个方面体现。

1.能够强化财政支出管理职能

通过科学的指标和方法，对财政资金的运行情况和产生的效益状况进行追踪考评，有利于促进财政支出管理的科学化和效益化，进一步转变和强化财政支出管理职能。

2.有利于改进财政支出监督方式

财政支出效益评价是按照市场经济的管理要求对财政支出实行的约束与激励，对财政投入的成本和产生的效益进行科学的衡量与比较，以综合判断财政支出管理水平、风险程度和实际产生的效益，能够强化财政支出监督手段，引导和规范财政支出管理行为。

3.能够提高财政支出决策水平

通过分析评价财政资金分配的合理性和经济性，评价财政支出产生的经济效益和社会效益，能够客观反映财政支出政策的先进性与有效性，不断总结财政支出管理经验，为提高财政投资决策水平提供可靠的参考依据。

（三）财政支出效益评价的原则

考虑到财政支出效益评价与非政府的微观主体支出的效益评价有很大的差异，故而遵循的原则也不同。财政支出效益的评价原则主要有以下几个方面。

1. 科学规范原则

绩效评价应当严格执行规定的程序，按照科学可行的要求，采用定量与定性分析相结合的方法。

2. 公正公开原则

绩效评价应当符合真实、客观、公正的要求，依法公开并接受监督。

3. 分级分类原则

绩效评价由各级财政部门、各预算部门根据评价对象的特点分类组织实施。

4. 绩效相关原则

绩效评价应当针对具体支出及其产出绩效进行，评价结果应当清晰反映支出和产出绩效之间的紧密对应关系。

（四）财政支出效益评价的方法

由于财政支出项目繁多，而且性质各异，对不同项目必须采取不同的评价方法，下面只是简略地介绍通常应用的 3 种评价方法。

1. 成本效益分析方法

成本效益分析法，也称为成本收入分析法，最早产生于美国 1936 年《防洪法》，目前在许多国家的中央政府、地方政府及世界银行等国际组织中得到广泛应用。这种方法是将一定时期内项目的总成本与总效益进行对比分析，根据对边际社会效益和边际社会成本的对比，选择最优的支出方案的方法。例如政府有建造一座体育馆、建设一条公路和建设一所中学 3 个方案。由于其效果不同，投资多少也不同。因此通常认为不可比，而成本收益分析法就试图通过项目的成本计算，将不可比转向可比，从而为决策部门提供一个量化的评估结果。这一方法的要求是，必须将项目的收益，包括内部收益和外部收益全部量化，同时也将成本，包括内部成本和外部成本全部量化，然后再比较其效果。

2. 最低费用选择法

对于不能运用成本收益分析法的财政支出项目，可以运用最低费用选择法进行分析，此法与成本效益分析法的主要区别是不用货币单位计算备选的财政支出项目的社会效益，只计算每项备选项目的有形成本，并以成本最低为择优的标准。西方学者也将此方法称为信息不完备情况下的成本效益分析，或称最小成本法。最低费用选择法适用于分析那些成本易于计算、效益不易衡量的财政支出效益，通过这类支出所提供的商品和劳务不可能以任何形式进入市场交换。

3. 公共定价法

在市场经济中，所有经济行为主体都采取能够使自己利益最大化的行动，价格成为行动信号，价格机制是实现最优资源配置的主要机制。由于政府也提供大量的满足社会公共需要的市场性产品，那么这些产品（包括服务）也涉及与其他商品和服务一样的问题，即价格的确定，这就是所谓的公共定价。

公共定价又分为纯公共定价和管制定价。前者是指由政府直接指定自然垄断行业（如能源、通信和交通等公用事业，煤、石油、钢铁等基本品行业）的价格；后者是指由政府规定竞争性管制行业（如金融、农业、教育和保健等行业）的价格。

公共定价法适用于分析那些易于衡量而效益难以计算，但通过支出提供的商品和劳务可以部分或全部地进行市场交易的项目。这种方法的核心是把市场价格机制引申到一部分公共产品和服务的提供和使用中去，通过制定和调整公共产品和服务的价格，使公共产品和服务得到最有效的使用。

4.公众评判法

对于无法直接用指标计量其效益的支出项目，可以选择有关专家进行评估，并对社会公众进行问卷调查，以评判其效益，适合于对公共管理部门和财政投资兴建的公共设施进行评价，具有民主性、公开性的特点。

5.综合指数法

综合指数法即在多种经济效益指标计算的基础上，根据一定的权数计算出综合经济效益指数。该方法被我国多个部门采用，评价的准确度较高、较全面，但在指标选择、标准值确定及权数计算方面较复杂，操作难度相对较大。

▶▶ **本章小结**

1.财政支出既是费用（消费）概念也是成本（社会代价）概念，同时财政支出反映政府活动的整体情况，包括总量及结构。基于此，财政支出必须要从不同的角度进行分析，本章主要从政府收支科目和经济性质两个角度进行讨论。

2.财政支出规模增长现象多年来一直为经济学所关注。本章介绍了几种具有影响力的财政支出不断增长的理论来科学解释这一现象。其实财政支出增长的原因主要来自政治、经济和社会等方面。

3.财政支出的控制是备受关注的问题。需要进行财政支出控制的主要原因是政府支出需求的刚性扩张与满足这一需求的财力的有限性之间的矛盾。财政支出的控制主要包括支出总量控制和支出结构控制，前者可理解为政府的合理规模；后者可理解为政府内部各职能的比例关系。实行财政支出控制的有效方法是对财政支出管理制度进行改革，这一改革的核心无疑是预算制度。

▶ **重要概念**

财政支出　购买性支出　转移性支出　政府收支分类　瓦格纳法则　阶梯增长说　经济发展阶段说

▶ **思考题**

1. 你认为政府花钱与你个人花钱有什么异同？这些不同会产生财政支出的什么问题？

2. 财政支出会产生什么样的经济影响？举例说明。

3. 财政支出规模增长趋势与个人支出规模增长趋势有没有相同之处？

4. 你认为我国财政支出的控制是以控制数量还是控制结构为主？为什么？

▶ **参考文献**

安秀梅，徐静．关注"官民比"探索降低政府行政成本新路 [J]．当代财经，2008（4）：34-37．

财政部财政科学研究所课题组．中国财政改革 30 年：回顾与展望 [J]．经济研究参考，2009（2）：2-9．

丛树海．财政支出学 [M]．北京：中国人民大学出版社，2002．

高培勇．公共经济学 [M]．北京：中国人民大学出版社，2004．

哈维·S. 罗森．财政学 [M]．7 版．北京：中国人民大学出版社，2006．

韩晓琴．公共财政支出结构的调整与优化探析 [J]．财政研究，2008（10）：27-30．

雷良海．财政支出增长与控制研究 [M]．上海：上海财经大学出版社，1997．

平新乔．财政原理与比较财政制度 [M]．上海：上海三联书店：1995．

叶振鹏，张馨．公共财政论 [M]．北京：经济科学出版社，1999．

张馨，陈工，雷根强．财政学 [M]．北京：科学出版社，2006．

朱进．财政预算的"公共悲剧"：财政支出规模增长的一种解释 [J]．当代财经，2008（3）：24-25．

目 本章测试

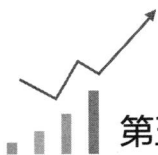
第五章

主要财政支出

➡ **学习目标**

通过本章学习，可以了解我国教育支出的基本状况，探索教育支出的未来改进方向；了解我国政府投资支出的基本状况，掌握基础设施筹资的主要形式，探索基础设施投资、建设与经营中的竞争问题；了解我国社会保障支出的基本状况，社会保障资金的筹资模式。

➡ **案例导入**

教育支出是指政府用于教育事业方面的财政支出。它包括政府对各类公立学校和各类民办学校的经费支出和补助支出。"百年大计，教育为本"，一国教育的发达程度、全社会用于教育的投入水平，常常是衡量一个国家民族素质和文明程度的主要标准。因此，教育支出在各国政府的公共支出中都占有非常重要的地位，并呈现经济发展水平越高，公共教育支出占GDP比例越高的现象。

教育事业的发展在现代经济发展中发挥着越来越大的决定性作用，但是从其属性看，教育支出仍属于非生产性支出。根据马克思关于生产劳动和非生产劳动的科学划分原则，凡从事物质资料的生产、创造物质财富的劳动，皆为生产劳动，除此之外的一切劳动，皆为非生产劳动。显然地，投入教育的劳动属于非生产劳动，故教育支出仍归属于非生产性支出。

（资料来源：根据相关资料整理）

请思考： 教育是要花成本的，教育费用应由个人负担还是政府负担？为什么？

第一节 教育支出

一、教育支出的理论依据与提供方式

（一）教育支出的理论依据

1.教育服务具有很强的正外部性

从经济性质看，教育服务一般被看作是一种混合产品。其对个人而言，会带来个人收益，一个人会因为接受教育而增加知识，掌握技术，进而获得较高的个人收益。但同时，教育具有很强的正外部性，其收益会外溢给社会。比如，教育对全民族文化素质的提高，对社会秩序的稳定，降低犯罪率，以及对整个社会技术进步都具有推动作用。

教育分为初等、中等、高等教育几个层次，每个层次教育的外部性是不同的。从 3 个层次的教育与个人收益的关系强弱来看，依次是初等教育最弱，中等教育次之，高等教育最强。故从教育的正外部性强弱排序依次为初等教育、中等教育、高等教育。正因为如此，多数国家根据本国的经济发展程度，对初等教育和中等教育往往通过法律的形式规定若干年的义务教育，如九年制义务教育或十二年制义务教育。

2. 教育是促进社会公平的重要途径

受教育权是公民的一项基本权利，是每一个公民的生活和发展所必备的部分，也是社会公平的重要实现途径。一方面，教育能够使人们达到基本的起点公平。美国经济学家詹姆斯·托宾（James Tobin）提出的商品平均主义（commodity egalitarianism）理论就是建立在对公民基本权利保障的基础之上。他认为对某些特定的商品应当进行平均主义的分配。一个公民如果缺少基础教育，那就保证不了为了谋生所必需的基本条件。享受基本的教育则能够使公民在人生进程中有一个基本的公平的发展起点。另一方面，教育能够促进社会达成结果公平。通过提供均等化的公共基础教育，公民能够得到基本的教育资源，进而有利于公民取得较为公平的竞争地位。

（二）教育支出的提供方式

由于初等教育、中等教育和高等教育的外部性不同，其教育支出的提供方式就应该有差异，同时各类教育的目标定位不同，其受教育者受益大小就不同，那么其教育支出的提供方式也应该有差异。

义务教育，是保证公民基本素质的教育，既是每个公民的一种权利，也是每个公民的一种义务，具有强制性。显然，它属于纯公共产品范畴。由于是国家通过立法规定公民享有义务教育的权利，每个公民都可以无差别地享受这种教育，所以这种教育服务当然应该由政府来提供。

其他较高层次的教育，主要有高等教育、职业教育和成人教育等，则属于混合产品。通过这些教育，一方面能够取得更好的就业机会和提高个人收入，给自己未来带来收益，具有私人产品的属性；另一方面高层次的教育能够促进社会经济的发展，提高科学技术水平，创造更多的社会财富，其教育收益会外溢给社会，具有公共产品的属性。所以，义务教育之外的其他层次教育，一般不能完全由政府免费提供，可以通过财政补助和向受教育者收费来进行。

✎ **专栏 5-1 教育部回应全国人大代表提议"义务教育改十二年制"** ————————

2020 年 12 月 2 日，教育部官网发布《对十三届全国人大三次会议第 4849 号建议的答复》（以下简称《答复》），对全国人大代表提出的建议"将九年制义务教育修改为十二年制义务教育"予以答复。

《答复》称，我国义务教育阶段和普通高中共十二年的课程设置是经过长期实践、反复调整后逐步建立的，符合目前国际上普遍做法，基本与当前和今后一个时期国家的社会、经济发展状况相适应，基本符合儿童身心发展规律和认识规律，目前还不具备延长学制和将学前、普通高中纳入义务教育的条件。

其实，十二年制义务教育讨论由来已久，早在2008年两会期间，就有伍中信代表提出了逐步实施十二年制义务教育的提案。教育部在当时就针对此提案做出回复，表示：实行十二年制义务教育的时机还未成熟。

那么，我国为什么还不实行十二年制义务教育，困难在哪？

第一，义务教育发展仍未均衡。

教育部称，现阶段，我国义务教育发展不平衡、不充分的问题仍然突出，未来一段时间进一步提高义务教育巩固水平和均衡发展水平的任务仍然繁重。

第二，延长义务教育或造成资金投入"此长彼短。

在对《关于逐步实施十二年制义务教育的提案》的答复中，教育部表示，目前我国仍处于社会主义初级阶段，当前经济下行压力大、财政收支矛盾突出。此外，当前贫困地区教育发展面临的任务依然十分艰巨。扩大教育资源、改善办学条件、提高办学质量，并加大对家庭经济困难学生的精准资助，确保贫困地区学生"有学上、上好学"等方面，还有不少短板和薄弱环节，都需要财政加大投入。

"延长义务教育或者免费教育年限一定程度上可以减轻学生家庭经济负担，但也可能引发减少对教育短板和薄弱环节的投入、替代社会和家庭投入等问题，"教育部负责人说。

（资料来源：根据教育部网站及网络资料整理）

二、我国财政教育支出总量与结构分析

（一）我国财政教育支出总量分析

从支出规模看，改革开放以来我国财政教育支出规模在不断上升（见表5-1）。

表5-1 改革开放以来我国财政教育支出情况（以当年价格计算）

年份	财政性教育经费 / 亿元	财政性教育经费占财政支出（不含债务）的比重 /%	财政性教育经费占GDP的比重 /%
1978	75.05	6.68	2.04
1980	114.15	9.29	2.49
1985	226.83	11.32	2.49
1990	462.45	15.00	2.45
1995	1411.52	20.69	2.30
2000	2562.60	16.13	2.56
2005	5161.07	15.21	2.76

年份	财政性教育经费 / 亿元	财政性教育经费占财政支出（不含债务）的比重 /%	财政性教育经费占 GDP 的比重 /%
2010	14670.07	16.32	3.56
2011	18586.73	17.01	3.81
2012	22236.23	18.38	4.30
2013	24488.22	17.47	4.13
2014	26420.58	17.41	4.11
2015	29221.45	16.61	4.24
2016	31396.25	16.72	4.21
2017	34207.75	16.84	4.11
2018	36995.77	16.75	4.02
2019	40046.55	16.77	4.06
2020	42891.00	17.46	4.22

资料来源：根据国家统计局网站（http://www.stats.gov.cn）相关数据整理。

但是财政性教育经费占 GDP 的比重仍处于较低水平，绝大多数年份不足 3%。1993年，国务院印发《中国教育改革和发展纲要》，当时就提出国家财政性教育经费支出在 20世纪末占 GDP 的比重应该达到 4%，但这个目标时至 2012 年才达到。2012 年，我国财政性教育经费支出占 GDP 比重开始超过 4% 达到 4.30%，相比发达国家还有较大的差距。

对比中国与 OECD（Organization for Economic Cooperation and Development，经济合作与发展组织）主要国家教育经费支出发现，中国教育经费支出占 GDP 比例依然较低，这不仅体现在政府教育支出上，也体现在社会与私人教育支出上。2016 年中国教育经费投入占 GDP 比例为 5.23%，远低于 2014 年世界中、上等收入国家的投入比例，如韩国为 6.30%、美国为 6.20%、加拿大为 6.20%。2016 年中国财政教育经费支出占 GDP 比例为 4.22%，而 2014 年 OECD 国家该比例的平均水平为 4.40%。2016 年中国社会与私人教育支出占 GDP 比例仅为 1.01%，低于 2014 年韩国、美国、澳大利亚、以色列、加拿大等国家的支出比例，具体如表 5-2 所示。

表 5-2　教育经费投入占 GDP 比例的国际比较

国家	国家教育经费投入占 GDP 比例 /%	其中	
		财政投入 /%	社会与私人投入 /%
OECD 国家平均	5.20	4.40	0.80
韩国	6.30	4.60	1.70
美国	6.20	4.10	2.00
澳大利亚	5.80	3.90	1.80
以色列	5.80	4.70	1.10
加拿大	6.20	4.50	1.60
墨西哥	5.40	4.40	1.00
中国	5.23	4.21	1.01

注：中国为 2016 年数据，其他国家均为 2014 年数据。

资料来源：OECD. *Education at A Glance 2021: OECD Indictors* [M]. Paris: OECD Publishing, 2021.

（二）我国财政教育支出结构分析

1. 财政教育支出中的生均支出状况

我国教育支出的结构近些年发生了较为显著的变化。从全国各层级生均财政教育事业经费支出中可以看出，2012—2019 年，我国普通小学生均财政教育事业经费年平均增长21.5%，普通初中生均财政教育事业经费年平均增长 24.2%，普通高中生均财政教育事业经费年平均增长 29.0%，中等职业学校生均财政教育事业经费年平均增长 31.1%，普通高等学校生均财政教育事业经费年平均增长 21.5%。我国的普通初中、普通高中、中等职业学校的生均财政教育事业经费支出增长明显快于普通高等学校生均财政教育事业经费的增长速度。全国各层级教育生均财政教育事业支出情况如表 5-3 所示。

表 5-3　全国各层级教育生均财政教育事业支出情况

年份	幼儿园生均支出 / 元	普通小学生均支出 / 元	普通初中生均支出 / 元	普通高中生均支出 / 元	中等职业学校生均支出 / 元	普通高等学校生均支出 / 元
2012	—	6128.99	8137.00	7775.94	7563.95	16367.21
2013	—	6901.77	9258.37	8448.14	8784.64	15591.72
2014	—	6481.02	10359.33	9024.96	9128.83	16102.72
2015	—	8838.44	12105.08	10820.96	10961.07	18143.57
2016	—	9557.89	13415.99	12315.21	12227.70	18747.65
2017	6183.97	10199.12	14641.15	13768.92	13272.66	20298.63
2018	6896.28	10566.29	15199.11	14955.66	14200.66	20973.62
2019	7884.00	11197.33	16009.43	16336.23	15380.52	22041.87

资料来源：根据国家教育部（http://www.moe.gov.cn）2012—2019 年《全国教育经费执行情况统计公告》相关数据整理。

初等教育、中等教育和高等教育构成了 3 个层次的教育结构，我国财政教育资源在这3 个层次上的配置在不断地优化，结构日趋合理。从生均教育经费的三级结构上也能反映这种趋势。2019 年我国初等教育生均经费、中等教育生均经费与高等教育生均经费之比为 1 ∶ 1.46 ∶ 1.97；总体而言，2012 年以来我国各级教育生均经费的分配结构日益改善。

2. 财政教育支出在地区之间、城乡之间的差距

财政教育支出在地区之间的差距在缩小。从各地区普通高中生均预算内教育事业费情况看，2006—2016 年，东部地区生均拨款额度始终远高于中部和西部地区。2006 年东部地区的生均预算内教育事业费为 4038.50 元，中部地区为 1707.73 元，西部地区为 2216.52元，东部地区分别是中部地区和西部地区的 2.36 倍和 1.82 倍。

2016 年生均一般公共预算教育事业费，东部地区达到 21004.26 元，中部为 10495.63元，西部地区为 12746.33 元，东部地区分别是中部和西部地区的 2 倍和 1.6 倍。2016 年西部地区普通小学生均教育经费总支出 11911 元，为东部地区的 87.5%，比 2012 年提高了 9.3 百分点。显然地，东部、中部和西部的普通小学的生均经费差距尽管有一定程度的减少，但是其差距还是巨大的。

义务教育生均公共财政预算教育事业费支出城乡之间还存在一定差距。以2019 年为例，全国普通小学为 11197.33 元，比上年的 10566.29 元增长 5.97%。其中，农村为 10681.34 元，比上年的 10102.94 元增长 5.73%。全国普通初中为 16009.43 元，比上年的 15199.11 元增长 5.33%。其中，农村为 14542.23 元，比上年的 13912.37 元增长 4.53%。显然，城市的小学和初中生均公共预算教育事业费支出增长快于农村，差距有放大的趋势。[①]

目 国家教育部历年全国教育事业发展统计公报

三、关于教育支出的进一步思考

（一）财政教育支出占 GDP 比重应进一步提高，争取达到中等发达国家水平

科教兴国，教育是基础，提高全民族文化素质是中国伟大复兴的重要保证。尽管我国财政教育支出占 GDP 比重目前已经达到世界各国的平均水平，但是与欧美等发达国家相比还有很大的差距，应进一步提高教育支出增长幅度，提高教育支出占 GDP 的比重，逐步达到中等发达国家的平均水平。

（二）考虑实行高中阶段义务教育的可行性和提高幼儿教育的财政支持力度问题

随着中国社会经济的快速发展，国力的不断增强，应该开始论证推行十二年制义务教育的可行性。同时考虑幼儿教育如何提高财政支持力度与支持方式问题。通过这两者的推进，一方面能够更加合理地配置财政资源，合理基础教育、中等教育与高等教育的财政支出比例；另一方面也体现了社会进步给全国人民带来的社会福利水平的提高。

（三）高等教育的收费制度与助学贷款、奖学金制度的进一步完善

相比发达国家，我国高等教育支出比例过高有一个原因，我国高等教育收入来源过于单一，主要来源于政府拨款和学生缴纳的学费，这就使得我国的高等教育需要政府更多地负担教育的成本。而发达国家的高等教育的收入来源，有大量的社会捐款，大部分高校建立了多元化的奖学金制度；中低收入家庭学生还享受低息或免息的助学贷款。其规模、额度、覆盖面都是与我国的高等教育不可比拟的。所以，需要深化高等教育制度改革，吸引社会资金进入校园，形成多层次的社会捐赠氛围，逐步完善我国高校的奖学金制度。同时，加大助学贷款力度，完善我国的信用制度建设。多途径解决高等教育的经费不足问题。

（四）公共教育在地区之间、城乡之间的转移支付与平衡机制问题

建立长期稳定的中央政府和省级政府的转移支付制度，在平衡地区之间、城乡之间教育经费投入方面，中央政府和省级政府起着关键性作用。而转移支付制度是中央和省级政府调控的重要工具之一。

---

① 数据来源参见国家教育部（http://www.moe.gov.cn）历年《全国教育经费执行情况统计公告》。

第二节　政府投资支出

一、政府投资支出的理论依据及其特点

（一）政府投资支出的理论依据

政府投资是指政府为了实现其职能，作为特殊的投资主体，为促进国民经济各部门的协调发展，实现经济社会发展战略，利用财政支出对特定部门进行的投资性活动。

在市场经济体制下，政府投资一般不进入竞争性领域，而主要是为了改善市场投资环境，解决国计民生等领域民间投资主体无法进行但又不可缺少的投资项目，如公共基础设施、治理污染、环境保护等。从而我们也可以发现，政府投资的领域其实也是市场失灵的领域，需要政府投资对市场主体投资进行有益的弥补和补充。

（二）政府投资的特点

政府投资支出相比非政府投资支出有其不同的特点。

1.政府投资支出的领域是基础性领域或事关国计民生的大型项目

在发展中国家，政府投资不仅要考虑公共工程，如大型水利枢纽工程、公路建设等，而且还较多地投入国内的基础产业部门。所谓基础产业是为加工产业提供原材料、动力、基础条件的各产业部门，包括农业、能源、原材料、医疗、教育、交通运输等。基础产业具有投资大、周期长、见效慢的特点。

2.政府投资支出以实现经济社会的全面发展和良性循环为目标

基础产业是支撑社会经济运行的基础，它决定和反映着国民经济活动的发展方向与运行速度，像能源、交通、运输、材料这样的基础产业，就占中国国有资产总量的 70%。基础产业是国家民族复兴、大国崛起的物质保障，是"国之根本"。

3.政府投资支出是国家宏观调控、实现经济稳定发展的重要手段

政府投资的扩张能引导、刺激社会投资的规模和方向，还能影响产业结构的形成和调整，并影响就业和市场物价水平。我国经常运用政府投资手段对宏观经济进行调控。

二、政府投资的范围、地位和作用

（一）政府投资的范围

政府投资可分为公共事业投资和产业投资，具体包括 4 类项目：第一类是政权设施项目，如党政机关办公用房、公安、检察、法院、监狱等；第二类是公益性项目，如城市道路、城市照明、城市广场、城市绿化、乡村建设等；第三类是公众福利性项目，如博物馆、图书馆、体育场馆、福利院、公立医院、公立学校、公共娱乐设施等；第四类是产业化项目，如基础设施、基础工业、农业项目等。前三类为公共事业投资项目，后一类为产业投资项目。

根据《2020 年政府收支分类科目》，政府投资内容主要体现在资本性支出，具体在政府预算资本性支出科目和部门预算资本性支出科目中体现。政府预算中涉及资本性支出内容包括"房屋建筑物购建、基础设施建设、公务用车购置、土地征迁补偿和安置支出、设备购置、大型修缮、对企业资本性支出"等。部门预算中涉及资本性支出（基本建设）内容包括"房屋建筑物购建、办公设备购置、专用设备购置、基础设施建设、大型修缮、信息网络及软件购置更新、物资储备、公务用车购置、其他交通工具购置、文物和陈列品购置、无形资产购置、其他基本建设支出"等。

（二）政府投资的地位和作用

1992 年，党的十四大提出了我国经济体制改革的目标是建立社会主义市场经济体制。经过十四大到十八届三中全会 20 多年的实践，党对政府和市场的关系有了新的科学定位，提出使市场在资源配置中起决定性作用。但市场也不是万能的，并不是起全部作用。在资源配置中政府的职责和作用主要是提供公共物品，满足社会公共需要，弥补市场失灵，进行有效的宏观调控。

改革开放后，我国的投资体制和投资格局发生急剧的变化。投资体制是经济体制的重要组成部分，经济体制模式决定投资体制模式，一定时期投资体制又反映一定时期的经济体制情况。遵循这一规律按照改革开放以来经济体制模式的变化与发展来考察和划分投资体制的改革历程符合我国投资体制改革实践。

目 中国投资体制改革 40 年回顾与展望

✎ 专栏 5-2 我国投资体制的变迁大致划分为以下 5 个阶段 ——————

第一阶段（1979—1983 年）：尝试打破计划经济体制约束，探索经济办法管理投资。这一阶段是我国从完全的计划经济开始向市场经济转型的阶段。为实现转型目标，计划管理模式发生改变，经济管理办法逐渐取代计划手段。这一阶段中通过推行拨款改贷款制度、基本建设合同制、经济责任制、从实行利润留成到利改税、实施建筑工程安装招标制度、工程设计单位实行设计取费制度等举措掀起了投资体制改革的首个高潮。虽然这一阶段的改革措施没有触及政府投资高度集中、投资权责利相一致等计划经济体制下传统投资的弊端，但其最主要的意义在于打破了计划经济体制下中央政府作为唯一投资主体和中央财政资金作为唯一投资资金来源的禁锢，为建立满足社会主义市场经济体制要求的投资体制做出了必要铺垫。

第二阶段（1984—1991 年）：市场机制逐步影响投资决策，触及投资体制改革核心。这一阶段提出了有计划的商品经济理论，经济体制改革的重心由农村转向城市，市场经济投资管理体制开始萌芽。随着经济体制改革的深入，政府对投资的管理也逐渐适应市场化的步伐，开始实行多种计划管理形式，逐步缩小指令性计划范围，扩大指导性计划；进一步下放审批权限，简化审批手续；固定资产投资项目的决定权逐渐分散，建立投资项目评估审议制度；投资建设领域建立招标投标制度，进一步实现了政府由投资活动的直接控制者向宏观管理者的转换，此阶段的改革措施有力推进了建立符合社会主义市场经济要求的投资体制的步伐。

第三阶段（1992—2003年）：确立社会主义市场经济体制，投资市场主体趋于多元。这一阶段提出了社会主义市场经济理论，党的十四大决定建立社会主义市场经济体制，投资体制改革围绕建立社会主义市场经济的基本框架和战略部署展开。此阶段的改革措施打破了传统计划经济体制下高度集中的投资模式，明确了使企业成为投资主体的改革方向，在很大程度上改变了政府直接管理投资的方式，初步形成了投资主体多元化、资金来源多渠道、投资方式多样化、建设实施市场化的格局。我国投资体制改革取得了显著的阶段性成果，与投资体制相关的财税、金融、贸易等与投资体制相关的机制改革也取得了重要进展，深化了这一阶段投资体制改革的成果，投资建设领域的市场化运作机制得到加强，打下了符合社会主义市场经济要求的投资体制的坚实基础。

第四阶段（2004—2012年）：市场经济投资体制改革深化，明确企业主体投资地位。改革开放至此，投资体制新格局初步形成后，随着实践的深入逐渐认识到仍有许多问题有待解决，尤其是企业的投资决策权没有完全落实，市场配置资源的基础性作用尚未得到充分发挥，政府投资决策的科学化、民主化水平需要进一步提高，投资宏观调控和监管的有效性需要增强。故此阶段改革以国务院颁布的《国务院关于投资体制改革的决定》为指导，积极确立企业投资主体地位，扩大企业投资决策权、自主权，拓宽企业项目融资渠道、规范企业投资行为；界定政府投资范围、划分审批权限，健全政府投资项目决策机制，规范政府投资资金管理，简化和规范政府投资项目审批程序；完善宏观调控体系、改进宏观调控方式、协调宏观调控手段、加强和改进投资信息、统计工作；建立政府投资监管体系、健全企业投资监管体系、改进依法监管措施等。这一阶段通过众多具体改革措施，形成了我国社会主义市场经济投资体制框架的雏形。

第五阶段（2013年至今）：投资体制向投融资体制改变，与供给侧结构改革协同推进。自党的十八大我国做出经济发展进入新常态的重大判断，党的十八届三中全会提出"市场在资源配置中起决定性作用"，我国进入全面改革的深化阶段，新时期的投资体制改革围绕着全面深化改革，转变发展模式，推进供给侧结构性改革来开展。这一阶段的改革措施在社会主义市场投资体制已确立的框架基础上，面对新时代带来的新挑战与新问题，突出发展的质量和效率的优先性，促进发展活力释放、发展动力转换和发展模式创新，不断改革传统融资方式、优化政府投资结构、放开资本准入，充分调动民间资本等措施，在新时代的背景下进一步深化和完善社会主义市场经济体制下的投资体制。

（资料来源：邹东涛.发展和改革蓝皮书：中国经济发展和体制改革报告No.8 [M].北京：社会科学文献出版社，2019.）

由计划经济体制转向市场经济体制的过程中，随着投资主体和投资格局的多元化，社会固定资产投资资金来源构成发生了急剧变化。根据表 5-4 的数据，国家预算资金在投资占比中逐年下降，从改革开放初期的接近 30%，逐步下降到 1995 年的 3%；2015 年以后略回升至 5% 以上。相反，单位自筹和其他资金的占比逐年持续上升，1981 年为 55.4%，2011 年开始超过 80%，2015 年达到最高值 83.7%。

表 5-4　我国固定资产投资资金来源构成（1981—2017 年）

年份	国家预算资金占比 /%	国内贷款占比 /%	利用外资占比 /%	自筹和其他资金占比 /%
1981	28.1	12.7	3.8	55.4
1985	16.0	20.1	2.6	60.3
1990	8.7	19.6	6.3	65.4
1995	3.0	20.5	11.2	65.3
2000	6.4	20.3	5.1	68.2
2005	4.4	17.3	4.2	74.1
2010	4.6	15.4	1.6	78.4
2011	4.3	13.4	1.5	80.9
2012	4.6	12.6	1.1	81.7
2013	4.5	12.1	0.9	82.5
2014	4.9	12.0	0.8	82.3
2015	5.3	10.5	0.5	83.7
2016	5.9	10.9	0.4	82.8
2017	6.1	11.3	0.3	82.3

资料来源：根据国家统计局网站（http://www.stats.gov.cn）相关数据整理。

伴随投资主体和投资格局的变化，政府对投资的宏观调控方式也必然会发生变化。如果说在传统体制下，政府对投资的宏观调控主要是通过调节自身的投资而直接进行的，那么在社会主义市场经济体制下，政府对投资的宏观调控需要通过间接和直接两种方式进行，并对经济运行的稳定起到相应的作用。

所谓间接调控，就是通过产业政策的引导作用，通过政府投资的导向作用，并通过税收优惠、财政补贴、折旧政策等，来制约非政府投资的投资条件、投资成本和投资方向、规模与结构。所谓直接调控，就是根据宏观经济政策目标，结合非政府投资的状态，安排政府自身投资的方向、规模与结构，进而使全社会的投资达到优化配置状态。

三、基础设施投资

（一）基础设施的内涵及属性

基础设施是支撑一国经济运行的基础部门，它决定着工业、农业、商业等直接生产活动的发展水平。一国的基础设施越发达，该国的国民经济运行就越顺畅、越有效，人民的生活也越便利，生活质量相对而言也就越高。基础设施一般分为狭义和广义两种定义，狭义的基础设施是指永久性的成套的工程构筑、设备、设施和它们所提供的为所有企业生产和居民生活共同需要的服务。广义的基础设施还包括文化、教育、科学、卫生等部门提供服务时所需的公共服务设施。这里讨论的基础设施，指狭义基础设施，主要包括三部分：一是公共设施：电力、电信、自来水、固体废弃物的收集和处理及管道煤气等；二是公共工程：公路、大坝和灌溉渠道等水利设施；三是其他交通设施：铁路、港口和航道、机场、市内交通等。从上述列举的基础设施中不难看出，无论是道路、桥梁，还是铁路、港口等产业和设施，它们在国民经济中都具有重要地位。

基础设施与其他产业不同，从整个生产过程来看，基础设施具有"共同生产条件"，对基础设施投资形成的固定资产具有"公用性、非独占性和不可分性"的特性，这些特性无疑决定了它具有公共物品的一般属性。此外，基础设施特别是大型基础设施，大都属于资本密集型行业，需要大量的资本投入；而且基础设施的建设周期相对也比较长，见效也比较慢；这也决定了大型的基础设施很难由个别企业的独立投资来完成，没有政府的强有力推动，很难有效地推动基础设施的发展。一国是如此，全球经济发展也是如此。

（二）基础设施投资的主要方式

巨量的资金投入是基础设施的重要特点之一，而资金不足是发展中国家基础设施发展中普遍存在的紧迫问题。从目前情况看，基础设施的筹资方式主要有财政直接投资、国内资本市场筹资、引进外资、财政投融资和项目融资等方式。

1. 财政直接投资

政府财政投资是指以政府为投资主体，将一部分财政收入（主要是税收收入）投入基础设施的建设和运营之中。这种筹资方式可以集中国家财力，保证一些事关国民经济全局的重点项目。但是受国家财力制约，在一定时间内能够依靠税收筹集的基础设施建设资金总是非常有限的，无法保证整个基础设施建设需求，而基础设施供给不足将成为经济社会发展瓶颈。

2. 国内资本市场筹资

资本市场筹资，即通过发行有价证券吸引民间资本进入基础设施建设。在国家财力不足、居民储蓄不断攀升，且投资回报率较高的情况下，这一融资方式尤为适用。2003年，浙江省的杭州湾跨海大桥项目计划总投资118亿元，其中民间资本占了50.26%，而大桥经济利润（25年内年回报率12.5%）是吸引民间资本进入的首要原因。

3. 引进外资

引进外资不仅能够弥补国内资金的不足，而且可以引进先进的技术和管理方法，提高基础设施的建设和运营效率。引进外资首先要创造有利于外资进入与经营的环境，不仅包括政权的稳定、宏观经济的平稳，而且包括货币兑换的难易程度、法律规章制度的可预见性和一致性。其次，也要注意防范外资带来的风险，加强对外资的监管。

4. 财政投融资

并非所有基础设施支出都能获得可观的私人回报率，完全依靠资本市场筹资会造成那些社会效益远高于经济效益的项目投资不足。财政投融资是将财政信誉与金融运作有机结合，发挥政府投资作用的支出方式。

国外建立财政投融资制度，比较成功的经验是发展政策性银行。政策性银行实际上并非银行，也非政策制定机关，而是执行有关长期性投融资政策的机构，类似开发署性质。对于投资优先部门的划分、政策性贷款总额、本息偿还等政策选择问题，并非完全由自身来决定，而是通过特定的计划安排和审批程序进行。它在很大程度上充当政府投资的代理人，把计划、财政、银行的政策性投融资业务结合起来，形成有效的政府投资运作机制。

一般来说，政策性银行的资本金，主要由政府预算投资形成，为此需要在预算上单列一笔政策性投资基金，并把它与经常性预算分开。在政策性银行的负债结构中，长期性建设国债、集中邮政储蓄和部分保险性质的基金占有重要份额。

借鉴国外财政投融资经验，我国在1994年先后成立了3家政策性金融机构，即中国国家开发银行、中国农业发展银行和中国进出口银行。其中，国家开发银行的贷款主要投入基础设施、基础产业和支柱产业等需要国家扶持或保护的投资领域，贷款利率低于同期其他金融机构的贷款利率，可见政策性银行不以营利为主要目的。

5. 项目融资

项目融资是为某个特定项目而安排的融资。下面简单介绍几种主要的项目融资方式。

（1）BOT方式

BOT（build-operate-transfer）方式即建设—经营—转让方式，基本运作过程是政府将拟建的基础设施项目通过招商方式转让给某一公司，由其组建项目公司负责基础设施融资、建设和经营，并在协议规定的特许期内，通过向设施使用者收费的方式回收投资，并取得合理收益，特许期结束，基础设施产权无偿转让给政府。著名的英法海底隧道工程、我国广西来宾电厂B厂、湖南长沙电厂A厂、泉州刺桐大桥均是运用BOT方式建造的成功范例。

（2）TOT方式

TOT（transfer-operate-transfer）方式即转让—经营—转让方式，是指委托方（政府）与被委托方（外商或私人企业）签订协议，规定委托方将已投产运营的基础设施项目移交给被委托方在一定期限内经营，委托方凭借所移交的基础设施项目在未来若干年的收益，一次性从被委托方那里融到一笔资金，再将这笔资金用于新的基础设施建设。1994年山东省将烟台至威海一级汽车专用公路的经营权转让给天津天瑞公司（外商独资企业），1996年陕西省将渭河电厂部分经营权也采用TOT方式转让给了外商。

（3）ABS方式

ABS（asset-backed securitization）方式即以资产为支持的证券化，是指以项目所属的资产为基础，以该项目资产所能带来的预期收益为保证，通过在资本市场上发行债券来筹集资金的一种项目融资方式。ABS是近年来世界金融领域最重大的金融创新之一。在ABS中，项目资产的所有权根据买卖合同由原始权益人即项目公司转至SPC（special purpose corporation，特殊目的公司），SPC 通过证券承销商销售资产，并将取得的收入按合同规定的价格支付给原始权益人作为出售资产的交换条件。资产证券化目前在我国还刚刚起步。

（4）PPP 方式

PPP(public-private partnership) 方式指政府与私人之间，以提供产品和服务为出发点，达成特许权协议，形成"利益共享、风险共担、全程合作"伙伴合作关系，PPP 优势在于使合作各方达到比单独行动预期更为有利的结果：政府的财政支出更少，企业的投资风险更小。我国自 2013 年以来，PPP 相关政策密集出台，2014 年 5 月，财政部成立政府和社会资本合作中心，主要承担 PPP 工作的政策研究、咨询培训、信息统计和国际交流等职责。2014 年 11 月 30 日，根据财政部关于政府和社会资本合作示范项目实施有关问题的通知，确定天津新能源汽车公共充电设施网络等 30 个 PPP 示范项目，其中，新建项目 8 个，地方融资平台公司存量项目 22 个。

第三节　社会保障支出

一、社会保障制度的内容

"社会保障"源于英文"social security"一词，又译为"社会安全"，最早出自美国 1935 年颁布的《社会保障法案》(Social Security Art)。根据国际劳工组织批准的社会保障公约规定，社会保障包括 9 个方面的内容：医疗、疾病、失业、老龄、工伤、家庭、生育、残疾和遗属津贴。概括地说，社会保障是指政府通过立法，采取强制手段对国民收入进行分配和再分配而形成的专门社会保障基金，对社会成员在生、老、病、死、残、丧失劳动力或因自然灾害面临生活困难时给予物质上的帮助，以保证社会安定的一系列有组织的措施、制度和事业的总称。我国的社会保障体系包括社会保险、社会救助、社会福利、社会优抚等内容。

（一）社会保险

社会保险是政府参照保险市场原则为社会成员提供的生活保障，是社会保障制度的核心组成部分。国家通过立法形式，形成专门的社会保险基金，对劳动者在暂时或永久丧失劳动能力和失业时的基本生活需要和基本医疗需求在物质上给予社会性资助和保障的制度。

1.社会保险与商业保险的区别

社会保险与商业保险一样，要求受保人或其就业单位向社会保障机构缴纳一定的费用，并且也具有风险分担、互助互济的保险功能。但社会保险毕竟不同于商业保险，二者的区别主要有以下几个方面。

（1）两者的目的不同：社会保险的目的是维护公民的基本生活需要，保证公民应享有的合法权益，不以营利为目的；商业保险的目的是通过出售保险服务，获取盈利。

（2）两者的实施方式不同：社会保险是强制保险，由国家根据立法采取强制行政手段加以实施；而商业保险则一般为自愿保险。

（3）两者的权利与义务关系不同：社会保险的权利与义务对等关系表现为，只要劳动者依法尽到社会义务，就有享受的权利，而且所有的人在尽到义务的前提下，享受的权利是均等的；商业保险贯彻契约原则，保险与被保险人是一种"对等互利"的关系，被保险人享受权利的多少，取决于投保金额的大小，即多投多保，少投少保，不投不保。

2. 社会保障项目的基本组成部分

各个国家社会保障项目的基本组成部分大致是相同的，主要包括以下几个方面。

（1）养老保险，是劳动者在达到法定退休年龄，按规定退出工作岗位时，由养老保险基金支付养老金的一种社会保险项目。

（2）医疗保险，是劳动者及其直系亲属患病时，由医疗保险基金按规定支付一定医疗费用的一种社会保险项目。

（3）失业保险，是劳动者在失去工作、中断生活来源时，由失业保险基金按规定支付失业保险金的一种社会保险项目。

（4）工伤保险，是劳动者因工负伤时，由工伤保险基金按规定支付工伤津贴的一种社会保险项目。

（5）生育保险，是劳动者因生育子女而导致劳动力暂时中断，由国家和社会及时给予物质帮助的一种社会保险项目。

2019 年我国社会保险基本情况如表 5-5 所示。

表 5-5　2019 年我国社会保险基本情况

项目	城镇基本养老保险	城乡居民基本养老保险	失业保险	工伤保险
期末参保人数 / 万人	43482.0	53266.0	20543.0	25474.0
基金收入 / 亿元	52063.1	4020.2	1272.6	815.7
基金支出 / 亿元	48783.3	3113.9	1340.2	817.4

（二）社会救助

社会救助是指国家和社会对由于各种原因而陷入生存困境的公民，给予财物接济和生活扶助，以保障其最低生活需要的制度。社会救助与社会保险同属于社会保障，在性质上显然具有相通之处，都是为了保障社会成员最基本的生活需要而设立的。但两者也有不同：一是社会救助具有无偿性，贫困者不用为接受政府的救济而支付任何费用，是公民的一项基本权利，而社会保险则不同，受保人要先缴纳一定的保险费用才能获得相应的生活保障；二是社会救助的对象是贫困者，是一种事后救助，而社会保险的对象是所有劳动者，是一种防患于未然的预防性措施。因此，社会救助实际上是保障社会成员基本生活需要的最后一道"安全网"，在市场经济下对于维护社会稳定和经济顺利运行的作用十分明显。

根据我国 2014 年 5 月 1 日起施行的《社会救助暂行办法》，我国社会救助主要包括最低生活保障、特困人员供养、受灾人员救助、医疗救助、教育救助、住房救助、就业救助、临时救助等 8 个方面。

（三）社会福利

在西方国家，社会福利是外延最宽的概念，包括社会保障、医疗服务、住房福利、个人服务甚至教育福利。在我国，社会福利概念是从狭义上使用的，是社会保障体系的一部分。社会福利是指国家和社会为特定的社会成员提供的各种福利性补贴和举办各种福利事业的总称。社会福利体系主要包括：政府举办社会福利院、精神病院、儿童福利院等社会福利事业，残疾人劳动就业和社区服务等，主要是对孤老残幼等有特殊困难的社会成员给予基本的生活保障。

目《关于改革完善社会救助制度的实施意见》

✐ **专栏 5-3 我国社会福利 70 年的发展历程** ─────────────

一、中华人民共和国成立初期的救济性福利（1949—1955 年）

这一时期的主要标志是一些过渡性质的社会福利政策快速建立起来，如针对特殊群体的生产教养工作、孤老残幼的救济性福利，以及失业和贫困人员的生产自救措施。

中华人民共和国成立初期，面对过去遗留下来大量的生活贫苦、流离失所、亟待救济的民众，党和政府一方面针对特殊群体实施了社会主义改造工作，如对游民采取了集中收容教育、技能培训、就业安置、劳动改造及遣返回乡等改造措施；另一方面针对孤老残幼群体，民政部门在接管和改造国民党创办的"救济院""慈善堂""寡妇堂""教养院"等旧社会慈善团体和救济机构的同时，创办了一大批救济福利单位，对城市中的孤老、孤儿、精神病人等弱势群体进行了收容安置。与此同时，为尽快解决失业和贫困人员的生计问题，一些城市开始组织由烈属和城市贫民参加的手工业或小型工业生产，组建起了生产自救组织。据 1954 年全国 52 个城市统计，共组织了长期的或季节性生产自救小组 1802 个，参加生产的救济户、困难户达 22.56 万余人。

二、计划经济时期的单位福利（集体福利）和民政福利（1956—1977 年）

这一时期的主要标志是社会福利制度建立起来，与计划经济体制管理相适应，形成了单位福利（集体福利）为主，民政福利为辅的制度框架。

随着我国社会主义改造的完成及计划经济体制的确立，在城镇逐渐建立起了"单位制"这一组织形式。大部分城镇居民被吸纳进单位进行就业与生活，并与单位形成依附关系，即"单位人"现象。就业者的权利要在单位中实现，单位则代表国家对其负起生老病死的无限义务，这种组织方式使单位逐渐演化成家长制的福利共同体。R.米什拉（R. Mishra）把这种社会福利融入社会基本结构之中，由国家来保障人民的基本需要的福利模式称为"结构性福利模式"（structural welfare model）。在单位中，单位成员可以免费或者低偿使用由单位所兴办住房、医院、学校、食堂、幼儿园、浴室、运动场馆等福利设施。同时，还能获得诸如冬季取暖补贴、探亲补贴、托儿补贴、计划生育补贴、交通补贴、住房补贴等福利补贴。这些福利项目和设施大部分还一直延续至今，仍发挥着重要的作用。

在广大农村地区，伴随着20世纪50年代末人民公社化运动的推进，人民公社成为我国农村基层社会管理的主要形式。在人民公社制度下，农村的基本生产资料都归集体所有，农村的公共产品供给由集体统一组织和安排，农民通过加入人民公社，参加农业生产劳动，成为农村集体单位的一员。生产队从可分配的总收入中扣留一定数额的公益金，主要用于医疗（医疗站、赤脚医生等）、教育、文娱康乐、儿童护理等服务项目。农村居民所依托社队的集体福利，虽然福利项目少、福利水平低，但在人民公社时期农村集体福利长期运行，并支撑着农村经济和社会发展。

此外，对于那些无法得到单位与集体保障的"三无"人员，政府还建立了民政福利制度，对其基本生活进行保障。如通过建立社会福利院与养老院收养孤老，为其提供生活照料、医疗康复、老人食堂、文娱活动等服务；通过建立儿童福利院与婴幼院收养社会弃婴、孤儿与流浪儿童，为其提供文化教育、劳动教育、思想教育、保育、抚养、治疗等不同的服务；通过举办精神病人福利机构收养"三无"精神病患者，为其提供供养服务和生活管理服务。1978年，全国建有社会福利院577个，收养人员3.8万人；儿童福利院49个，收养婴幼儿童0.4万人；精神病人福利院102个，收养精神病患者1.5万人。总体而言，这一时期社会福利主要通过生产单位来提供。民政福利在社会福利制度框架中起补充作用。

三、转型期社会福利的社区化与社会化（1978—1999年）

改革开放以来，伴随着经济与社会结构的转变，许多新的社会问题不断出现，人们对社会服务的需求日益提升。计划经济时期单位福利（集体福利）为主，民政福利为辅的制度框架受到了挑战。这一时期的主要标志是明确社会福利社区化与社会化成为城乡社会福利改革的主要方向。

四、新世纪以来多层次社会福利框架形成（2000年至今）

这一时期的主要标志是老年人、残疾人、儿童福利项目日渐完善，农村社会福利制度得到快速发展，社会福利的管理体制不断优化。

［资料来源：林闽钢，梁誉.我国社会福利70年发展历程与总体趋势［J］.行政管理改革，2019（7）：4–12.］

（四）社会优抚

社会优抚是国家和社会按照规定对法定的优抚对象提供确保一定生活水平的特殊社会

保障制度。根据我国《军人抚恤优待条例》规定，抚恤优待对象为现役军人、服现役或者退出现役的残疾军人，以及复员军人、退伍军人、烈士遗属、因公牺牲军人遗属、病故军人遗属、现役军人家属；内容涉及死亡抚恤、残疾抚恤、优待等。

军人的抚恤优待，实行国家和社会相结合的方针，保障军人的抚恤优待与国民经济和社会发展相适应，保障抚恤优待对象的生活不低于当地的平均生活水平。全社会应当关怀、尊重抚恤优待对象，开展各种形式的拥军优属活动。国家鼓励社会组织和个人对军人抚恤优待事业提供捐助。

国家和社会应当重视和加强军人抚恤优待工作。军人抚恤优待所需经费由国务院和地方各级人民政府分级负担。中央和地方财政安排的军人抚恤优待经费，专款专用，并接受财政、审计部门的监督。

二、政府介入社会保障的理由

（一）保障公民基本权利的需要

在人类进步和发展过程中，生存权、健康权、居住权、受教育权、工作权等逐渐成了社会公民的基本权利，是社会文明不可或缺的。而在市场经济条件下，市场是以"利润最大化"为目标提供产品的，从而市场不可能有效提供公民需要的基本权利。因此，政府必须负起责任，通过社会保障制度的安排，满足社会公民的基本权利需要。

（二）克服保险市场存在的"逆向选择"的需要

商业保险市场上存在严重的信息不对称问题，投保人对自身的健康状况了解，要远远超过保险公司，结果就会出现逆向选择问题，使得出售保险变得无利可图。极端地说，风险低的人群是不愿投保，只有那些风险高的人才会选择购买保险，使得出售保险不可行。而实行强制性的社会保险，可以消除逆向选择问题，使得互济性功能极大地增强。

（三）实现收入公平分配的需要

在市场经济条件下的资源配置无法实现收入的公平分配，所形成的两极分化现象会不断加剧，不仅会对经济的运行和发展造成损害，也有可能引发大规模的社会危机。而社会保障通过财政拨款、社会成员资金的缴纳和保障的给付，把一部分高收入社会成员的收入转移到一部分生活陷入困境的社会成员手中，从而弥补了市场在收入分配上的缺陷，实现了公平分配的目标。在现代经济条件下，社会保障已成为市场经济的"自动稳定器"和"安全网"，成为政府进行宏观调控的重要手段之一。

（四）家长主义的表现

社会保障是一种优质品，由于个人缺乏远见，不能正确评价这一特殊商品所带来的效用，使得个人对其消费意愿偏低。因此，政府通过强制手段，增加个人对保险的消费，防止社会成员在现在或未来的安排上由于选择不当，没有为未来积累足够的财产而造成的贫困现象，这其实就是政府的家长主义的表现。

三、社会保障基金的来源与筹资模式

（一）社会保障基金的来源

世界上大多数国家实行由政府、企业（雇主）和个人三方面共同负担的办法来解决社会保障基金的来源。

1. 政府财政预算支出

这是政府财政预算中安排的一部分资金，主要用于社会保障事业方面的开支，这是社会保障基金中一项重要的和稳定的来源。那些针对贫困人群的救济性补助支出，包括社会救济、社会福利、优抚安置等，社会保障基金的筹集主要应该由政府承担。至于社会保险基金的筹集，主要还是依靠企业和职工个人的缴费，国家只作为支持者、后盾的角色出现。

2. 企业（雇主）缴纳的社会保障费

这是企业（雇主）为职工缴纳的社会保障支出，是社会保障基金的一项重要来源。

3. 个人缴纳的社会保障费

这是个人缴纳的用于社会保障的支出，也是社会保障基金的重要来源。企业（雇主）和个人缴纳的社会保障费，有些国家通过征收社会保障税的形式进行，由企业（雇主）和取得工资收入的职工各缴纳一定的比例，采取"源泉扣缴法"课征。根据我国社会保障制度改革的总体目标和要求，我国主要采取由企业与个人共同负担社会保障费的办法，并实行养老、医疗保险的社会统筹与个人账户相结合。

4. 社会保障基金投资收益

社会保障基金通过专业机构投资活动取得的投资收益，是社会保障基金保值增值的重要途径，也是抵御货币贬值的重要手段。

5. 社会捐助

社会各界对社会保障的捐赠行动，不仅可以增加我国社保基金的存量，又可以提高捐赠企业社会知名度和捐赠人士的公众美誉度，还可以通过资金的二次分配来调整我国的贫富差距。因此，政府应该通过舆论力量，大力宣传社保基金对广大人民群众的重要性，以获得更多的捐赠资金。

（二）社会保障基金的筹资模式

世界各国社会保障基金的筹资模式主要有 3 种，即现收现付制、完全基金制和部分基金制。

1. 现收现付制

现收现付制（pay-as-you-go）又称边进边出式，即根据当期支出需要组织收入，本期征收，本期使用，不为今后的保障支出储备资金。这是一种代际养老模式，即支付给退休

者的养老金来自正在工作的一代人交纳的保险费。其特点是管理方便，收支关系清楚，在计划开始初期收费率低，以后随着支出规模的扩大，收费率逐步提高，否则会造成财政的沉重负担。

2. 完全基金制

完全基金制（fully funded）又称储备积累式，即在预测未来时期社会保障支出需求的基础上，预提社会保障基金，并进行储备积累。这是一种自我养老模式，即一个人退休后领到的养老金，来自自己工作时所交纳的保险费。其特点是在较长的时间内收费率相对稳定，并在一定时期内可形成大量的储备金，但初始费率较高。但是，由于时间过长，计划初期收费率较高，储备基金容易受到通货膨胀的威胁。

3. 部分基金制

部分基金制（partially funded）是根据分阶段收支平衡的原则，在满足本期支出需要的前提下，留有一定的储备基金，据以确定收费率，实施初期费率较低，以后逐步提高，保持阶段性稳定。它是介于现收现付制和完全基金制之间的一种筹资模式，按照世界银行的标准，一个非完全基金制的养老保险的储备金可以满足 2 年以上的养老金支出的需要。

四、我国社会保障支出的现状

社会保障支出是指政府通过财政向丧失劳动能力、失去就业机会、收入未能达到应有的水平，以及由于其他原因而生活面临困难的公民，给予货币或实物形式的帮助，提供基本生活保障的支出。全国财政社会保障支出科目统计口径、科目变动是比较大的，从最开始的 3 个科目支出，到 1978 年调整为 4 个科目，1985 年调整为 5 个科目，2007 年调整为 6 个新科目，2007 年以后，统计口径和科目基本不变，因而主要选取 2007 年以来的数据进行分析。

我国社会保障支出规模一直处于上升态势。从 1997 年的 328.42 亿元到 2007 年的 5447.16 亿元，10 年增长了近 16 倍。但是如果考虑到职工人数只占全国劳动力人口的 1/4 左右，另外 3/4 的劳动力人口几乎不享受社会保障待遇或待遇很低，所以总体来说，当时我国的社会保障绝对水平是很低的。而从 2007—2019 年的社会保障发展情况看，我国的社会保障支出高速增长，年均增长接近 30%，我国社会保障水平开始了量到质的飞跃（见表 5-6）。

表 5-6　2007—2019 年全国财政社会保障支出情况

年份	财政总支出／亿元	财政社会保障支出						
		合计／亿元	财政对社会保险基金的补助／亿元	行政事业单位离退休／亿元	就业补助／亿元	城市最低生活保障／亿元	自然灾害救助／亿元	农村最低生活保障／亿元
2007	49781.35	5447.16	1275.00	1566.90	370.90	296.04	91.57	109.10
2008	62592.66	6804.29	1630.88	1812.49	414.55	411.73	56.92	228.70
2009	76299.93	7060.68	1776.73	2092.95	511.31	517.85	122.82	263.00

年份	财政总支出 / 亿元	财政社会保障支出						
		合计 / 亿元	财政对社会保险基金的补助 / 亿元	行政事业单位离退休 / 亿元	就业补助 / 亿元	城市最低生活保障 / 亿元	自然灾害救助 / 亿元	农村最低生活保障 / 亿元
2010	89874.79	9130.62	2309.80	2353.55	624.94	539.53	333.73	446.59
2011	109247.80	11109.40	3152.19	2737.75	670.39	675.06	231.65	665.48
2012	125952.97	12585.2	3828.29	2848.84	736.53	666.36	272.02	698.71
2013	140212.0	14490.4	4403.14	3208.43	822.56	763.38	240.91	861.04
2014	151785.56	15968.65	5042.83	3668.01	870.78	737.47	210.47	869.00
2015	175877.77	19018.69	6596.19	4360.95	870.93	753.81	195.52	911.36
2016	187755.21	21591.45	7634.54	5235.64	784.98	716.25	273.15	941.34
2017	203085.49	24611.68	7448.66	7578.95	817.37	572.24	192.38	903.59
2018	220904.13	27012.09	8271.39	8529.86	845.19	525.68	126.49	936.81
2019	238858.37	29379.08	8633.04	9687.59	916.17	461.70	—	991.43

注：财政社会保障支出合计数与各分科目不一致，主要由于其他社会保障支出项目未能统计在内。

资料来源：根据国家财政部（http://www.mof.gov.cn）2007—2019年《全国一般公共预算支出决算》相关数据整理。

财政社会保障支出最多的是"财政对社会保险基金的补助"和"行政事业单位离退休"两个科目。2019年，"财政对社会保险基金的补助"和"行政事业单位离退休"两个科目分别占当年财政社会保障总支出的29.38%和32.97%。"就业补助"平均占比约为6.36%，"城市最低生活保障"平均占比约为5.91%，波动较小；"农村最低生活保障"占比平均为4.49%，虽然2007年占比为2.00%，主要是该项制度处于试点阶段，制度没有全面铺开，政策效应未能全面释放，如果剔除这一因素，从2010年起计算，该科目占比也达到5.59%。

财政城乡居民最低保障支出不断增长，较大程度上保障了城乡低收入者的生活水平。"城市最低生活保障"和"农村最低生活保障"为2007年新设科目，主要用于城市、农村的弱势群体的最低生活保障费。从2007—2019年，财政城镇居民最低生活保障支出和财政农村最低生活保障支出在保障人数和人均支出上都有了很大的变化。2019年城镇居民最低生活保障支出的保障人数为860.9万人，人均支出为5362.99元；农村最低生活的保障人数达到了3455.4万人，人均支出为2869.22元，极大地改善了低收入居民的生活水平。具体如表5-7所示。

表5-7　财政城乡居民最低生活保障支出情况

年份	财政城镇居民最低生活保障支出			财政农村最低生活保障支出		
	总额 / 亿元	保障人数 / 万人	人均支出 / 元	总额 / 亿元	保障人数 / 万人	人均支出 / 元
2007	296.04	2272.1	1302.94	109.10	3566.3	305.92
2008	411.70	2334.8	1763.32	228.70	4305.5	531.18
2009	517.85	2345.6	2207.75	263.00	4760.0	552.52
2010	539.53	2310.5	2335.12	446.59	5214.0	856.52
2011	675.06	2276.8	2964.95	665.48	5305.7	1254.27

续表

年份	财政城镇居民最低生活保障支出			财政农村最低生活保障支出		
	总额／亿元	保障人数／万人	人均支出／元	总额／亿元	保障人数／万人	人均支出／元
2012	666.36	2143.5	3108.75	698.71	5344.5	1307.34
2013	763.38	2064.2	3698.20	861.04	5388.0	1598.06
2014	737.47	1877.0	3926.48	869.00	5207.2	1668.91
2015	753.81	1701.0	4432.69	911.36	4903.6	1858.55
2016	716.25	1480.2	4837.18	941.34	4586.5	2052.41
2017	572.24	1261.0	4537.99	903.59	4045.2	2233.73
2018	525.68	1007.0	5220.26	936.81	3519.1	2662.07
2019	461.70	860.9	5362.99	991.43	3455.4	2869.22

资料来源：根据国家财政部（http://www.mof.gov.cn）2007—2019 年《全国一般公共预算支出决算》、国家民政部（http://www.mca.gov.cn）《2019 年民政事业发展统计公报》相关数据整理。

我国二元结构的社会保障体制，造成"城市居民最低生活保障"与"农村最低生活保障"在保障待遇上存在着差异。2007 年城镇居民最低生活保障人均支出是农村最低生活保障人均支出的 4.26 倍，2019 年这一比例缩小为 1.87 倍。

➤➤ **本章小结**

1．教育属于具有外部效应的混合产品，政府应承担一定的经费支出。但不同教育层次的外部性程度不同，因此，政府在不同教育层次中的出资责任并非完全相同。初等教育的外部收益更加明显，政府在初等教育中的责任相应地也更大些。

2．保证每个公民享有基本的教育服务，促进社会公平是政府进行教育支出的另一重要原因。我国教育支出存在的问题依然明显，需要进一步完善。

3．政府投资是市场经济体制改革中非常重要的内容，基础设施不但可以促进国民经济的发展，而且还会影响收入分配，缩小贫富差距，所以基础设施是政府投资的一个重点。

4．财政投融资是一种政策性投融资，它将财政融资的良好信誉与金融投资的高效运作有机地结合起来。财政投融资以国家产业政策为目标，资金使用具有政策性强、社会效益大、盈利低、风险大等特点，资金由专门机构管理。

5．PPP 是目前我国基础设施投资的主要方式之一，近年来在 PPP 制度建设、政策推进等方面取得非常大的成就，是我国未来加大政府投资时有益的改革方向。

6．社会保障是指政府通过立法，采取强制手段对社会成员在生、老、病、死、残、丧失劳动力或因自然灾害面临生活困难时提供的基本生活保障。它的内容体系由社会保险、社会救济、社会福利、社会优抚和社区服务五大类构成，其中社会保险是社会保障制度的核心，具体包括养老保险、医疗保险、失业保险、工伤保险及生育保险等。

7．政府介入社会保障的理由有：社会保障均等化体现了对公民基本权利的保障，克服保险市场存在的"逆向选择"的需要，实现收入分配公平的需要，家长主义的表现。

8.社会保障资金的筹资模式有3种：现收现付式、部分基金式和完全基金式。由于对未来的不确定性短期内难以预测，失业保险、医疗保险、疾病保险等宜实行现收现付制。

➤ **重要概念**

公共教育支出　政府投资　基础设施　PPP模式　财政投融资　社会保障　社会保险　社会救助　现收现付式　完全基金式　道德风险　逆向选择

➤ **思考题**

1.简述政府支持教育的理论依据。

2.为什么长期以来我国的公共教育资源供给严重不足，谈谈自己的看法。

3.政府为什么要提供基础设施？应该如何为基础设施筹集资金？

4.简述基础设施的特点。

5.我国基础设施领域中存在哪些问题？原因是什么？

6.在基础设施经营中如何引入市场机制，谈谈自己的看法。

7.简述政府介入社会保障的理由。

8.阐述社会保险与商业保险的区别。

➤ **参考文献**

陈林.财政社会保障支出规模对城乡居民收入再分配影响分析[J].管理研究2018（2）：42-56.

邓淑莲.中国基础设施的公共政策[M].上海：上海财经大学出版社，2003.

联合国教科文组织.为了21世纪的教育：问题与展望[M].北京：教育科学出版社，2002.

林闻钢，梁誉.我国社会福利70年发展历程与总体趋势[J].行政管理改革，2019（7）：4-12.

姬婷.城市交通基础设施投融资模式研究：以杭州市为例[D].上海：上海财经大学，2007.

杨省世.我国公路基础设施建设融资渠道拓展研究[J].经济社会体制比较，2008（5）：119-123.

袁志刚.养老保险经济学[M].上海：上海人民出版社，2005.

翟博.中国基础教育均衡发展实证分析[J].教育研究.2007（7）：22-30.

目本章测试

第六章
税收收入

➤ **学习目标**

税收收入是财政收入的最主要形式。通过本章学习，要求学生掌握税收的特征、作用和原则，领会税收制度的要素，分析和评价我国税制改革的历史演进，了解我国税制改革的方向。

➤ **案例导入**

饱受争议的法国"巨富税"

2012 年，弗朗索瓦·奥朗德（François Hollande，以下简称奥朗德）任法国总统，这是一位出身社会党的左派总统。奥朗德最著名的政策是"巨富税"，正式名称为"特别团结捐税"，由奥朗德在 2012 年一次竞选集会上提出，2013 年 10 月正式通过法案。该项税收将对法国年收入百万欧元以上的高收入群体，征收最高达 75% 的税收。一时之间，人神共愤，很多企业家纷纷移民，如当时的法国首富、路易·威登集团老板为此申请了法国和比利时双重国籍，著名演员杰拉尔·德帕迪约也为此申请了俄罗斯国籍。当时，英国政府对法国人的愚蠢政策冷嘲热讽，卡梅伦公开表示，要"铺开红地毯"欢迎那些因"巨富税"而转移到英国的法国企业。事实上，"富人税"只在 2013 年和 2014 年里征收了，法国政府一共收取了超过 4 亿欧元税款，但这对于法国数十亿欧元的赤字而言远远不够。因此，在议会投票通过的 2015 年财政预算中，"巨富税"已经不见踪影。

（资料来源：中国经济网，http://intl.ce.cn/specials/zxgjzh/201301/14/t20130114_24023593.shtml）

请思考：

1. 税收制度的设计需要考虑哪些因素？

2. 世界各地朝令夕改的"短命"税制有哪些？

第一节　税收概念与特征

一、税收的含义

税收是什么？学界对于税收的理论依据归纳起来有 4 种不同看法。

（一）交换税

税收是我们为文明社会支付的对价。

——奥利弗·温德尔·霍姆斯 [1]

人民享受公共支出的福利，必须支付相应的代价，所以人民纳税是为了提供国家财政支出的经济来源。换句话说：国家提供人民福利，人民对政府纳税，彼此交换，称为交换税。

（二）保险税

公民所付出的自己财产的一部分，以确保他所余财产的安全或快乐地享用这些财产。

——孟德斯鸠 [2]

国家的责任在于保护人民的生命财产安全，所以国家的地位如同保险公司，人民如被保险人，纳税相当于支付保费。

（三）公共需求税

人民为公共事业缴纳税款，无非是为了换取和平而付出代价，分享这一和平的福利部门，必须以货币或劳动之一的形式为公共福利，做出自己的贡献。

——托马斯·霍布斯 [3]

政府活动主要是为社会公众提供福利，而支出需要经费，应由全体国民以税收的方式共同分担，因此国家征税，主要是基于社会对公共支出的需要。

（四）牺牲税

人民拿出自己一部分私有收入，给君主或者国家，作为一笔公共收入。

——亚当·斯密

国家基于公共活动的需要，向人民强制征税，对人民而言，纳税是一种义务，对国家而言，则是公共权力的施展，两者之间不存在私人回报的关系，因为人民纳税纯粹是义务，并不期待任何具体的回报。

综上观点，税收可以理解为：国家为满足社会公共需要，凭借公共权力，按照法律所规定的标准和程序，对个人或企业（法人）无偿征收货币或资源的总称。

---

[1]　奥利弗·温德尔·霍姆斯（Oliver Wendell Holmes, Jr., 1841—1935年），美国著名法学家，美国最高法院大法官。

[2]　孟德斯鸠（全名为夏尔·德·塞孔达·孟德斯鸠男爵，法语：Charles-Louis de Secondat, Baron de La Brède et de Montesquieu，1689—1755年），法国启蒙运动时期思想家、律师，西方国家学说及法学理论的奠基人。

[3]　托马斯·霍布斯（Thomas Hobbes，1588—1679年），英国政治家、哲学家，创立了机械唯物主义的完整体系，反对君权神授。代表作有《论政体》《利维坦》《论公民》。

二、税收的特征

政府取得财政收入的形式多样，除税收外，还有国债收入、罚没收入、行政事业性收费等，如图 6-1 所示。

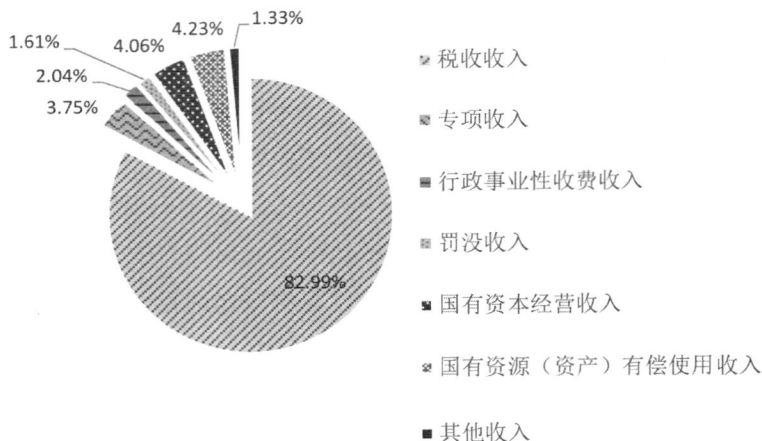

图 6-1　2019 年全国一般公共预算收入各类收入占比

税收的特征指税收收入有别于其他财政收入形式的特征，与其他财政收入形式相比，税收具有无偿性、强制性、固定性的特征，又称"税收三性"。

（一）无偿性

税收的无偿性是指国家取得税收时不需要支付任何代价，征税以后税收收入成为国家的财政收入，不再直接归还给纳税人。就政府与具体纳税人而言，权利和义务关系是不对等的。无偿性是税收的本质特性，它使税收明显地区别于国债等财政收入形式，这也决定了税收是国家筹集财政收入的主要手段，并成为调节经济和矫正社会分配不公的有力工具。

（二）强制性

税收的强制性是指税收是国家凭借政治权力（军队、法庭、监狱等），通过法律形式对社会产品进行的强制性分配。税收征收双方关系以法律形式确定，对双方都有法律约束力，并非纳税人自愿纳税，纳税是一种义务，纳税人必须依法纳税，否则会受到法律制裁。强制性是国家权力在税收上的法律体现，是税收最为明显的形式特点，是国家取得税收收入的基本前提。

（三）固定性

税收的固定性是指税收是国家通过法律形式、按照预先规定的标准进行征收，对什么征税、征多少税、由谁缴税、纳税时间与地点等必须事先明确，并保持税制相对的连续性和稳定性。即使税制要素的具体内容会因经济发展水平、国家经济政策的变化而进行必要改革和调整，但也总是要通过法律形式事先规定，而且改革调整后要保持一定时期的相对稳定，这也对税制的法制化提出了要求。

税收"三性"是一个完整的统一体，三者相辅相成、缺一不可。其中，无偿性是核心，强制性是保障，固定性是对强制性和无偿性的一种规范和约束。

📝 专栏6-1 明星"阴阳合同"背后的税收问题

针对网络上反映有关影视明星从业人员通过签订"阴阳合同"的涉税问题，国家税务总局高度重视，责成相关税务部门依法开展调查核实工作，如发现税收违法行为，严格依法处理。那明星收入究竟哪些涉及个人所得税？违反税收法律规定，又需要如何处理呢？

明星一般都会签约自己的经纪公司（含工作室等），由经纪公司承接电影、电视剧拍摄，以及广告代言、娱乐节目、商业走穴等活动，并由经纪公司和制作方、主办方进行费用结算，演员再根据与经纪公司签订的协议进行收入的分摊。

一、明星要缴纳哪些个人所得税？

1.因任职受雇于签约的演艺公司取得的固定工资、分成收入按照"工资薪金所得"缴税，最高税率45%。

2.若明星同时是演艺公司的股东，其取得公司税后利润分红，应按照"利息、股息、红利所得"纳税，税率20%。

3.若明星投资成立自己的个人独资企业、个体工商户性质的工作室，其取得的各项所得应按照"个体工商户的生产、经营所得"纳税，最高税率35%。

4.若明星在签约公司以外，单独以自己名义从事商业演出、拍摄广告，并自行结算的，同时应按照"劳务报酬所得"纳税，加成征收，最高税率40%。

5.若明星个人出书，则应按照"稿酬所得"纳税，税率20%。

二、不申报、不缴税会有什么后果？

1.演艺公司未按规定扣缴税款的责任：《税收征收管理法》第六十九条规定，扣缴义务人应扣未扣、应收而不收税款的，由税务机关向纳税人追缴税款，对扣缴义务人处应扣未扣、应收未收税款50%以上3倍以下的罚款。

2.明星个人未按规定期限办理自行申报的责任：《税收征收管理法》第六十二条规定，纳税人未按照规定的期限办理纳税申报和报送纳税资料的，或者扣缴义务人未按照规定的期限向税务机关报送代扣代缴、代收代缴税款报告表和有关资料的，由税务机关责令限期改正，可以处2000元以下的罚款；情节严重的，可以处2000元以上1万元以下的罚款

3.关于签订"阴阳合同"，编制虚假计税依据的责任：《税收征收管理法》第六十三条规定，纳税人伪造、变造、隐匿、擅自销毁账簿、记账凭证，或者在账簿上多列支出或者不列、少列收入，或者经税务机关通知申报而拒不申报或者进行虚假的纳税申报，不缴或者少缴应纳税款的，是偷税。对纳税人偷税的，由税务机关

追缴其不缴或者少缴的税款、滞纳金，并处不缴或者少缴的税款50%以上5倍以下的罚款；构成犯罪的，依法追究刑事责任。

《中华人民共和国刑法》第二百〇一条规定，纳税人采取欺骗、隐瞒手段进行虚假纳税申报或者不申报，逃避缴纳税款数额较大并且占应纳税额10%以上的，处3年以下有期徒刑或者拘役，并处罚金；数额巨大并且占应纳税额30%以上的，处3年以上7年以下有期徒刑，并处罚金。

扣缴义务人采取前款所列手段，不缴或者少缴已扣、已收税款，数额较大的，依照前款的规定处罚。

对多次实施前两款行为，未经处理的，按照累计数额计算。有第一款行为，经税务机关依法下达追缴通知后，补缴应纳税款，缴纳滞纳金，已受行政处罚的，不予追究刑事责任；但是，5年内因逃避缴纳税款受过刑事处罚或者被税务机关给予两次以上行政处罚的除外。

请思考：以上资料中能找出税收"三性"的作用吗？

（资料来源：中国经济网，http://views.ce.cn/view/ent/201806/04/t20180604_29331014.shtml）

第二节　税收原则

税收是为了维持国家的生存发展，是政府基于公共权力，配合政策目标及国民经济能力，依法征收的。税收与经济增长的关系不仅是征税的依据之一，也一直是经济学研究的重要课题。

一、税收与经济的关系

经济是税收的源泉，经济决定税收，税收反作用于经济。一方面，经济增长的规模、速度、质量、结构决定了税收总量、增长速度和税收结构；另一方面，税收作为重要的调控手段，通过税率、税负、税收优惠等在投资、消费、分配和结构调整等诸多方面对经济增长产生影响。

税收对经济增长的影响是双向的。从理论上看，如果不考虑税收使用，只考虑税收汲取对经济增长的影响，其影响方向一定为负，也就是说，宏观税负与经济增长负相关，对经济增长和投资存在一定的抑制作用。但如果考虑到税收作为财政收入的使用，又会促进经济增长。税收效应理论表明，政府通过征税，可以影响纳税人的消费、储蓄和投资行为，使其做出一种使自己获得最大化效用的理性选择，进而影响资源配置。税收与经济增长的相关理论有税收的收入效应与替代效应理论、宏观税负理论、税收弹性理论、平衡预算原理。

二、税收原则

税收原则是政府在建立税制及运用税收政策进行征税过程中应遵循的基本准则。税收原则不仅对税制设计和实施税收制度十分重要，也是判断一个国家税收制度优劣的标准。现代社会综合税收理论和实践的发展，可将税收原则归纳为：公平原则和效率原则。

📝 **专栏6-2 亚当·斯密的税收原则和阿道夫·瓦格纳的税收原则** ──────────

1.亚当·斯密的税收原则

亚当·斯密主张自由经济，他站在个人主义立场上的税收主张主要目的是使政府活动缩小到最低限度，并且税收的课征应该避免影响资本积累，从而阻碍经济增长。亚当·斯密提出了税收四原则。

（1）平等原则

平等原则是首要原则。人们依据个人能力来纳税，个人依照在国家保护下所获取的收入多少按比例纳税。

（2）确定原则

税法的内容应该简单明了，人们不至误解。税款征收的时间、地点、方法和数额都要使纳税义务人十分明确。

（3）便利原则

政府征税，必须站在纳税人的立场，稽征程序以便民为准则，务必斟酌适当的纳税期限和方法。

（4）最小征收费用原则

政府征税有成本，但该成本必须尽量节省，如征税手续和征收人员都应该精简，使人们所缴纳的税款最大限度地缴入国库，不至于浪费。

2.阿道夫·瓦格纳的税收原则

随着政府职能的扩张，税收的功能由消极转为积极，亚当·斯密的理论渐渐不符合时代需要，阿道夫·瓦格纳提出了不同的税收原则。

（1）财政收入原则

①税收充分原则：税收收入应满足政府活动的需要。

②税收弹性原则：税收收入必须保持弹性，以配合公共支出的增长需求。

（2）国民经济原则

①选择适当的税源：税源的选择不应侵蚀税本，应遵循"树果原则"，所得税应仅对新增的所得、孳息课税，否则侵蚀税本，如同伤了果树，将来的果实（所得）会减少，税收也会下降。

②选择适当的税种：税收会发生转嫁，通过交易过程和价格机制将税负转嫁给他人负担，使纳税义务人和负税人不是同一人。为了维持税收公平，应选择不易转

嫁或转嫁方向明确的税种为主。

（3）社会公平原则

①普遍原则：每个公民不分地位高低，都有纳税义务。

②平等原则：税收负担应力求公平合理，依据人们的纳税能力采用累计税率，高所得者税负重，低所得者税负轻，以符合社会的公平正义。

（4）税务行政原则

①确实原则。

②便利原则。

③最少征收费用原则。

（资料来源：根据相关资料整理）

（一）公平原则

税收公平原则指政府征税要使各个纳税人承受的负担与经济状况相适应，并使各个纳税人之间的负担保持均衡。

1.受益原则

受益原则是谁受益谁纳税。这是指人们分担政府提供的产品或服务的成本应该与其所享受的利益相一致，受益多者分担的成本亦多。如车船税和车辆购置税的设计。

2.支付能力原则

公平是税收的最基本原则。从支付能力原则来看，可将其公平看成"横向公平"和"纵向公平"。横向公平是指纳税能力相同的人应负担相同的税负；纵向公平是指纳税能力不同的人应负担不同的税负，即纳税能力越强，其承担的税负就越重，如个人所得税。

上述的税收公平主要指社会公平，在现代经济中，税收公平原则还应包括经济公平。税收的经济公平包括两个层次的内容：首先要求税收保持中性，即对所有从事生产经营的纳税人一视同仁，同等对待，以便为经营者创造一个合理的税收环境，促进经营者进行公平竞争，这类似于"横向公平"。其次是对客观上存在的不公平因素，如资源禀赋差异等，需要通过差别征税实施调节，以创造大体同等或公平的客观竞争环境，这相当于"纵向公平"。

（二）效率原则

税收效率原则是指政府征税需要综合考虑资源的有效配置和经济机制的有效运行，并不断提高税务行政效率。

1.行政效率

征税过程自身的效率，要求税收在征收和缴纳过程中耗费成本最小。税收行政成本包括征税人为征税花费的征收成本，也包括纳税人为纳税而耗费的纳税成本。

2.经济效率

一般而言，在完全竞争市场的假设前提下，经济效率体现为税收中立原则，即要求政府在征税时，尽量减少对经济行为的扭曲，以不干扰市场资源的最适配置为据。因此，政府应选择合理的征税对象和征税方式，以使税收的额外负担最小，以尽可能保持税收中立。

第三节　税收负担与税负转嫁

目 1994—2018
我国不同口径
宏观税负情况

一、税收负担

税收让纳税人付出代价。这个代价一方面来看，是纳税人付出的税款额度，另一方面来看，是纳税人会因为征税而扭曲自身的经济决策。

（一）宏观税负

税收必然给纳税人造成损失，政府课税必然会形成税收负担。税收负担是指由于国家征税而对纳税人造成的经济负担程度或水平。乍看起来，纳税人的税收负担等于国家的税收收入，宏观税负（宏观税负＝税收总量／GDP）是常用的衡量指标。

但不妨进一步思考：如果政府的税收收入为零，是否意味着没有税收负担？

（二）税收的超额负担

税收的超额负担是指征税所产生的社会福利损失。即税收会扭曲人们的决策，从而带来税收以外的福利损失。

税收一般会产生两种效应：收入效应和替代效应。税收的收入效应是指在相对价格不变的情况下，因个人收入发生变化而对福利水平产生的影响，即资源从纳税人转移到政府。税收的替代效应是指在个人收入水平不变的前提下，因税收改变了相对价格而产生的对个人福利水平的影响，因为相对价格的改变如果改变了消费者的决策，即会扭曲消费者的决策，从而产生税收的超额负担。

二、税负转嫁与归宿

税负转嫁与归宿主要是研究税收负担转移的过程、机制及税收负担的最终承担者等问题，并借此深入分析和判断国家征税对于国民收入分配及社会经济活动参与者行为和决策的影响，如图6-2所示。

政府征税　→　税负转嫁　→　税负归宿

图6-2　税负转嫁和归宿的简明关系

（一）税负转嫁的含义

税负转嫁归根结底是要回答：缴纳税款的人是否是最终承担税款的人？税负转嫁可以

定义为：税法上规定的纳税人通过经济交易中的价格变动，将自己所缴纳的税款部分或全部转移给他人负担的一个客观经济过程。其包含以下 3 个重点。

（1）税收转嫁是纳税人的理性选择，其目的是实现个人利益最大化。

（2）价格变动是税负转嫁的唯一途径。

（3）纳税人与负税人部分或完全的分离是税负转嫁的必然结果。

（二）税负归宿

如果税负转嫁回答了缴纳税款的人是否是最终承担税款的人，那么税负归宿就是最终解决"究竟谁负担了税收？"的问题。税负归宿是指税负经过转嫁的最终落脚点。税负归宿理论对于税收政策选择有重要意义，税收政策的作用取决于税负归宿的分布。

税负归宿分为法定归宿和经济归宿。法定归宿是指根据税法应该负有纳税义务的承担者，即纳税人，经济归宿是指税收负担的最终承担者，即负税人。纳税人和负税人两者之间的差异表明了税负转嫁的程度。其中可能会发生的情况有：经过一次转嫁或经过多次转嫁。出现的结果有：完全转嫁和部分转嫁。

（三）税负转嫁的形式

基于纳税人天然存在税负转嫁的愿望和商品价格是由供求关系决定的自由浮动这两点原因，税负转嫁一定会不同程度地存在。另基于税种属性、供求弹性、课税范围、生产者的谋求利润目标这 4 点影响因素，税负转嫁存在 5 种形式。

1. 前转

前转也称顺转，是指纳税人将其所纳税款顺着商品流转的方向，通过提高商品或者生产要素价格的办法，转嫁给商品或生产要素的购买者或最终消费者负担，是卖方将税负转嫁给买方负担，通常通过提高商品售价的方式来实现。

2. 后转

后转也称逆转。税负转嫁的运行方向与经济活动的方向相反。即纳税人以压低购进价格的办法，向后转移给要素提供者。

3. 混转

在复杂的现实经济活动中，单纯的前转或后转并不多见，更多的是在实际经济条件的约束下，纳税人将自己缴纳的税款分散转嫁给了多方负担。混转不是一种独立的税负转嫁方式，而是前转和后转的结合运用，如图 6-3 所示。

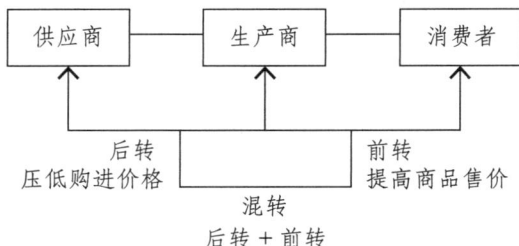

图 6-3　混转简明示意

4. 消转

消转也称税收转化，是指纳税人通过改善自身的经营管理水平、更新生产技术方式等办法，使得税收负担在经济效益提高的过程中得以消化。在这种情况下，纳税人并没有把税收负担转嫁给他人。

5. 税收资本化

税收资本化也称资本还原，即在特定商品的交易活动中，纳税人以压低资本品购买价格的方式将所购资本品可预见的未来应纳税款从所购资本品价格中做一次扣除，从而将税负全部或部分转嫁给资本品出卖者。可视为一种特殊的后转。此种方式在二手房交易中较为常见。

影响税负转嫁的各种因素如表 6-1 所示。

表 6-1　影响税负转嫁的各种因素

效果	辖区		市场形态		税收性质		税基		课征阶段		税收种类		征税方式	
	大	小	完全竞争	垄断	直接	间接	大	小	生产	零售	所得税	流转税	从价	从量
容易转嫁	√			√		√	√			√		√	√	
不易转嫁		√	√		√			√	√		√			√

第四节　税收制度与税制模式

一、税收制度的含义

税收制度是国家以法律、法规、规章等颁布的各种税收法令和税收征收管理办法的总称，用以规范征税机关、纳税人及其他相关单位和个人所有涉税的行为。税收制度的内容包含 3 个层次。

（一）税种

不同的税制要素构成税种。构成税种的要素主要包括纳税人、征税对象、税目、税率、纳税环节、纳税期限、减税、免税、法律责任等。为体现税收的公平原则和效率原则，不重复征税，要求不同的税种设计必须要有相互区别的税制要素。

（二）税收制度

不同税种构成税收制度。可以先思考一个问题：国家可不可以实行单一税制？单一税制意为只征收一种税。在现代社会，单一税制无法执行，因为经济发展迅速，经济形式多样，如果对地产征税，人们会将地产换成黄金；如果对黄金征税，人们会将黄金换成白银……税负转嫁将无处不在，以至于彻底违背税收公平的原则。因此，现代国家根据经济发展的形势和需要，设计出不同的税种，如流转税类、所得税类、财产税类、资源税类等，不同的税种共同构成一国的税收制度。

（三）税收征收制度

税收征收制度是指一系列规范税款征收程序的法律法规，如《税收征收管理法》《行政处罚法》《行政许可法》《行政强制法》《发票管理办法》等。

二、税收制度的要素

税收制度的要素是指各种单行税法具有的共同基本要素的总称，包括基本要素和其他要素。

（一）基本要素

纳税人、征税对象和税率是税收的基本三要素。

1. 纳税人

纳税人即对谁征税？纳税人是税法规定的直接负有纳税义务的单位和个人，也称纳税主体。纳税人包括自然人和法人，自然人是指有民事权利和义务的主体，包括本国公民，也包括外国人和无国籍人，不具备法人资格的独资企业和合伙企业也属于自然人的范畴。法人主要有4种：机关法人、事业法人、企业法人、社团法人。与纳税人经常容易混淆的一个概念是负税人。负税人是指最终负担税款的单位和个人，它与纳税人有时是一致的，如在税负不能转嫁的条件下；有时是分离的，如在税负可以转嫁的条件下。

与纳税人紧密联系的有代扣代缴义务人和代收代缴义务人。前者指虽不承担纳税义务，但依照有关规定，在向纳税人支付收入、结算货款时有义务代扣代缴其应纳税款的单位和个人，如单位代扣代缴职工的个人所得税。代收代缴义务人指虽不承担纳税义务，但依照有关规定，在向纳税人收取商品或劳务收入时，有义务代收代缴其应纳税款的单位和个人。

2. 征税对象

征税对象即向什么征税？征税对象又叫课税对象、征税客体，是指税法规定对什么征税，是征纳税双方权利义务共同指向的客体或标的物，也是区别一种税与另一种税的重要标志。如车辆购置税的征税对象是车辆，房产税的征税对象是房屋等。征税对象是税法最基本的要素，体现着征税的最基本界限，决定着某一种税的基本征税范围，同时征税对象也决定了各个不同税种的名称。征税对象按其性质不同，通常可划分为流转额、所得额、资源、财产、特定行为等五大类，即我们通常所说的流转税、所得税、资源税、财产税、特定行为税。

与征税对象相关的两个概念为税目和税基。简言之，税目是征税对象的具体化，反映具体的征税对象，是对课税对象质的界定。有的税种不分课税对象的具体项目，一律按照课税对象的应税数额采用同一税率计征税款，如企业所得税。有些税种具体课税对象比较复杂，需规定税目，如关税、消费税等。

税基又叫计税依据，是据以计算征税对象应纳税款的数量依据，是对课税对象量的规定。即

$$应纳税额 = 税基 \times 税率$$

计税依据按照计量单位的性质划分，可分为：价值形态和物理形态，价值形态具体包括应纳税所得额、销售收入、营业收入等；物理形态具体包括面积、体积、容积、重量等。以价值形态为税基，称为从价计征，即按征税对象的货币价值计算。以物理形态为税基，称为从量计征，即按征税对象的自然单位计算。

3. 税率

税率即征多少税？税率是对征税对象的征收比例或征收额度，是衡量税负轻重与否的重要标志。全世界范围来看，税率主要形式有以下几种（见表6-2）。

（1）比例税率

这是对同一征税对象，不分数额大小，规定相同的征收比例。在现实中又分3种具体形式：单一比例税率、差别比例税率、幅度比例税率。

（2）定额税率

这是按征税对象确定的计算单位直接规定一个固定的税额。适用于从量计征的税种。

（3）累进税率

这是指随着征税对象数量的增大而随之提高的税率，即按征税对象数额的大小划分为若干等级，不同等级的课税数额分别适用不同的税率，课税数额越大，适用税率越高。可以分为按额累进和按率累进，并进一步划分为全额累进税率、超额累进税率、全率累进税率和超率累进税率。

表6-2　主要的税率形式

税率形式		含义
比例税率	单一比例税率	对同一纳税对象的所有纳税人同一比例征税
	差别比例税率	对同一纳税对象的不同纳税人不同比例征税
	幅度比例税率	各地区可在最低税率和最高税率之间确定税率
定额税率		按征税对象确定的计算单位规定一个固定税额
累进税率	全额累进税率	按征税对象数额划分成若干等级，对每个等级规定相应税率，课税对象按税基达到的最高级距对应的税率纳税
	超额累进税率	按征税对象数额划分成若干等级，对每个等级规定相应税率，课税对象依所属等级同时适用的几个税率分别计算税基达到的最高级距对应的税率纳税
	全率累进税率	按征税对象数额相对率划分成若干等级，对每个等级规定相应税率，课税对象按税基达到的最高级距对应的税率纳税
	超率累进税率	按征税对象数额划分成若干等级，对每个等级规定相应税率，课税对象依所属等级同时适用的几个税率分别计算税基达到的最高级距对应的税率纳税

（二）其他要素

1. 纳税环节

纳税环节即在哪里征税？纳税环节是指税法规定的征税对象从生产到消费的流转和交易过程中应当缴纳税款的环节。广义的纳税环节是指全部课税对象在再生产中的分布情况，如所得税分布在分配环节，资源税分布在资源生产环节，商品税分布在生产或流通环节。狭义的纳税环节是指应税商品在流转过程中应纳税的环节。

2. 纳税期限

纳税期限即什么时间征税？纳税期限是指税法规定的关于税款缴纳时间方面的法定期限，是税收固定性特征的体现。纳税期限包括税款计算期限和税款缴纳期限。税款计算期限可以分按次计算和按时间计算。税款缴纳期限是指税款计算期限结束后，税款缴入税务部门的期限。

3. 纳税地点

纳税地点即在哪里纳税？纳税地点是指纳税人缴纳税款的地点，是根据各个税种纳税对象的纳税环节和有利于税款的源泉控制而规定纳税人的具体纳税地点。

4. 税收优惠

税收优惠是指对某些纳税人和征税对象采取减少或者免予征税（减税、免税）的特殊规定。税收优惠是国家为了实现一定的经济、社会目的而采取的激励措施。税收优惠形式多样，有如直接减征应纳税额、直接降低税率、进行税基式减免税及出口退税等。

三、税制模式理论

税制模式是指国家依据自身的政治经济制度和经济条件确定税收在国民收入分配中的地位，从而分主次设置税类、税种所形成的整个税制调节的总体格局。因此，税制模式关系到一国的主体税类在一个较长时期内如何设置的问题。

（一）税制模式的特点与内容

税制模式具有高度概括性和整体性，集中反映税收制度的总体特征，其描述的对象为整个税制结构，并从税制内部表示各个税种之间的有机联系。税制模式包括两个层次的含义：第一层含义是指税收体系。即税种之间的相互关系和如何正确选择主体税种及其配套税种等内容；第二层含义是指税收结构，即税制要素之间的相互关系及其所处的位置，包括税种结构、税目结构及税率结构等内容。

（二）税制模式分类

回顾税收理论的发展历史，关于税收模式有两类：单一税制论和复合税制论。单一税制论主张一个国家的税制应由一个税类或少数几个税种构成，如单一的财产税、单一的所得税等。单一税制缺乏足够的弹性，难以满足筹集财政收入和调节经济运行的功能，所以并没有哪个国家真正实行过。目前，世界各国税制模式可划分为以下 3 类。

1. 以流转税为主体的税制模式

该类税制模式的主要特征是：在税制体系中，以流转税居主体地位，在整个税制中发挥主导作用，其他税居次要地位，在整个税制中只起到辅助作用。

（1）优点：①流转税伴随着商品和劳务流转行为的发生而及时课征，不受成本费用变化的影响，又不必像所得税那样要规定有一定的征收期，因此税收收入比较稳定，并能随着经济的自然增长而增长；②该税制模式很好地体现了税收的效率和中性原则，减少了征税带来的"超额负担"，更有利于市场机制发挥基础性作用；③便于征收管理。

（2）缺陷：①调节经济的功能相对较弱，特别是在抑制通货膨胀方面显得无能为力；②税收公平负担的原则也很难在该税制模式下体现。

2. 以所得税为主体的税制模式

该类税制模式的主要特征是：在税制体系中，所得税居主体地位。在西方的发达国家中，所得税的收入尤其是个人所得税的收入在整个税收收入中居主体地位。

（1）优点：①税收收入与国民收入关系密切，能够比较准确地反映国民收入的增减变化情况，税收弹性大；②所得税一般不能转嫁，税收增减变动对物价不会产生直接的影响；③所得税的变化对纳税人的收入，对消费、投资和储蓄等方面都有直接迅速的影响，比其他税种更能发挥宏观经济调节的税收杠杆作用；④所得税没有隐蔽性，对纳税人的税收负担清楚明了，比其他税种更能体现公平负担的原则，累进性质的所得税尤其如此。

（2）缺陷：①比较容易受经济波动和企业经营管理水平的制约，不宜保持财政收入的稳定；②稽查手续也复杂，要求较高的税收管理水平。

3. 双主体税制模式

这类税制模式的主要特征是：在税制体系中，流转税和所得税并重，收入比重几乎各占一半，相互协调、相互配合。这类税制模式的特点是兼容上述两种模式的各自优势，更好地发挥整体功能。这类税制模式多在一些中等收入的国家采用。

（三）税制模式的构建因素

如何构建税制模式，主要取决于两方面的因素：一是国家利用税收制度作用于经济生活所要达到的预期目标。二是税收制度的运行目标是贯穿于整个模式建立过程的一条主线。

世界各国大都采用由两个以上税种组成的复合税制。根据不同税种在税制中的地位不同，税收制度可以划分为以所得税为主体的模式，以流转税为主体的模式，以资源税为主体的模式，以及流转税和所得税双主体模式等。一个国家选择何种税制模式，要取决于诸多因素。主要如经济发展水平、经营管理和税收征管的素质、税源分布及其结构、国家在一定历史时期的政治经济目的，等等。我国现行税制属于以流转课税和以所得课税为主体、其他税种相配合的复合税制模式，如图 6-4 所示。

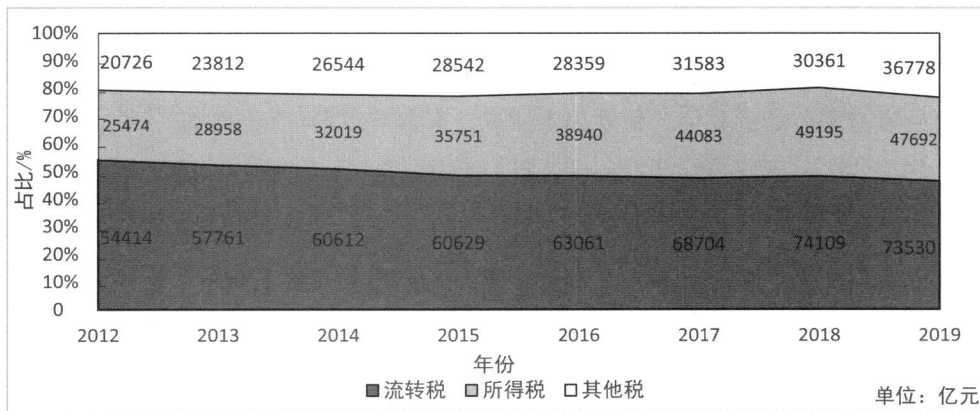

图 6-4　我国 2012—2019 年各类税收收入情况

（四）税制模式与税制结构的比较

税制模式在概念上与我们常说的税制结构有类同之处，并且是紧密联系、相互贯通的，习惯上也往往把两者混同使用。但实际上二者并不完全等同。

二者的区别在于税制模式的内容较为抽象，而税制结构的内容则较为具体。在一定程度上，税制模式是税制结构的理论抽象。它高度概括了基本税制结构质的规定性和根本框架，以及税制运行的主要原则，反映了税制结构最主要的和最基本的东西。而税制结构则是税制模式的总体格局在一些方面的具体化。它包含税类、税种、税制要素和征收管理层次及它们内部各种组合协调关系。这些具体内容和细节也是税制模式所未包括的。简言之，税制结构是税制模式的外在体现，税制模式是税制结构设计的内在理论。

（五）税制模式选择的制约因素

1.经济发展水平制约税制模式的选择

经济发展水平是决定税制模式的重要因素。经济发展水平不仅制约着税收占国内生产总值的比重和税收收入总量，而且也制约着税制中主体税种的选择、配置和协调，以及税目、税率的确定。据统计资料表明，人均国内生产总值越高，其宏观税负越大，税负也从生产流通领域向个人收入分配领域转化，税制也相应地由商品劳务税为主向所得税为主转化。一般来说，人均国民生产总值低的国家，人民仅能维持温饱，个人所得很少，不可能普遍征收个人所得税，只能实行以商品劳务税为主体的税制结构。根据国际经验，当人均国民生产总值达到或高于2000美元时，国民经济结构的变化会引起税制结构的变化，所得税比例随国民收入上升，商品劳务税比例则相对下降，是税制结构转换的一个经验性时机。由此可见，如果经济发展水平很低，人均国民收入水平不高，在一定时期内只能实行以商品劳务税为主体税类税制模式，随着经济发展水平的提高和国民收入的增多，再进行税制模式的调整。

2.经济运行机制的变化制约税制模式的选择

经济运行机制的变化制约着税制模式的变化，在市场经济条件下企业作为独立的经济利益主体，要平等地参与市场竞争，因而要求税制既要参与商品市场的调节，又要参与要素市场的调节，如果市场经济运行机制正处于发育阶段，市场体系和市场机制不健全，则税制模式的选择要适应客观实际情况，应主要选择针对性强，便于发挥特定调节作用和促进市场机制发育完善的商品劳务税作为主体税，来弥补市场机制的缺陷。另外，为鼓励公平竞争，解决收入分配不公问题，还应选择具有总量调节和稳定功能的所得税作为这一时期税制的重要组成部分。

3.税收运行目标制约税制模式的选择

税收运行目标是税收制度的灵魂，决定税制模式的建立。这一目标包括效率和公平，收入功能和调节功能两个方面。税制模式中主体税种的选择必须对其效率、公平、收入功能、调节功能方面的比较，进行合理的选择。最优课税理论认为，所得税适用实现公平分配目标，商品税适用实现经济效率目标。以效率优先作为税收运行目标一般应遵循税收中性原则，在市场经济条件下，税收的中性原则尤为重要，否则妨碍资源最优配置的实现。一般来说，以增值税为主体税种的商品劳务税能较好地遵循税收中性原则。反之，如果重公平轻效率，反映在税制结构上，就是调节功能较强的所得税地位显著加强，而商品劳务税的地位相对弱化。

4. 经济管理体制对税制模式的选择

税收作为一种分配形式，其税种的设置与管理、税种之间的协调配合等，是在一定的经济管理体制之下进行的，都必须符合经济管理体制的要求。也就是说有什么样的经济管理体制，就有什么样的税收管理体制。不同的税收管理体制下的税制模式是不同的。

5. 税收征管水平是选择税制模式的重要条件

税收征管水平对税制模式的选择和确定有着较大的影响，一国的税制模式必须与本国的税收征管水平相适应。选择以流转税为主体模式的国家，大多都是管理能力、技术水平相对落后的发展中国家，这些国家农业人口和城市非正式就业人口比重较大，难以控制，征收企业所得税和个人所得税的难度都很大。而所得税不仅要求经济的货币化和社会化程度很高，而且要求先进的管理手段和较高的技术水平。发达国家在经济管理、会计核算、税收征管上都比较先进，并且建立了电子计算机系统和网络，可以在保证效率的情况下，对众多的纳税申报表及相关纳税文书进行处理，因而发达国家多采用以所得税为主体的税制模式。

（六）我国税制模式的现实选择

作为经济转轨时期的发展中国家，我国的税制模式选择要能够体现经济发展的特征，与现阶段经济发展水平、社会经济结构相适应；能够充分发挥税收组织收入和调控经济的职能；能够更好地体现政府的政策意图和实现公平、效率的税收原则，能够体现不同发展阶段或"效率优先，兼顾公平"或"公平效率"的税制模式原则。即我国税制模式的选择应是在国情基础上的理性化选择。我国自1994年税制改革以后，逐步形成了以增值税为主的流转税在整个税制中的核心地位。随着经济的发展，社会经济结构的优化，城镇化进程的加快，我国税制模式应逐步向双主体税制模式过渡。

四、税制设计理论

税制设计是指政府决策者根据本国经济发展水平、税源分布状况、财政收入需要，以及征收管理的可能性，对税种、征税范围、计税方式、课税环节、税率等做出的抉择。

（一）税制设计的原则

从税收的本质属性和功能来看，税制设计需遵循3个原则，即取得稳定的财政收入、公平税负及简化税制。首先，取得稳定的财政收入，保证政府正常履行其职能是税制设计的首要目标；其次，公平税负以促进经济发展是税制设计的重要原则；最后，简化税制以提高效率是实现税制设计各项原则的保证。

（二）现行税制设计的主要不足

我国仍处在税制设计的进行期，现行税制仍存不足，主要体现为以下 5 点：第一，税种设计仍需完善，新兴产业和技术对税制边界提出了新的挑战；第二，双主体的税制结构能更好地发挥税收的整体功能，我国目前尚未形成双主体的税制结构；第三，由于间接税的比重大，税收转嫁的空间也大，因此税收负担的公平性亟待加强；第四，为更好地发挥税收对宏观经济的调控作用，税收调控力度仍需进一步加强；第五，"营改增"之后，地方税收体系仍在探索中，尚未构建。

（三）税制设计的途径

经济社会的发展对税制设计及优化不断提出更高的要求，我国仍需倾注力量不断改进税制设计。遵循税制设计的原则，可行的改进路径是：第一，优化税制，强调公平与效率的兼顾；第二，完善税制，营造和谐的税收环境；第三，加强法制，牢固树立税收法定的意识；第四，公开透明，增强税制设计效果。

✐ **专栏6-3 税制设计在价格调控中的作用** ——————————

在自然经济下，税收主要以劳役、实物等形式征收，同价格联系甚少；在商品经济下，税收主要以货币的形式征收，价格有着不可分割的联系。课税会使商品相对价格发生变化，进而影响生产者和消费者的决策。在市场有效领域，课税很可能会产生对资源配置的扭曲作用，带来效率损失，因此税制设计应保持"中性"，尽量不干扰生产者和消费者的行为。在市场失灵领域，价格对资源配置本身不再是最有效率的，此时税收调节就是必要和可行的。

1.税制设计在价格调控供求关系中的作用

价格是市场经济下调控供求关系的主要手段，但它对供给和需求的调节往往是逆向的。价格高可以刺激供给却抑制了需求；价格低可以刺激需求却抑制了供给。现实经济状况是复杂多样的，国家对社会供求关系的调节目标有多种组合，需要同时运用价格、税收、利率等多种杠杆进行调控。上面几种典型的供求关系调节，可以看出价格杠杆离不开税收，有时利用税收杠杆调节优于利用价格杠杆。

（1）利用高税率调控供给

对于某些限制消费的商品，根据需求法则应该提价，但高价会带来高利刺激供给。在欲同时抑制供求或供给一定的情况下，可以考虑征税的方式来提价，利用高税的方式来调控供给。

①国家限制生产和消费的商品，高税高价可以同时抑制供求。比如，为了节约木材资源、适度消费和保护环境，从2006年4月1日起征收实木地板和木制一次性筷子消费税。从市场反应来看，实木地板涨价明显，政策效果已经显现。木制一次性筷子则因税率低、税额少，不足以对其供求产生实质性影响。

②供不应求的商品，提价是符合供求关系的。但有的公共资源，本身价格已经很高，需求依然过量。想抑制对这类商品的消费，提价不如征税。如一些知名旅游景点由于不堪长期超负荷接待旅客而纷纷宣布提高门票价格，但其做法引起一片反对之声。究其原因，在于国内旅游景点的门票价格与世界上很多国家相比已不菲。这样，一方面要限制对旅游景点的过度消费，另一方面又不能靠纯粹的价格上涨。如何解决这一矛盾？从税制设计的角度可以得到一个双赢的结果。比如开征旅游资源消费税，国家可以将这部分税款用于提高公共福利，让那些没有享受到旅游资源的人也通过公共福利的提高而间接受益。

（2）对于国家鼓励生产的商品，根据供给法则应该提价，但为了实现在限制或降低价格的前提下扩大供给的调控目标，则需要考虑利用税收杠杆。

①在自然垄断行业，厂商会减少产量以抬高价格，使价格上升到边际成本之上，消费者的购买量减少到有效率的水平之下，导致资源配置的低效率，造成社会福利损失。对自然垄断的矫正，我国一直采用限价和补贴的方式。我国现行的税制设计基本上未考虑对自然垄断实行矫正税的调节，因此在税制设计时，可考虑设置"垄断管制补贴税"加以矫正。

②我国目前房地产市场需求的主体是广大工薪阶层，他们希望普通住宅的价格能有所降低。怎样在满足他们需求的同时又能扩大房地产商提供普通商品住宅的积极性？可以通过减税或税收优惠的方式来实现。现行《土地增值税暂行条例》规定纳税人建造普通标准住宅出售，增值额未超过扣除项目金额20%的，可以免征土地增值税。该规定使得房地产开发商愿意以低价提供普通标准住宅，应该说政策效果是不错的。未来的税制设计中可以以更多的优惠政策促进低价位、中小套型、普通商品住宅、经济适用房和廉租住房的供给。

（3）在特定的市场中，如果只采用价格机制会给社会带来较大的效率损失。对于有些商品如房地产，由于市场投机等不正常因素而使需求过旺、价格过高，许多人的合理需求由于价格畸形而得不到有效的满足。世界各国的经验表明，纯粹的市场机制往往导致高房价，而高房价会阻碍城市化进程，造成两极分化，给整个社会带来极大的福利损失，因而房地产行业成为国家进行宏观调控的重点对象。从我国目前房地产市场情况来看，税收调控可以发挥较大的作用。现行税制在房地产开发、取得、持有及转让各环节不够完善，尤其是持有环节税负过轻，导致囤积土地、住房空置等投机行为的大量存在。如果提高房地产持有环节的税负，将有利于抑制房地产过度投资需求和房价上涨。

2.税制设计在价格调控收入分配中的作用

价格机制可以对国民收入在不同经济主体之间进行分配。通过价格机制，获利的经济主体可以在提高经济效益的同时获得较多的收入分配额，而受损的经济主体在丧失经济效益的同时失去了一部分收入分配额。可以说,价格的每一次变动都会影响国民收入分配的结果。

如果国家不采用其他杠杆进行配合,价格调节收入分配的结果往往是导致收入分配的不公和两极分化不断扩大。

税收是调节收入分配的有力手段。为了减轻农民税负、提高农民收入,我国于2006年1月1日起废除了存在2000多年的农业税。现在农民负担是减轻了,但与世界其他国家相比,还有可以完善之处。在市场经济比较发达的国家,如英国,农民购进生产资料时所承担的增值税税款,国家是退还的。英国农民每年向税务局不是申报多少税而是申报退多少税。我国现在农民虽然不交农业税,但农民并非不承担任何税负。其在进行农业生产时就还承担着购进生产资料里含的增值税负。要彻底减轻这一部分税负,可以考虑减免农业生产资料企业的税负,使其成本降低进而降低农民购买时的价格,间接地增加农民的收入。

总之,设计合理的税制可以更有效地实现价格调控的目标。当然,千万不能落入税收万能论的错误之中。正确的指导思想应该是具体问题具体分析,综合利用税收和价格等经济杠杆,认真权衡才行。

(资料来源:根据相关资料整理)

第五节　我国税收制度概述

一、我国税制的历史演进

新中国的税制是以1950年1月公布施行的《全国税政实施要则》(以下简称《要则》)为标志而确立的。《要则》规定,除农业税外,全国统一开征14种工商税,以确保国家财政的需要,此后随着政治经济条件的不断变化,我国的税收制度也几经变革和修正,以改革开放为界,可将其分为改革开放前和改革开放后两个大的阶段,其中改革开放后的税制演变更需要多加关注和思考(见表6-3)。

表6-3　各阶段主要税制

阶段		流转税类	所得税类	资源税类	财产税类	行为税类
改革开放前	1949—1957年	货物税、工商业税、关税、特种消费行为税	薪给报酬所得税、存款利息所得税、农业税、牧业税	盐税	房产税、地产税、遗产税、船舶吨税、契税	印花税、交易税、屠宰税、使用牌照税
	1958—1977年	工商统一税、关税	工商所得税、农业税、牧业税	盐税	城市房地产税、船舶吨税、契税	屠宰税、车船使用牌照税

续表

阶段		流转税类	所得税类	资源税类	财产税类	行为税类
改革开放后	1978—1993年	增值税、消费税、营业税、关税	各类企业所得税、个人收入调节税、国营企业工资调节税、奖金税	资源税、盐税、城镇土地使用税	房产税	车船使用税、建筑税、筵席税、城市维护建设税
	1994—2000年	增值税、消费税、营业税、关税	企业所得税、个人所得税	资源税、城镇土地使用税	房产税、土地增值税	证券交易印花税、城市维护建设税
	2001年至今	增值税、消费税、营业税（2016年停征）、关税、烟叶税	企业所得税、个人所得税	资源税、城镇土地使用税、耕地占用税	房产税、土地增值税、契税、车船税	印花税、车辆购置税、城市维护建设税、环境保护税

（一）改革开放前的中国税制演变

1. 新中国税制建立和巩固的时期（1949—1957年）

这一时期，开始建立并实施新税制。根据当时的政治、经济情况，1950年1月30日，中央人民政府政务院发布《全国税政实施要则》，规定全国共设14个税种，即货物税、工商业税（包括营业税和所得税）、盐税、关税、薪给报酬所得税、存款利息所得税、印花税、遗产税、交易税、屠宰税、房产税、地产税、特种消费行为税和使用牌照税。此外，还有各地自行征收的一些税种，如农业税、牧业税等。后来又将房产税和地产税合并为城市房地产税，将特种消费行为税并入文化娱乐税和营业税，增加契税和船舶吨位税，试行商品流通税，农业税由全国人民代表大会常务委员会正式立法。

这8年期间，由于中国这套以多种税、多次征为特征的复合税制的建立和实施，对于促进国民经济的恢复和发展，保障革命战争的胜利，以及配合国家对于农业、手工业和资本主义工商业的社会主义改造，建立、巩固和发展社会主义经济制度，发挥了重要作用。

2. 中国税制曲折发展的时期（1958—1977年）

1958年，中国进行了第二次大规模的税制改革，其主要内容是简化工商税制，试行工商统一税，甚至一度在城市国营企业试行"税利合一"。至此，中国的工商税制共设9个税种，即工商统一税、工商所得税、盐税、屠宰税、利息所得税（1959年停征）、城市房地产税、车船使用牌照税、文化娱乐税（1966年停征）和牲畜交易税。其他税种有农业税、牧业税、契税、关税、船舶吨税。1966年开始的"文化大革命"对财政税收制度产生了冲击。财税制度被视为"管、卡、压"的工具，"税收无用论"一时到处流行，在"简化"税制的口号下，税制受到了很大的破坏和摧残。1973年实现工商税制改革，其一，合并税种。将工商统一税及其附加、对企业征收的城市房产税、车船使用牌照税、屠宰税及盐税合并为工商税。其二，简化税目和税率。税目由原来的108个减为44个，税率由原来的141个减为82个。

这一时期，中国的税制建设和改革，在税种和征收办法上走的是一条片面简化的路子，同时大量撤并税务机构，大批下放税务人员，导致税种越来越少，税制越来越简单，从而大大缩小了税收在经济领域的活动范围，严重妨碍了税收职能的发挥。

（二）改革开放后的中国税制演变

1. 有计划的商品经济时期的税制改革（1978—1993 年）

这一时期的税制改革可分为涉外税制的建立、两步"利改税"方案的实施和 1984 年工商税制改革。

第一，1978—1982 年的涉外税制改革。1978—1982 年，成为我国税制建设的恢复时期和税制改革的起步时期，从思想上、理论上为税制改革的推进做了大量突破性工作，打下了理论基础。从 1980 年 9 月到 1981 年 12 月，为适应我国对外开放初期引进外资、开展对外经济合作的需要，第五届全国人民代表大会先后通过了《中华人民共和国中外合资经营企业所得税法》《中华人民共和国个人所得税法》和《中华人民共和国外国企业所得税法》，对中外合资企业、外国企业继续征收工商统一税、城市房地产税和车船使用牌照税，初步形成了一套大体适用的涉外税收制度。

第二，1983 年第一步"利改税"方案。作为国营企业改革和城市经济改革的一项重大措施，1983 年，国务院决定在全国试行国营企业"利改税"，即第一步"利改税"，将中华人民共和国成立后实行了 30 多年的国营企业向国家上缴利润的制度改为缴纳企业所得税。这一改革从理论上和实践上突破了国营企业只能向国家缴纳利润、国家不能向国营企业征收所得税的禁区，成为国家与企业分配关系的一个历史性转折。

第三，1984 年第二步"利改税"方案和工商税制改革。为了加快城市经济体制改革的步伐，经第六届全国人民代表大会批准，国务院决定从 1984 年 10 月起在全国实施第二步"利改税"和工商税制改革，发布了关于国营企业所得税、国营企业调节税、产品税、增值税、营业税、盐税、资源税的一系列行政法规，成为我国改革开放之后第一次大规模的税制改革。此后，国务院又陆续发布了关于征收集体企业所得税、私营企业所得税、城乡个体工商业户所得税、个人收入调节税、城市维护建设税、奖金税（包括国营企业奖金税、集体企业奖金税和事业单位奖金税）、国营企业工资调节税、固定资产投资方向调节税、特别消费税、房产税、车船使用税、城镇土地使用税、印花税、筵席税等税收的法规。1991 年，第七届全国人大第四次会议将《中华人民共和国中外合资经营企业所得税法》与《中华人民共和国外国企业所得税法》合并为《中华人民共和国外商投资企业和外国企业所得税法》。至此，我国工商税制共有 37 个税种，按照经济性质和作用，大致分为流转税、所得税、财产和行为税、资源税、特定目的税、涉外税、农业税等七大类。

这一时期全面改革了工商税制，建立了涉外税制，彻底摒弃了"非税论"和"税收无用论"的观点，恢复和开征了一些新税种，从而使我国税制逐步转化为多税种、多环节、多层次的复合税制，税收调节经济的杠杆作用日益加强。

2.社会主义市场经济初期的税制改革（1994—2000 年）

1992 年党的十四大提出了建立社会主义市场经济的经济体制改革目标后，为适应市场经济的内涵要求，1994 年我国启动了中华人民共和国成立以来规模最大、范围最广、内容最深刻、力度最强的工商税制改革。

第一，全面改革流转税。以实行规范化的增值税为核心，相应设置消费税、营业税，建立新的流转税课税体系，对外资企业停止征收原工商统一税，实行新的流转税制。

第二，对内资企业实行统一的企业所得税。取消原来分别设置的国营企业所得税、国营企业调节税、集体企业所得税和私营企业所得税，同时，国营企业不再执行企业承包上缴所得税的包干制。

第三，统一个人所得税。取消原个人收入调节税和城乡个体工商业户所得税，对个人收入和个体工商户的生产经营所得统一实行修订后的《中华人民共和国个人所得税法》。

第四，调整、撤并和开征其他一些税种。如调整资源税、城市维护建设税和城镇土地使用税；取消集市交易税、牲畜交易税、烧油特别税、奖金税和工资调节税；开征土地增值税、证券交易印花税；盐税并入资源税，特别消费税并入消费税。

改革之后的我国税制，税种设置由原来的 37 个减少为 23 个，初步实现了税制的简化、规范和高效统一。

3.社会主义市场经济完善期的税制改革（2001 年至今）

1994 年的工商税制改革初步确定了市场经济下我国税收制度的基本格局，在此后的十几年间，随着社会主义市场经济的不断完善，结合国内、国外客观经济形势的变化，我国又推行了以"费改税"、内外资企业所得税合并、增值税的转型为主要内容的税制改革。

第一，税费制度调整中的"费改税"，将一些具有税收特征的收费项目转化为税收。2000 年 10 月 22 日国务院颁布了《车辆购置税暂行条例》，自 2001 年 1 月 1 日起在全国范围内征收车辆购置税，开征的同时，取消了车辆购置附加费。同时，为了切实减轻农民负担，中央决定从 2000 年开始在农村开展税费改革。农村税费改革过程中，根据"减轻、规范、稳定"的原则对农（牧）业税和农业特产税进行了调整，明确在 5 年内将逐步取消农业税。2006 年 3 月 14 日，第十届全国人民代表大会第四次会议通过决议，宣布在全国范围内彻底取消农业税。

第二，内外资企业所得税的合并。为维护国家的税收主权，制定适应我市场经济发展要求和国际发展趋势的企业所得税法，2007 年 3 月 16 日，第十届全国人民代表大会第五次会议审议通过了《中华人民共和国企业所得税法》，结束了企业所得税法律制度对内外资分立的局面，逐步建立起一个规范、统一、公平、透明的企业所得税法律制度。

第三，对车船使用税、城镇土地使用税等零星税种的改革。2007 年 1 月 1 日《中华人民共和国车船税暂行条例》正式实施，取代了 1986 年 9 月 15 日国务院发布的《中华人民共和国车船使用税暂行条例》。此外，修改过的《中华人民共和国城镇土地使用税暂行条例》也于 2007 年 1 月 1 日起正式实施。这次修改将外商投资企业和外国企业也纳入了城镇土地使用税的纳税人范围，同时根据社会经济的发展情况，将税额标准也做了提高；2006 年 4 月 28 日国务院还公布了《中华人民共和国烟叶税暂行条例》，对烟叶的收购实行 20% 的比例税率。截至 2007 年底，我国现行税制中的税种设置进一步减少为 18 个，税制更加规范和统一。

第四，简化税制，推进"营改增"。随着市场经济的细化，营业税的纳税人取得的增值税应税货物或者服务，不能进行抵扣，而增值税纳税人取得的营业税项目也不能抵扣，因此存在重复征税的问题，不利于产业结构调整和现代服务业的发展。2012 年 1 月 1 日，上海交通运输业和部分现代服务业率先试点营业税改增值税，至 2016 年 5 月 1 日，发布《营业税改征增值税试点实施办法》《营业税改征增值税试点有关事项的规定》等办法和规定，全面推开营改增试点，建筑业、房地产业、金融业、生活服务业等全部营业税纳税人纳入试点范围，由缴纳营业税改为缴纳增值税，营业税正式退出历史舞台。

第五，开征环境保护税。2018 年 1 月 1 日起施行《中华人民共和国环境保护税法》，对在中华人民共和国领域和中华人民共和国管辖的其他海域，直接向环境排放应税污染物的企事业单位和其他生产经营者为环境保护税的纳税人，对大气污染物、水污染物、固体废物、噪声征收从量税。

二、我国现行的税收制度

我国现行有 17 个税种，按照性质和作用大致分为 5 类：（1）商品税类。包括增值税、消费税、关税。这些税种通常是在生产、流通或者服务领域中，按照纳税人取得的销售收入或进出口货物的价格（数量）征收的。（2）所得税类。包括企业所得税和个人所得税，以纳税人的所得额或收益额为课税对象。（3）资源税类。包括资源税、城镇土地使用税和耕地占用税。这些税种是对从事资源开发或者使用城镇土地者征收的，体现对国有资源的有偿使用，并对纳税人取得的资源级差收入进行调节。（4）财产税类。包括房产税、契税、车船税。是以法人和自然人拥有和归其支配的财产为对象征收的一类税。（5）行为税类。包括城建税、印花税、城市维护建设税、车辆购置税。是对特定的经济行为征收的税收。能直接对纳税人的行为进行调节，是政府直接利用税收调节经济的常用手段。

（一）商品税类

1. 对象和特点

商品税是指以商品为征税对象所征收的一类税。商品税也称为对物税，即税收立法者的着眼点是确定每种商品所应承担的税负。按照商品种类来设定税负，不同的商品确定不同的税率。需要指出的是，这里的商品包括有形商品和无形商品，无形商品是指无形资产和劳务。因此商品税也包括对各种服务行业征税，所以也称商品劳务税。由于商品税习惯上采取按商品的销售收入或数量征税，而销售收入习惯又称为流转额，所以商品税又称为流转税。流转税由于具有课税对象普遍、税源丰富、征税简单等优点，是发展中国家或不发达国家的主体税种，我国也是以流转税为主体税种的国家。

2. 主要税种简介

我国目前开征的商品税（流转税）主要有增值税、消费税、关税等。

（1）增值税。增值税是以商品（含应税劳务和应税服务）在流转过程中产生的增值额作为征税对象而征收的一种流转税。把握增值税及其计税原理，关键是理解增值额。

从马克思劳动价值理论来看，增值额就是劳动者在生产商品和服务的过程中新创造的那一部分价值额。它相当于从社会产品总值 $C+V+M$（C：生产资料价值；V：劳动力的价值；M：剩余价值）中，扣除生产过程中消耗掉的那一部分生产资料 C 的价值后的余额，即 $V+M$ 部分。其中 V 是劳动者必要劳动为自己所创造的价值，M 是劳动者剩余劳动为社会所创造的剩余价值。劳动者在生产过程中新创造的价值 $V+M$，在增值税中称为增值额。

从具体生产经营单位来看，增值额相当于该单位商品和服务销售收入额或业务收入额扣除非增值项目金额后的余额。其中非增值项目，主要是指外购的原材料、燃料、动力、包装物和外购低值易耗品等。

从一种商品或服务生产提供的全过程来看，其最终实现销售时的最后销售价格，相当于该商品从生产到最终销售各个生产经营环节的增值额之和。

我国增值税征收起步较晚，国务院于 1993 年颁布了《中华人民共和国增值税暂行条例》，从 1994 年 1 月 1 日起在全国范围内统一施行，这标志着我国统一的、规范的增值税制度的建立。为进一步完善税制，即将生产型增值税转为消费型增值税，国务院决定自 2009 年 1 月 1 日起全面实施增值税转型改革。从 2012 年 1 月 1 日起，进行营改增试点工作。经过 4 年的探索和经验总结，经国务院批准，自 2016 年 5 月 1 日起，在全国范围内全面推开营业税改征增值税试点，将原有的营业税征收范围的服务和行为纳入试点范围，由缴纳营业税改为缴纳增值税。

（2）消费税。消费税从本质上说是对消费征税，包括消费支出税和消费品税。消费支出税是对个人在一定时期内的消费支出总额征税，又称为综合消费税，其本质上是对所得课税的一种特殊形式，因而属于直接税的范畴。消费支出税仅限于理论探讨，因为其计税难度大，所以在各国税收实践中基本没有采用。消费品税是对消费品和消费行为的流转额征税，一般在生产环节课征，由生产者缴纳，通过商品销售将税款转嫁给消费者负担，属于间接税的范畴，目前世界各国普遍开征的消费税均属这种类型。

消费品税又可分为一般消费税与特种消费税。一般消费税是对所有消费品和消费行为征收的一种税。特种消费税又称特定消费税、特别消费税，是指对特定的消费品和消费行为征收的一种税。各国消费税征税范围宽窄不同，税种名称亦有差别，有称为货物税、国内产品税或国内消费税的，也有对不同应税消费品分别设置税种，以具体征税对象命名，如烟税、酒税、汽油税等。

（3）关税。关税是主权国家海关对进出境的货物和物品，就其进出口流转额征收的一种税。这一"境"指关境，又称海关境域或关税领域，是一个主权国家行使关税权力的领土界域，而"国境"则是指一个主权国家行使行政权力的领土界域。通常情况下，一国关境与国境是一致的，包括国家全部的领土、领海、领空。因此，关税又常被称为对进出境的货物和物品征收的一种税。但当一个国家在国境内设立了自由港、自由贸易区时，这些区域就进出口关税而言处在关境之外，此时，该国家的关境小于国境。再有，若几个国家结成关税同盟，组成一个共同的关境，实施统一的关税法令和进出口税则，这些国家彼此之间货物进出境不征收关税，又会使这些国家的关境大于国境。

（二）所得税类

1. 对象和特点

所得税是指以所得额为征税对象的一类税。所得额就是总收入减去成本、费用和损失以后的纯收入，即可支配收入。所得额是以自然人和法人为中心归集的，对所得额征税，本质上是对收入的调节。由于发达国家的市场机制比较成熟完善，而且人均收入（所得）水平比较高，所以所得税是许多发达国家的主体税种。在我国，所得税的比重地位也在不断提高，目前我国的所得税主要有企业所得税、个人所得税。

2. 主要税种简介

（1）企业所得税

企业所得税是对企业的纯收益（所得）课征的一种税收，类似于国外的公司所得税或法人所得税。英国早在 1909 年起就开征了公司所得税。目前，世界上有 160 多个国家或地区开征了公司所得税。在我国现行税制结构中，企业所得税是仅次于增值税的第二大税种。

企业所得税是对企业的生产经营所得和其他所得征收的，企业的税收负担水平与纳税人的所得直接相关，所得多的多征，所得少的少征，无所得的不征，体现了量能负担的原则，被誉为"良性税种"。

我国开征企业所得税的历史不长。1936 年国民政府公布了《所得税暂行条例》，于 1937 年正式实施。中华人民共和国成立后，在 1950 年 1 月，政务院颁布了《全国税政实施要则》，把对企业征收的所得税并入工商业税，同时开征了薪给报酬所得税和存款利息所得税两个税种，此时的所得税还不是一个独立的税种。直到 1958 年实行工商税制改革时，所得税才从工商业税中分离出来，定名为工商所得税。这是中华人民共和国成立后所得税作为一个独立税种的标志，为以后的所得税制建立打下了基础。

（2）个人所得税

个人所得税是对个人（自然人）取得的各项应税所得征收的一种税，体现了国家和个人之间的分配关系。

国际上的个人所得税一般分为综合所得税制、分类所得税制和分类综合所得税制 3

种。综合所得税制是指把纳税人在一个纳税年度内的各项所得逐项汇总相加，并按税法规定减去不予计列的项目及法定扣除费用，然后按统一的累进税率计算征收的一种所得税制。分类所得税制是指将纳税人的所得按一定方式分成若干类别，每一类别都按税法规定不同的标准和税率扣除计算税款的一种所得税制度。分类综合所得税制也称混合所得税制，具体执行中通常有两种形式：一是对某些所得先分类征收，再在年终时把这些已税所得与其他所得汇总计算，凡全年所得额超过一定限额以上的，即按规定的累进税率计算全年应纳税所得额，并对已经缴纳的分类所得税额，准予在全年应纳税所得税额内抵扣。二是将部分所得项目分项课征所得税，部分项目综合课征所得税。

个人所得税 1799 年首创于英国，此后世界各国相继仿效开征此税种。到目前为止，世界上已有 140 多个国家和地区开征了个人所得税。第二次世界大战后，西方各国个人所得税发展较快，长期稳居各税之首位，其收入数额占税收总额的比例大多在 30% 以上，甚至在某些国家的个别年份，还达到 40% 以上。相对来说，低收入国家的个人所得税所占比例较低，大多数国家在 10% 以下。

我国对个人所得的征税，最早可追溯到民国时期，当时曾正式开征过薪给报酬所得税等税种。中华人民共和国成立初期，政务院于 1950 年年初颁布的《全国税政实施要则》也明确规定对个人所得征收两税，即存款利息所得税和薪给报酬所得税。随着经济的发展和改革开放的深化，特别是社会主义市场经济体制的确立，1993 年 10 月 31 日第八届全国人民代表大会常务委员会第四次会议第一次修正通过了《关于修改〈中华人民共和国个人所得税法〉的决定》，同时公布了修改后的《中华人民共和国个人所得税法》，将原个人所得税、个人收入调节税、个体工商户所得税合并为个人所得税，并确定从 1994 年 1 月 1 日起实施。2018 年 8 月 31 日，第十三届全国人民代表大会常务委员会第五次会议第七次修正通过了《关于修改〈中华人民共和国个人所得税法〉的决定》。

（三）资源税类

1. 对象和特点

资源税是指对某些自然资源征收的税种，是为了体现国家的权益，促进合理开发利用资源，调节资源极差收入，对开采资源产品征收的一种税。随着经济的增长和社会的发展，人类可利用的自然资源日益短缺，各国政府对自然资源的合理、节约、有效使用也日益重视，所以不少国家已经采取了多种政策和法律手段来保护自然资源，促进自然资源的合理、有效使用，其中包括开征资源税。资源税在不同的国家开征有不同的法律依据，在宪法规定自然资源私有的国家，开征资源税主要是为了保护和促进资源的合理开采使用，以促进经济和社会的可持续发展；在宪法规定自然资源为国有的国家，开征资源税除了保护自然资源目的之外，还有以资源税形式补偿国有资源权益收入的意义，以及调节由自然资源差别引起的级差收入，促进企业平等竞争的作用。我国现行的资源税类主要有：资源税、城镇土地使用税和耕地占用税。

2.主要税种简介

（1）资源税

资源税是对开采资源产品征收的一种税。我国资源税最早的基本法规是 1993 年 12 月 25 日国务院颁布的《中华人民共和国资源税暂行条例》，规定对原油、天然气、煤炭、金属矿原矿、非金属矿原矿和盐征收资源税。2015 年 5 月 1 日起，根据财政部、国家税务总局发布财税〔2015〕52 号文件《财政部国家税务总局关于实施稀土、钨、钼资源税从价计征改革的通知》，实施稀土、钨、钼资源税清费立税、从价计征改革。

（2）城镇土地使用税

城镇土地使用税以开征范围的土地为征税对象，以实际占用的土地单位面积为计税标准，按规定税额对拥有土地使用权的单位和个人征收的一种税。

我国人多地少，珍惜土地、节约用地，是一项基本国策。早在中华人民共和国成立初期，就开征了地产税。为了防止和控制乱占滥用耕地，1987 年 4 月，国务院颁布了《中华人民共和国耕地占用税暂行条例》，用税收手段加强对耕地的管理，为了合理利用城镇土地资源，以经济手段加强对土地的控制和管理，调节不同地区、不同地段之间的土地级差收入，使土地产生更大的效益，1988 年 9 月，国务院颁布了《中华人民共和国城镇土地使用税暂行条例》，并于当年 11 月 1 日起开始施行。为了改变长期以来税负偏低、建设用地过度扩张、日益攀升的地价及内外有别的土地税收政策，国务院 2006 年 12 月 30 日通过了《关于修改〈中华人民共和国城镇土地使用税暂行条例〉的决定》，并自 2007 年 1 月 1 日起施行。

（3）耕地占用税

耕地占用税是指对占用耕地建房或者从事其他非农业建设的单位和个人征收的一种税。根据国务院发布的《中华人民共和国耕地占用税暂行条例》的规定，从 1987 年 4 月 1 日起，全国普遍开征耕地占用税。耕地占用税对保护耕地、促进合理利用土地资源起到了积极的作用。但随着经济的发展，该税种在保护耕地等方面日益弱化。因此 2007 年 12 月 7 日，国务院对 1987 年发布并施行的《中华人民共和国耕地占用税暂行条例》做了全面修订，于 2008 年 1 月 1 日起正式施行。2008 年 2 月 6 日，财政部、国家税务总局发布《中华人民共和国耕地占用税暂行条例实施细则》。

（四）财产税类

1.对象和特点

财产税是指以财产为征税对象的税种。对财产征税可以按照财产的价值或实物数量进行。目前财产税是世界上许多国家的重要甚至主要税种。在中国古代，以土地为主要征税对象的财产税曾是相当长的历史时期内最重要税种。我国现行税制结构中财产税处于辅助税种地位，目前开征的主要税种有房产税、契税、车船税。

2．主要税种简介

（1）房产税

房产税由产权所有人缴纳，依照房产余值计算（房产原值减除一定比例），产权属于全民所有的，由经营管理的单位缴纳，产权出典的，由承典人缴纳。产权所有人、承典人不在房产所在地的，或者产权未确定及租典纠纷未解决的，由房产代管人或使用人缴纳。1986年9月15日国务院颁布《中华人民共和国房产税暂行条例》，开征房产税，2011年1月8日加以修订。为调节收入分配，引导个人合理住房消费，2011年1月27日，上海、重庆试点房产税，分别颁布《上海市开展对部分个人住房征收房产税试点的暂行办法》《重庆市人民政府关于进行对部分个人住房征收房产税改革试点的暂行办法》。

（2）契税

契税是不动产（土地、房屋）产权发生转移时，向产权承受人征收的一次性税收。征收契税的宗旨是为了保障不动产所有人的合法权益，政府通过征税承担保证产权的责任，具有规费的性质。契税是一个古老的税种，起源于东晋时期，规定"凡买卖田宅、奴婢、牛马，立有契据者，买卖双方需缴纳估税"。中华人民共和国成立后，政务院于1950年发布《契税暂行条例》，1997年7月7日国务院颁布《中华人民共和国契税暂行条例》，2021年9月1日起施行《中华人民共和国契税法》。

（3）车船税

车船税是对我国境内的车辆、船舶的所有人或管理人征收的一种税。中华人民共和国成立后，政务院于1951年发布《车船使用牌照税暂行条例》，1986年9月15日国务院发布《中华人民共和国车船使用税暂行条例》，2006年12月27日国务院公布《中华人民共和国车船税暂行条例》，2012年1月1日起施行《中华人民共和国车船税法》。

（五）行为税类

1．对象和特点

行为税是指对某些特定行为征收的税种，因此又称特定行为税。被确定需要特别征税的行为一般是政府需要调节引导的社会经济行为。从广义上说，大多数税种都是行为税，例如消费税是对消费行为进行征税调节的税种，财产税是对持有或转让财产的行为征税的税种，资源税是对开采自然资源的行为进行征税的税种，等等。从狭义上说，行为税是指传统税种以外，对某些特定行为征税的税种。例如，我国的屠宰税、印花税、车辆购置税、固定资产投资方向调节税等。行为税往往包含着政府特定的政策目标，总的来说是为了实现社会经济的和谐发展。

2．主要税种简介

（1）城市维护建设税

城市维护建设税是指对从事工商经营，缴纳增值税、消费税、营业税[①]（以下暂简称

"三税")的单位和个人征收的一种税。中华人民共和国成立后，我国城市建设和维护在不同时期都取得了较大的成绩，但国家在城建资金方面一直存在不足。1979 年以前，我国用于城市维护建设的资金来源由当时的工商税附加、城市公用事业附加和国家下拨城市费组成。1985 年 2 月 8 日，国务院正式颁布了《中华人民共和国城市维护建设税暂行条例》，2021 年 9 月 1 日起施行《中华人民共和国城市维护建设税法》。

（2）印花税

印花税是对经济活动和经济交往中书立、领受具有法律效力凭证的行为所征收的一种税。印花税由于在应税凭证上粘贴印花税票（简称"贴花"）完税而得名。中华人民共和国成立以后，1950 年 12 月 19 日政务院发布了《印花税暂行条例》，自公布之日起实施。1951 年 1 月 4 日财政部发布《印花税暂行条例实施细则》。1953 年、1956 年先后两次对《印花税暂行条例》进行修订。1958 年简化税制时将印花税并入工商统一税，不再单独征收印花税。1988 年 8 月 6 日国务院发布《中华人民共和国印花税暂行条例》，自同年 10 月 1 日起实施，同年 9 月 29 日财政部发布《中华人民共和国印花税暂行条例实施细则》，与《中华人民共和国印花税暂行条例》同时实施。2021 年 6 月 10 日，第十三届全国人大常委会第二十九次会议表决通过《中华人民共和国印花税法》，自 2022 年 7 月 1 日起施行。

开征印花税的作用主要在于：第一，印花税征收面广，取微用宏，有利于增加财政收入。印花税（除证券交易印花税外）属于地方税，收入归地方政府；证券交易印花税属于共享税，其中 97% 归中央，3% 归地方。印花税对完善地方税体系和分税制财政体制改革均有重要作用。第二，有利于加强经济合同的监督管理。由于合同贴花后均应缴纳税款，可提高经济合同的兑现率。第三，由于印花税由纳税人自行贴花完税，实行轻税重罚的措施，因此有利于培养纳税人自觉纳税的意识。第四，通过对应税凭证的贴花和检查可及时掌握经济活动的情况，进一步掌握经济活动中涉及应征其他各税的情况，有利于加强对其他税种的监督与征管。

（3）车辆购置税

2000 年 10 月 22 日国务院令第 294 号颁布并于 2001 年 1 月 1 日起实施《中华人民共和国车辆购置税暂行条例》。车辆购置税是以在中国境内购置规定车辆为征税对象，在特定的环节向车辆购置者征收的一种税，就其性质而言属于直接税。车辆购置税是在原交通部门收取的车辆购置附加费的基础上，通过费改税改革而来。从国际通行做法看，发达的市场经济国家普遍通过税收筹集交通基础设施建设资金，因为税收行为相比收费行为规范，收支可纳入预算。

三、我国税制改革的展望

（一）优化税制结构

着眼于优化税制结构，需要以"稳定税负"为前提，考虑到当前中国经济中长期的发展趋势及国内外经济形势的变化，中国的宏观税负水平既不能增加，也不宜过多减少。以稳定税负为天花板，在宏观税负水平保持基本稳定的前提下谋划税制结构的优化调整，问题可以聚焦在两个比重上：一是调整直接税和间接税的比重，二是来源于企业缴纳的税收和来源于自然人缴纳的税收之间的比重。优化的方向以增加自然人直接税为主线索，以个人所得税和房地产税为主要载体，逐步提高自然人直接税比重。

（二）强化税收立法

现行税制的突出问题是系统性、稳定性不够，对税法体系的应然结构尚缺乏稳定清晰的认识。历次税改都是为了解决税收立法级次、稳定性、透明度等问题，税制改革需聚焦税制存在的突出问题，基于对国情和税收法治的认识，真正落实税收法定原则，构建更为简明、完整、统一的税法体系，全面推进税收法治的现代化，是税制改革必须完成的重要任务，从而最终实现税收法定原则的要求。

（三）加强税收征管

税制结构的优化调整，不是难在税制安排，而是难在税收征管，完善税收制度必须破解征管难题。现行税制体系向现代税制体系转换的方向有 3 个：一是由主征间接税转向间接税与直接税相兼容，二是由主征企业税拓展至法人税与自然人税相兼容，三是由主征现金流税拓展至流量税与存量税相兼容。这对面向自然人的税收征管服务体系和第三方涉税信息报告制度的构建提出了要求，需要围绕自然人作为直接纳税人的要求，从法律框架、制度设计、资源配置等各个方面真正转换税收征管机制，实现税收征管机制与自然人直接税的对接。需要借助大数据信息加强税收征管，围绕与税收征管相关的情报数据分享的需要，从权利与责任、法律与制度、执法与守法等方面规范相关主体的涉税行为，确保税务机关依法有效实施征管。

▶▶ **本章小结**

1.税收对经济增长的影响是双向的。从税收的汲取看，税收对经济增长的影响为负，即宏观税负与经济增长负相关，对经济增长和投资均存在抑制作用。从税收的使用方式看，税收作为最重要的财政收入是为了提供有效的公共产品，从而又会促进经济增长。

2.税收原则是政府在建立税制及运用税收政策进行征税过程中应遵循的基本准则。税收原则不仅对税制设计和实施税收制度十分重要，也是判断一个国家税收制度优劣的标准。现代社会综合税收理论和实践的发展，可将税收原则归纳为：公平原则和效率原则。

3.税收公平原则指政府征税要使各个纳税人承受的负担与经济状况相适应，并使各个纳税人之间的负担保持均衡，包括受益原则和支付能力原则。

4.税负转嫁即税法上规定的纳税人通过经济交易中的价格变动，将自己所缴纳的税款部分或全部转移给他人负担的一个客观经济过程。其包含 3 个要点：（1）税收转嫁是纳税人的理性选择，其目的是实现个人利益最大化；（2）价格变动是税负转嫁的唯一途径；（3）纳税人与负税人部分或完全的分离是税负转嫁的必然结果。

5.税收制度是国家以法律、法规、规章等颁布的各种税收法令和税收征收管理办法的总称，用以规范征税机关、纳税人及其他相关单位和个人所有涉税行为。税收制度的内容包含3个层次：税种、税收制度、税收征收制度。

6.税收制度的要素是指各种单行税法具有的共同基本要素的总称。包括基本要素和其他要素。基本要素有纳税人、征税对象和税率。其他要素有纳税环节、纳税地点、纳税期限和税收优惠等。

7.税制模式是指国家依据自身的政治经济制度和经济条件确定税收在国民收入分配中的地位，从而分主次设置税类，税种所形成的整个税制调节的总体格局。因此，税制模式关系到一国的主体税类在一个较长时期内如何设置的问题。回顾税收理论的发展历史，关于税收模式有两类：单一税制论和复合税制论。单一税制论鲜少有实践，复合税制在现实中分为3类：以流转税为主体的税制模式、以所得税为主体的税制模式、双主体的税制模式。

8.作为经济转轨时期的发展中国家，我国的税制模式选择应是在国情基础上的理性化选择。我国自1994年税制改革以后，逐步形成了以增值税为主的流转税在整个税制中的核心地位。随着经济的发展，社会经济结构的优化，城镇化进程的加快，我国税制模式应逐步向双主体税制模式过渡。

9.中华人民共和国成立后的税制是以1950年1月公布施行的《全国税政实施要则》为标志而确立的。此后随着政治经济条件的不断变化，我国的税收制度也数度变革和修正，以改革开放为界，可将其分为两个大的阶段，其中改革开放后的税制演变更需要结合经济发展的背景加以关注和思考。

▶ 基本概念

无偿性　固定性　强制性　受益原则　支付能力原则　横向公平　纵向公平　宏观税负　税收转嫁　税收归宿　税制模式　税收制度　单一税制　复合税制　流转税类　所得税类　财产税类　资源税类　行为税类　税收征管

▶ 思考题

1.如果政府的税收收入为零，是否意味着没有税收负担？

2.请从3种口径评价我国近10年的宏观税负，请从3种口径评价你所在县（区）的宏观税负。

3.影响税收转嫁的因素有哪些？能不能通过税制设计减少税收转嫁？

4.近5年，税收在主动服务国家重大发展战略上起了什么作用？

5.谈谈税收立法的重要性。

▶▶ **参考文献**

哈罗德·M.格罗夫斯，唐纳德·J.柯伦.税收哲人 [M].刘守刚，刘雪梅，译.上海：上海财经大学出版社，2015.

金戈.最优税收与经济增长：一个文献综述 [J].经济研究，2013（7）：143-155.

理查德·A.马斯格雷夫，艾伦·T.皮考克.财政理论史上的经典文献 [M].刘守刚，王晓丹，译.上海：上海财经大学出版社，2015.

王乔.法治中国背景下的税收制度建设研究 [M].北京：人民出版社，2018.

张斌.新中国税制改革历程与经验 [J].中国财政，2019（21）：25-29.

目 本章测试

广义而言，财政收入中除税收收入之外的都属于非税收入。通过本章学习，可以了解非税收入的概念、作用、内容与管理，比较非税收入与税收收入的区别，从而对财政收入的整体结构有清晰的认知。

▶ **案例导入：**

在广东深圳龙岗区，一名车主竟将车停在了公共绿化带上，执法人员在附近未见车主，根据当地规定，在公共绿地停车，将按所占用或损毁绿地面积罚款。根据《深圳经济特区绿化条例》，"在公共绿地停放车辆的，处每平方米 500 元罚款"的相关规定，执法人员测量该车停放的面积为 6.46 平方米，于是对涉事车主开具了一张高达 3230 元的罚单。

（资料来源：深圳新闻网，http://www.sznews.com/news/content/2020-06/02/content_23216517.htm）

请思考：

这些罚款属于政府的税收收入吗？如果不是，那属于什么收入？

第一节 非税收入概述

一、非税收入的含义

国际货币基金组织（International Monetary Fund, IMF）对非税收入的定义为：政府在税收之外的收入，包括因公共目的而获得的不需要归还的补偿性收入及非政府单位自愿和无偿地向政府支付的款项，具体包括经营和资产收益、罚款收入、收费等。国际货币基金组织的政府财政统计体系是目前世界上运用最为广泛的政府收入统计体系，它涵盖世界上 149 个国家，将政府收入按照相同的口径进行统计比较。在 IMF 的政府财政统计分类中，政府收入分成经常性收入、资本收入和赠与收入 3 类。其中，经常性收入又分为税收收入和非税收入。

世界银行对非税收入的解释是：经常性非税收入是政府为公共目的而取得的无须偿还的收入，如罚款、管理费、政府财产经营收入等，以及政府以外的单位自愿和无偿地向政府支付的款项等。世界银行还指出，经常性非税收入不包括政府间拨款、借款、前期贷款收回，以及固定资产、股票、土地、无形资产的出售变现收入。在关于非税收入的定义上，国际货币基金组织与世界银行两者给出的定义基本相同。

在我国，"非税收入"第一次出现是在 2001 年《财政部、中国人民银行关于印发〈财政国库管理制度改革试点方案〉的通知》的文件中。"政府非税收入"的概念则出现于 2003 年《关于加强中央部门和单位行政事业性收费等收入"收支两条线"管理的通知》中。虽然该文件没有明确给出概念，但指出了属于非税收入的收入类型，即"中央部门和单位按照国家有关规定收取或取得的行政事业性收费、政府性基金、罚款和罚没收入、彩票公益金和发行费、国有资产经营收益、以政府名义接受的捐赠收入、主管部门集中收入等属于政府非税收入"。

财政部在 2004 年《财政部关于加强政府非税收入管理的通知》中，首次明确了政府非税收入的定义：政府非税收入是指除税收以外，由各级政府、国家机关、事业单位、代行政府职能的社会团体及其他组织依法利用政府权力、政府信誉、国家资源、国有资产或提供特定公共服务、准公共服务取得并用于满足社会公共需要或准公共需要的财政资金，是政府财政收入重要组成部分。至此之后我国对于非税收入的定义逐渐明晰固定。

2016 年 3 月，财政部印发的《政府非税收入管理办法》中指出，非税收入是指除税收以外，由各级国家机关、事业单位、代行政府职能的社会团体及其他组织依法利用国家权力、政府信誉、国有资源（资产）所有者权益等取得的各项收入。具体包括：行政事业性收费收入、政府性基金收入、罚没收入、国有资源（资产）有偿使用收入、国有资本收益、彩票公益金收入、特许经营收入、中央银行收入、以政府名义接受的捐赠收入、主管部门集中收入、政府收入的利息收入，其他非税收入。不包括社会保险费、住房公积金（指计入缴存人个人账户部分）。

二、非税收入的内容

（一）政府性基金收入

政府性基金是指各级政府及其所属部门根据法律、行政法规的规定，为专项支持某项事业的发展，按照国家规定程序批准而征收的具有专项用途的资金。政府性基金具有典型的非补偿性，政府凭借行政权力强制、无偿征收，与具有特定目的的税收性质相似，具有"准税收"性质。设立政府性基金的主要目的是支持某项特定产业或事业的发展，其主要形式有基金、资金、附加和专项收费等。政府性基金按资金使用划分，可分为工业发展基金、交通建设基金、教育事业基金、城市建设基金等。按筹划方式划分，可分为附加在税收上征收的基金，如教育附加等；附加在价格上征收的基金，如电力建设基金、三峡建设基金、邮电附加等；以销售（营业收入）为对象征收的基金，如文化事业建设费等。

（二）行政事业性收费收入

行政事业性收费是指国家机关、事业单位、具有行政管理职能的企业主管部门和政府委托的其他机构，在履行或代行行政职能的过程中，为了特定目的，依照法律、法规并经有关部门批准，按照成本补偿原则和非营利原则向单位和个人收取的费用。行政事业性收费一般具有强制性和排他性。

（三）罚没收入

罚没收入是指法律、行政法规授权的执行处罚的部门依法实施处罚取得的罚没款和没收物品的折价收入，主要包括交通罚款、工商罚款、刑事罚款、法庭罚款、法院裁定罚款及其他罚款和罚没收入。

（四）国有资源（资产）有偿使用收入

国有资源有偿使用收入是各级人民政府代表国家以国有资源所有者的身份将一定年限内的资源使用权出让给资源使用者，资源使用者按规定的标准向国家缴纳的相关费用。国有资产有偿使用收入是行政事业单位和党政团体使用或处置国有资产时取得的收益。

（五）国有资本收益

国有资本收益是国家或其授权的国有资产经营机构凭借对国有资产所有权或出资所有权从国有资产经营收入中取得的收益。

（六）彩票公益金收入

彩票公益金是指经国务院批准，从彩票销售额中按规定比例提起的专项资金，主要用于支持各项社会公益事业和体育事业的发展。彩票公益金来源于彩民的捐赠收入，我国的彩票主要有福利彩票和体育彩票两种；相应地，我国的彩票公益金分为福利彩票公益金和体育彩票公益金。

🔲取之于民用之于民——2019年福彩公益金使用去向

（七）特许经营收入

特许经营收入是指国家依法特许企业、组织或个人垄断经营某种产品或服务而获得的收入。主要包括烟草专卖收入、酒类产品专卖收入、免税商品专营收入、货币发行收入、印钞造币收入、纪念邮票（纪念币）发行收入、食盐批发专营收入等。

（八）中央银行收入

中央银行收入是指中央银行（在我国是中国人民银行）在货币发行、集中存款准备金、再贷款、再贴现、买卖证券、黄金占款和外汇占款、为商业银行和其他金融机构办理资金的划拨清算和资金转移等业务过程中所获得的各项收入。

（九）以政府名义接受的捐赠收入

以政府名义接受的捐赠收入，是指以各级政府、国家机关、实行公务员管理的事业单位、代行政府职能的社会团体及其他组织名义接受的非定向捐赠货币收入，不包括定向捐赠货币收入、实物捐赠收入，以及不实行公务员管理的事业单位，不代行政府职能的社会团体、企业、个人或者其他民间组织名义接受的捐赠收入。以政府名义接受的捐赠收入，必须坚持自愿原则，不得强行摊派，不得将以政府名义接受的捐赠收入转交不实行公务员管理的事业单位、不代行政府职能的社会团体、企业、个人或者其他民间组织管理。

（十）主管部门集中收入

主管部门集中收入主要指国家机关、实行公务员管理的事业单位、代行政府职能的社会团体及其他组织集中所属事业单位收入，这部分收入必须经同级财政部门批准。随着事业单位体制改革的深入进行，主管部门应当与事业单位财务实行彻底脱钩，逐步取消主管部门集中事业单位收入。作为过渡性措施，目前主管部门集中收入应当统一纳入非税收入管理范围，实行"收支脱钩"管理，有关支出纳入部门预算，实行统一安排。

（十一）政府收入的利息收入

政府财政资金产生的利息收入是指税收和非税收入产生的利息收入，按照中国人民银行规定计息，统一纳入政府非税收入管理范围。

（十二）其他非税收入

如财政性货币发行所产生的"通货膨胀税"（一种隐形收入）等。

专栏 7-1：2019 年中央专项彩票公益金使用情况发布 175 亿公益金支持多项民生事业 —————

财政部公告了 2019 年彩票公益金筹集分配情况和中央集中彩票公益金安排使用情况。2019 年，全国发行销售彩票 4220.53 亿元，共筹集彩票公益金 1158.81 亿元。其中，体育彩票机构发行销售彩票 2308.15 亿元，筹集公益金 583.18 亿元，占比超过一半。

2019 年中央财政安排彩票公益金支出 717.58 亿元，中央集中彩票公益金在全国社会保障基金、中央专项彩票公益金、民政部和体育总局之间分别按 60%、30%、5% 和 5% 的比例分配。2019 年，中央专项彩票公益金共支出 175.92 亿元。

一张张体育彩票犹如投入湖中的一枚枚石子，激起层层公益涟漪。作为国家公益彩票，中国体育彩票全国统一发行 26 年来，已累计筹集公益金超过 5400 亿元，这些公益金早已跨越体育范畴，在扶贫事业、医疗救助、教育助学、法律援助、残疾人事业、养老公共服务等民生领域做出重要贡献。

1. 助力革命老区脱贫攻坚

2019 年是中华人民共和国成立 70 周年，也是打赢脱贫攻坚战攻坚克难的关键一年。经过艰苦努力，越来越多的建档立卡贫困人口实现脱贫，一个又一个贫困县实现摘帽，这当中也有体育彩票的贡献。

2019 年，以体育彩票公益金为重要组成部分的中央专项彩票公益金为扶贫事业支出 26.4 亿元，比 2018 年多投入 6.4 亿元。

资金主要用于共 397 个贫困革命老区县的贫困村村内小型生产性公益设施建设。

"十三五"期间，中央财政已累计安排该项资金79.4亿元，按照每县2000万元的补助标准，实现对397个革命老区县的全覆盖。

为改善贫困革命老区生产条件，促进贫困人口脱贫增收，2020年将继续安排中央专项彩票公益金支持贫困革命老区县实施扶贫项目。

2020年中央专项彩票公益金安排支持资金20.6亿元已全部下达，重点支持脱贫攻坚任务较重的深度贫困革命老区县和巩固脱贫成果任务相对较重的贫困革命老区县。

2.支持学有所教老有所养

从2007年起，中国教育发展基金会开始接受财政部、教育部的委托，开展中央专项彩票公益金在教育领域的公益项目。2019年，以体育彩票公益金为重要组成部分的中央专项彩票公益金为教育助学投入10亿元。2011年至今，中央专项彩票公益金教育助学项目通过"滋蕙计划"、"励耕计划"和"润雨计划"等，用于奖励普通高中品学兼优的家庭困难学生，资助家庭经济特别困难的教师，救助遭遇突发灾害的学校。此外，2019年中央专项彩票公益金为大学生创新创业投入0.5亿元、为未成年人校外教育投入9.2亿元、为乡村学校少年宫建设投入7.39亿元。

"十三五"时期，中央财政通过中央专项彩票公益金投入38.8亿元，支持新建8000所乡村学校少年宫。加上"十二五"时期建成的12000所，支持建设乡村学校少年宫累计达20000所，总投入72.65亿元。经过10年的不懈努力，乡村学校少年宫已成为未成年人思想道德建设的知名品牌，成为学生受益、家长放心、群众满意的育人工程、民心工程。

2016年以来，乡村学校少年宫建设着重向中西部22个省（区、市）贫困地区倾斜。

截至目前，中央专项彩票公益金投资建设国贫县乡村学校少年宫8770所，全国国贫县乡镇中央项目覆盖率68.74%。2020年，乡村学校少年宫在17个省（区、市）实现国家级贫困县全覆盖。

老年人一直是彩票公益金关爱的对象，2019年，中央专项彩票公益金为养老公共服务投入10亿元，与2018年保持一致。2019年，该项目共资助山西、湖北、西藏等地共50家养老机构。2013—2019年，累计有70亿元彩票公益金用于养老公共服务，致力于为空巢老人排忧解难、助独居老人安享晚年。

3.保障病有所医劳有所得

2019年，以体彩公益金为重要组成部分的中央专项彩票公益金为医疗救助投入18亿元，为农村贫困母亲"两癌"救助投入3.02亿元。

以体彩公益金为重要组成部分的中央专项彩票公益金一直在为推动我国医疗卫生事业发展贡献力量。医疗救助项目由国家医疗保障局组织实施，主要用于资助困难群众参加城乡居民基本医疗保险，并对其难以负担的基本医疗自付费用给予补助。2007—2019年，中央专项彩票公益金支持医疗救助213亿元。

法律援助是一项扶贫助弱、维护困难群众合法权益的公益事业。2009年，为缓解法律援助工作经费紧张问题，以体彩公益金为重要组成部分的中央专项彩票公益金助力法律援助项目启动。项目设立以来，围绕妇女、未成年人、老年人、残疾人、农民工五类群体开展法律援助。2019年，中央专项彩票公益金为法律援助项目投入1.4亿元。2020年，投入资金达到1.5亿元。

截至目前，法律援助项目已累计使用彩票公益金11亿余元，资助办理案件56万多件，为86万多名群众挽回经济损失328亿多元，保障了困难群众的合法权益。

2019年，中央专项彩票公益金还用于支持地方社会公益事业50亿元、红十字事业4.37亿元、残疾人事业21.99亿元、文化公益事业8亿元、留守儿童快乐家园0.15亿元、出生缺陷干预救助1.5亿元、足球公益事业4亿元……让老人们老有所依、让孩子们健康成长，让残疾人生活便利、让弱势群体得到关爱，彩票公益金正在让更多的社会群体感受到善念和温暖。

（资料来源：国家体育总局，https://www.sport.gov.cn/n20001280/n20745751/n20767297/c21129992/content.html）

三、非税收入的作用

非税收入是政府财政收入特别是地方政府财政收入的重要组成部分，是财政体系的有机构成，在财政体系中发挥着不可替代的作用。在财政收支矛盾较为突出的情况下，非税收入已成为增强政府调控能力的重要手段。

在绝对规模上，自1978年以来，我国税收收入与非税收入整体均成逐年递增态势，且增速较快，这与我国改革开放之后经济水平的迅猛发展关系密切，因为随着蛋糕的做大，税基越来越大，财政收入也自然会增加，税收收入2019年时达到158000.46亿元，是1978年519.28亿元的约304倍，非税收入2019年时达到32389.62亿元，是1978年960.09亿元的约34倍。非税收入增速虽然没有税收收入大，但也同样发展迅速。从而在相对规模上，自1978年以来，我国非税收入在财政收入的比重整体上呈下降态势。如表7-1所示，非税收入占税收收入的比例虽逐渐下调，其相对重要性也逐渐减弱，但是到2019年，非税收入仍然占税收收入的20%左右，其对我国财政收入的作用依旧不可忽视，是财政收入的重要组成部分。

表7-1　1978—2019年我国政府非税收入与税收收入规模比较（部分）

年份	税收收入／亿元	非税收入／亿元	非税收入／税收收入／%
1978	519.28	960.09	185
1980	571.70	1165.63	204
1985	2040.79	1494.06	73

续表

年份	税收收入 / 亿元	非税收入 / 亿元	非税收入 / 税收收入 /%
1990	2821.86	2823.88	100
1995	6038.04	2830.66	47
2000	12581.51	4640.10	37
2001	15301.28	5384.66	35
2002	17636.45	5746.19	33
2003	20017.31	6264.73	31
2004	24165.68	6929.97	29
2005	28778.54	8414.91	29
2006	34804.35	10363.73	30
2007	45621.97	12520.13	27
2008	54223.79	13723.82	25
2009	59521.59	15411.36	26
2010	73210.79	15685.14	21
2011	89738.39	14136.04	16
2012	100614.28	16639.24	17
2013	110530.70	18678.94	17
2014	119175.30	21194.72	18
2015	124922.20	27347.03	22
2016	130360.70	29244.24	22
2017	144369.87	28222.90	20
2018	156402.86	26956.98	17
2019	158000.46	32389.62	20

资料来源：根据国家统计局(http://www.stats.gov.cn)1978—2019年《中国统计年鉴》相关数据整理。

但是，正因为非税收入的灵活性，它一方面成为地方财政收入的补给，对政府的财政收入起到有效补充，为解决我国公共事业财政资金不足的问题做出贡献；另一方面又成为地方财政收入的调节器，在地方政府收入中占据相当大的比重。如表7-2所示，在中央政府财政收入结构中，非税收入的相对规模始终稳定地保持在一个较低的水平，绝大多数年份中中央政府的非税收入占税收收入的比重仅约占6%，最高时候的水平也仅是2015年的11%。但非税收入在地方政府收入结构中则扮演着非常重要的角色。21世纪之初，地方政府的非税收入相对税收收入的规模虽逐年递减，但长期超过税收收入的一半，这种喧宾夺主之势在一定程度上给企业和个人带来了严重的经济负担，阻碍了经济发展，也影响了社会福利的提高。这种负面作用并非政府本意，政府非税收入项目原本是为补充我国公共事业财政资金的不足而设立，而非使之成为地方政府趁机扩大财政收入的工具。但从近几年趋势来看，非税收入在地方政府财政收入的相对规模逐渐减小。特别是在2011年我国预算制度改革，全面取消预算外资金的概念，将预算外资金纳入预算内管理后，非税收入在地方政府收入的相对规模骤降，逐渐趋向合理水平，如表7-3所示。

表 7-2　2000—2019 年我国中央政府非税收入与税收收入规模比较（部分）

年份	税收收入 / 亿元	非税收入 / 亿元	非税收入 / 税收收入 /%
2000	6892.65	344.15	5
2001	8338.62	591.12	7
2002	10230.29	598.35	6
2003	11604.04	640.59	6
2004	14166.09	687.70	5
2005	16051.81	899.27	6
2006	19576.14	1347.59	7
2007	26396.85	1847.78	7
2008	30968.68	1871.39	6
2009	33364.15	2903.57	9
2010	40509.30	2378.48	6
2011	48631.65	2695.67	6
2012	53295.20	2880.03	5
2013	56639.82	3558.66	6
2014	60035.40	4458.05	7
2015	62260.27	7006.92	11
2016	65669.04	6696.58	10
2017	75697.15	5426.21	7
2018	80448.07	5008.39	6
2019	81020.33	8289.14	10

资料来源：根据国家统计局（http://www.stats.gov.cn）2000—2019 年《中国统计年鉴》相关数据整理。

表 7-3　2000—2019 年我国地方政府非税收入与税收收入规模比较（部分）

年份	税收收入 / 亿元	非税收入 / 亿元	非税收入 / 税收收入 /%
2000	5688.90	4295.95	76
2001	6962.76	4793.54	69
2002	7406.16	5147.84	70
2003	8413.27	5624.14	67
2004	9999.59	6242.27	62
2005	12726.73	7515.61	59
2006	15228.21	9016.14	59
2007	19252.12	11335.15	59
2008	23255.11	11519.84	50
2009	26157.44	12507.79	48
2010	32701.49	13306.66	41
2011	41106.74	11440.37	28
2012	47319.08	13759.21	29
2013	53890.88	15120.28	28
2014	59139.91	16736.67	28
2015	62661.93	20340.11	32
2016	64691.69	22547.66	35
2017	68672.72	22796.69	33
2018	75954.79	21948.59	29
2019	76980.13	24100.48	31

资料来源：根据国家统计局（http://www.stats.gov.cn）2000—2019 年《中国统计年鉴》相关数据整理。

第二节　非税收入的管理

一、设立和征收管理

（1）设立和征收非税收入，应当依据法律、法规的规定或者按下列管理权限予以批准。

①行政事业性收费按照国务院和省、自治区、直辖市（以下简称省级）人民政府及其财政、价格主管部门的规定设立和征收。

②政府性基金按照国务院和财政部的规定设立和征收。

③国有资源有偿使用收入、特许经营收入按照国务院和省级人民政府及其财政部门的规定设立和征收。

④国有资产有偿使用收入、国有资本收益由拥有国有资产（资本）产权的人民政府及其财政部门按照国有资产（资本）收益管理规定征收。

⑤彩票公益金按照国务院和财政部的规定筹集。

⑥中央银行收入按照相关法律法规征收。

⑦罚没收入按照法律、法规和规章的规定征收。

⑧主管部门集中收入、以政府名义接受的捐赠收入、政府收入的利息收入及其他非税收入按照同级人民政府及其财政部门的管理规定征收或者收取。

任何部门和单位不得违反规定设立非税收入项目或者设定非税收入的征收对象、范围、标准和期限。

（2）取消、停征、减征、免征或者缓征非税收入，以及调整非税收入的征收对象、范围、标准和期限，应当按照设立和征收非税收入的管理权限予以批准，不许越权批准。取消法律、法规规定的非税收入项目，应当按照法定程序办理。

（3）非税收入可以由财政部门直接征收，也可以由财政部门委托的部门和单位（以下简称执收单位）征收。未经财政部门批准，不得改变非税收入执收单位。法律、法规对非税收入执收单位已有规定的，从其规定。

（4）执收单位应当履行下列职责。

①公示非税收入征收依据和具体征收事项，包括项目、对象、范围、标准、期限和方式等。

②严格按照规定的非税收入项目、征收范围和征收标准进行征收，及时足额上缴非税收入，并对欠缴、少缴收入实施催缴。

③记录、汇总、核对并按规定向同级财政部门报送非税收入征缴情况。

④编报非税收入年度收入预算。

⑤执行非税收入管理的其他有关规定。

（5）执收单位不得违规多征、提前征收或者减征、免征、缓征非税收入。

（6）各级财政部门应当加强非税收入执收管理和监督，不得向执收单位下达非税收入指标。

（7）公民、法人或者其他组织（以下简称缴纳义务人）应当按规定履行非税收入缴纳义务。对违规设立非税收入项目、扩大征收范围、提高征收标准的，缴纳义务人有权拒绝缴纳并向有关部门举报。

（8）缴纳义务人因特殊情况需要缓缴、减缴、免缴非税收入的，应当向执收单位提出书面申请，并由执收单位报有关部门按照规定审批。

（9）非税收入应当全部上缴国库，任何部门、单位和个人不得截留、占用、挪用、坐支或者拖欠。

（10）非税收入收缴实行国库集中收缴制度。

（11）各级财政部门应当加快推进非税收入收缴电子化管理，逐步降低征收成本，提高收缴水平和效率。

二、票据管理

（1）非税收入票据是征收非税收入的法定凭证和会计核算的原始凭证，是财政、审计等部门进行监督检查的重要依据。

（2）非税收入票据种类包括非税收入通用票据、非税收入专用票据和非税收入一般缴款书。具体适用下列范围。

①非税收入通用票据，是指执收单位征收非税收入时开具的通用凭证。

②非税收入专用票据，是指特定执收单位征收特定的非税收入时开具的专用凭证，主要包括行政事业性收费票据、政府性基金票据、国有资源（资产）收入票据、罚没票据等。

③非税收入一般缴款书，是指实施非税收入收缴管理制度改革的执收单位收缴非税收入时开具的通用凭证。

（3）各级财政部门应当通过加强非税收入票据管理，规范执收单位的征收行为，从源头上杜绝乱收费，并确保依法合规的非税收入及时足额上缴国库。

（4）非税收入票据实行凭证领取、分次限量、核旧领新制度。执收单位使用非税收入票据，一般按照财务隶属关系向同级财政部门申领。

（5）除财政部另有规定以外，执收单位征收非税收入，应当向缴纳义务人开具财政部或者省级财政部门统一监（印）制的非税收入票据。对附加在价格上征收或者需要依法纳税的有关非税收入，执收单位应当按规定向缴纳义务人开具税务发票。不开具前款规定票据的，缴纳义务人有权拒付款项。

（6）非税收入票据使用单位不得转让、出借、代开、买卖、擅自销毁、涂改非税收入票据；不得串用非税收入票据，不得将非税收入票据与其他票据互相替代。

（7）非税收入票据使用完毕，使用单位应当按顺序清理票据存根、装订成册、妥善保管。非税收入票据存根的保存期限一般为5年。保存期满需要销毁的，报经原核发票据的财政部门查验后销毁。

三、资金管理

（1）非税收入应当依照法律、法规规定或者按照管理权限确定的收入归属和缴库要求，缴入相应级次国库。

（2）非税收入实行分成的，应当按照事权与支出责任相适应的原则确定分成比例，并按下列管理权限予以批准。

①涉及中央与地方分成的非税收入，其分成比例由国务院或者财政部规定。

②涉及省级与市、县级分成的非税收入，其分成比例由省级人民政府或者其财政部门规定。

③涉及部门、单位之间分成的非税收入，其分成比例按照隶属关系由财政部或者省级财政部门规定。

未经国务院和省级人民政府及其财政部门批准，不得对非税收入实行分成或者调整分成比例。

（3）非税收入应当通过国库单一账户体系收缴、存储、退付、清算和核算。

（4）上下级政府分成的非税收入，由财政部门按照分级划解、及时清算的原则办理。

（5）已上缴中央和地方财政的非税收入依照有关规定需要退付的，分别按照财政部和省级财政部门的规定执行。

（6）根据非税收入不同性质，分别纳入一般公共预算、政府性基金预算和国有资本经营预算管理。

（7）各级财政部门应当按照规定加强政府性基金、国有资本收益与一般公共预算资金统筹使用，建立健全预算绩效评价制度，提高资金使用效率。

四、监督管理

（1）各级财政部门应当建立健全非税收入监督管理制度，加强非税收入政策执行情况的监督检查，依法处理非税收入违法违规行为。

（2）执收单位应当建立健全内部控制制度，接受财政部门和审计机关的监督检查，如实提供非税收入情况和相关资料。

（3）各级财政部门和执收单位应当通过政府网站和公共媒体等渠道，向社会公开非税收入项目名称、设立依据、征收方式和标准等，并加大预决算公开力度，提高非税收入透明度，接受公众监督。

（4）任何单位和个人有权监督和举报非税收入管理中的违法违规行为。

各级财政部门应当按职责受理、调查、处理举报或者投诉，并为举报人保密。

（5）对违反《政府非税收入管理办法》规定设立、征收、缴纳、管理非税收入的行为，依照《中华人民共和国预算法》（以下简称《预算法》）、《财政违法行为处罚处分条例》和《违反行政事业性收费和罚没收入收支两条线管理规定行政处分暂行规定》等国家有关规定追究法律责任；涉嫌犯罪的，依法移送司法机关处理。

第三节　主要非税收入分析

一、政府性基金预算收入

政府性基金预算是对依照法律、行政法规的规定在一定期限内向特定对象征收、收取或者以其他方式筹集的资金，专项用于特定公共事业发展的收支预算。政府性基金预算应当根据基金项目收入情况和实际支出需要，按基金项目编制，做到以收定支。2019 年全国政府性基金收入决算表如表 7-4 所示。

表 7-4　2019 年全国政府性基金收入决算表

项目	预算数 / 亿元	决算数 / 亿元	决算数为预算数的百分比 /%	决算数为上年决算数的百分比 /%
一、农网还贷资金收入	214.85	229.53	106.8	113.8
二、铁路建设基金收入	560.00	541.26	96.7	103.3
三、民航发展基金收入	478.00	429.35	89.8	98.6
四、海南省高等级公路车辆通行附加费收入	26.33	24.83	94.3	102.3
五、港口建设费收入	243.01	237.02	97.5	103.3
六、旅游发展基金收入	15.81	15.72	99.4	108.3
七、国家电影事业发展专项资金收入	33.07	30.23	91.4	104.1
八、国有土地使用权出让金收入	64767.37	70679.31	109.1	112.3
九、国有土地收益基金收入	2092.76	1764.41	84.3	86.3
十、农业土地开发资金收入	256.41	185.07	72.2	74.3
十一、中央水库移民扶持基金收入	263.00	277.85	105.6	107.3
十二、中央特别国债经营基金财务收入	632.48	633.26	100.1	100.1
十三、彩票公益金收入	1395.33	1166.02	83.6	88.2
十四、城市基础设施配套费收入	2770.31	2747.43	99.2	108.9
十五、地方水库移民扶持基金收入	56.98	55.20	96.9	100.1
十六、国家重大水利工程建设基金收入	229.73	219.15	95.4	75.9
十七、车辆通行费收入	1498.89	1434.11	95.7	96.7
十八、核电站乏燃料处理处置基金收入	23.44	23.97	102.3	109.5
十九、可再生能源电价附加收入	835.00	868.11	104.0	110.4
二十、船舶油污损害赔偿基金收入	1.58	1.66	105.1	107.1
廿一、废弃电器电子产品处理基金收入	30.00	27.82	92.7	97.1
廿二、彩票发行和销售机构业务费收入	257.18	212.23	82.5	87.7
廿三、污水处理费收入	597.18	602.62	100.9	111.7
廿四、其他政府性基金收入	669.00	2111.56	315.6	333.6
全国政府性基金收入	77947.71	84517.72	108.4	112.0

资料来源：根据国家财政部（http://www.mof.gov.cn）相关数据整理。

如表 7-4 所示，目前我国政府性基金共有 24 项内容。2019 年全国政府性基金收入 84517.72 亿元，比上年增长 12%，其中国有土地使用权出让金收入 70679.31 亿元，占整个政府性基金收入的 83.63%，是最主要的构成成分。

与一般税收及收费项目存在明显区别，政府性基金的基本特征有：（1）政策性。根据财政部印发的《政府性基金管理暂行办法》规定：对未按本办法规定的审批程序批准，自行设立政府性基金项目，或者改变政府性基金征收对象、范围、标准和期限的，财政部应当会同有关部门予以纠正，公民、法人和其他组织有权拒绝缴纳并向财政部举报。而其他纳入政府性基金管理的资金，也制定了相应的法律法规。（2）被课征特定性。政府性基金存在于特定经济社会领域，服务于特定的政策目的，是国家为了达到特定经济社会目标而设立的。因此，政府性基金的课征对象是特定的。（3）专款专用性。根据财政部颁发的《政府性基金管理暂行办法》及相关法律法规的规定，我国政府性基金收入主要是为支持某项公共事业发展而征收的资金，不能挪作他用。

目2019 年旅游发展基金、国家电影事业发展专项资金收支状况

二、国有资本经营预算收入

国有资本经营预算指的是国家以所有者身份依法取得国有资本收益，并对所得收益进行分配而发生的收支预算。它是政府预算的重要组成部分。早在 1995 年，国务院发布的《中华人民共和国预算法实施条例》中就指出了我国各级政府预算按复式预算编制，其中包括国有资产经营预算。2007 年 9 月，国务院发布了《关于试行国有资本经营预算的意见》，决定从 2008 年开始试行国有资本经营预算，试行国有资本经营预算下的国家与国有企业之间利润分配制度。对规定实施范围内的国有企业收取 2007 年实现的国有资本收益和 2006 年实现的国有资本收益。在试行国有资本经营预算下，国有独资企业按规定上缴国家的利润和国有控股、参股企业国有股权（股份）获得的股利股息都归到国有资本经营预算的收入管理。2008 年 10 月 28 日通过的《中华人民共和国企业国有资产法》中的第六章对国有资本经营预算做出了具体规定。至此，规范国有资本经营预算的法律层级也由国务院的行政法规（条例）上升到国家法律的层次。2018 年实施的《中华人民共和国预算法》第十条规定：国有资本经营预算是对国有资本收益做出支出安排的收支预算。国有资本经营预算应当按照收支平衡的原则编制，不列赤字，并安排资金调入一般公共预算。

如表 7-5 所示，2019 年全国国有资本经营收入 3971.82 亿元，比上年增长 36.7%。

表 7-5 2019 年全国国有资本经营收入决算表

项目	预算数 / 亿元	决算数 / 亿元	决算数为预算数的百分比 /%	决算数为上年决算数的百分比 /%
一、利润收入	2419.09	2614.81	108.1	122.3
烟草企业利润收入	410.00	417.96	101.9	103.1
石油石化企业利润收入	164.93	188.88	114.5	332.9
电力企业利润收入	181.76	198.99	109.5	103.8

续表

项目	预算数 / 亿元	决算数 / 亿元	决算数为预算数的百分比 /%	决算数为上年决算数的百分比 /%
电信企业利润收入	167.56	174.10	103.9	112.2
煤炭企业利润收入	68.47	65.01	94.9	125.1
有色冶金采掘企业利润收入	2.12	11.67	550.5	418.3
钢铁企业利润收入	48.89	52.27	106.9	275.0
化工企业利润收入	3.79	9.64	254.4	236.3
运输企业利润收入	69.22	77.09	111.4	119.7
电子企业利润收入	8.92	7.37	82.6	101.2
机械企业利润收入	142.94	142.79	99.9	106.0
投资服务企业利润收入	226.15	244.58	108.1	123.5
纺织轻工企业利润收入	48.13	69.86	145.1	146.6
贸易企业利润收入	59.68	58.73	98.4	113.2
建筑施工企业利润收入	106.72	111.09	104.1	109.4
房地产企业利润收入	31.10	36.29	116.7	137.0
建材企业利润收入	2.20	5.38	244.5	134.2
境外企业利润收入	79.06	75.74	95.8	108.4
对外合作企业利润收入	2.06	2.31	112.1	126.2
医药企业利润收入	11.76	5.64	48.0	56.1
农林牧渔企业利润收入	17.41	13.87	79.7	86.0
邮政企业利润收入	20.00	15.43	77.2	56.0
军工企业利润收入	—	0.39	—	38.6
转制科研院所利润收入	4.53	4.09	90.3	91.3
地质勘查企业利润收入	2.68	3.32	123.9	148.2
卫生体育福利企业利润收入	0.12	0.29	241.7	414.3
教育文化广播企业利润收入	19.81	21.19	107.0	111.6
科学研究企业利润收入	0.31	0.29	93.5	69.0
机关社团所属企业利润收入	8.53	6.90	80.9	78.9
金融企业利润收入	29.64	26.87	90.7	129.3
新疆生产建设兵团所属企业利润收入	4.63	4.39	94.8	123.0
其他国有资本经营预算企业利润收入	475.97	562.39	118.2	130.8
二、股利、股息收入	483.12	543.61	112.5	157.9
国有控股公司股利、股息收入	134.31	136.06	101.3	107.6
国有参股公司股利、股息收入	47.34	49.70	105.0	114.6
金融企业股利、股息收入	254.36	283.84	111.6	211.8
新疆生产建设兵团所属企业股利、股息收入	0.63	0.60	95.2	122.4
其他国有资本经营预算企业股利、股息收入	46.48	73.41	157.9	183.6
三、产权转让收入	281.91	495.50	175.8	190.8
国有股减持收入	—	0.43	—	13.9
国有股权、股份转让收入	83.74	231.89	276.9	209.1
国有独资企业产权转让收入	25.93	58.20	224.5	228.8
金融企业产权转让收入	—	1.01	—	336.7
新疆生产建设兵团所属企业产权转让收入	—	2.89	—	—
其他国有资本经营预算企业产权转让收入	172.24	201.08	116.7	167.7
四、清算收入	14.75	54.53	369.7	467.7
其中：国有股权、股份清算收入	11.64	6.43	55.2	180.6

续表

项目	预算数 / 亿元	决算数 / 亿元	决算数为预算数的百分比 /%	决算数为上年决算数的百分比 /%
国有独资企业清算收入	0.95	44.37	—	—
新疆生产建设兵团所属企业清算收入	—	0.20	—	—
其他国有资本经营预算企业清算收入	2.16	3.53	163.4	72.2
五、其他国有资本经营预算收入	166.97	263.37	157.7	173.7
全部国有资本经营收入	3365.84	3971.82	118.0	136.7

资料来源：根据国家财政部（http://www.mof.gov.cn）相关数据整理。

国有资本经营收入主要分为：（1）利润收入。利润收入是我国国有资本经营收入的一般形式，主要适用于国家独资、直接经营和实行承包经营的国有企业。根据不同时期的国有企业经营具体形式的不同，可以具体分为：上缴利润递增包干；上缴利润基数包干，超额分成；上缴利润定额包干等。随着国家资本经营预算制度的实行，上缴利润的主要部分由国有独资企业按规定上缴给国家和各级政府的利润构成。2019 年利润收入达 2614.81 亿元，占全部国有资本经营收入的 65.83%，是主要构成成分。（2）股利、股息收入。股利是按所占的股份分配给股东的利润。对于实行公司制经营企业的那部分国有资产权利，股利是国家作为股东，凭借其股权参与股份企业资产经营收益分配所得的收入。股息是股份资产的利息。2019 年股利股息收入共 543.61 亿元。（3）产权转让收入。国家通过国有资产产权转让、出售、拍卖和国有股减持等方式，将取得的资产产权转让收入的一部分作为财政收入。2019 年产权转让收入 495.50 亿元。（4）清算收入。清算收入是指国有独资企业清算取得的企业清算收入，国有控股、参股企业清算分享的公司清算收入。2019 年共取得清算收入 54.53 亿元。（5）其他国有资本经营预算收入。2019 年其他国有资本经营预算收入 263.37 亿元。

国企如何分配利润？

三、社会保险基金预算收入

社会保险基金预算是对社会保险缴款、一般公共预算安排和其他方式筹集的资金，专项用于社会保险的收支预算。社会保险基金预算应当按照统筹层次和社会保险项目分别编制，做到收支平衡。社会保险基金收入主体是个人和单位缴纳的社保费用，以及通过一般公共预算向社会保险基金的拨款，即社保预算收入里的政府补贴收入。此外还有利息收入和委托投资收益。2019 年全国社会保险基金收入决算表如表 7-6 所示。

表 7-6　2019 年全国社会保险基金收入决算表

项目	预算数 / 亿元	决算数 / 亿元	决算数为预算数的百分比 /%	决算数为上年决算数的百分比 /%
一、企业职工基本养老保险基金收入	36659.62	38174.79	104.1	101.7
其中：保险费收入	28800.63	30008.75	104.2	101.7
财政补贴收入	5825.59	5587.76	95.9	104.3
利息收入	1010.73	1149.45	113.7	114.0
委托投资收益	323.24	507.70	157.1	72.6
二、城乡居民基本养老保险基金收入	4072.62	4149.44	101.9	107.2

续表

项目	预算数 / 亿元	决算数 / 亿元	决算数为预算数的百分比 /%	决算数为上年决算数的百分比 /%
其中：缴费收入	857.27	1000.17	116.7	113.5
财政补贴收入	3005.06	2880.51	95.9	103.8
利息收入	163.89	189.13	115.4	132.4
委托投资收益	15.28	31.82	208.2	1140.5
集体补助收入	6.63	9.10	137.3	102.8
三、机关事业单位基本养老保险基金收入	13841.67	14456.25	104.4	107.5
其中：保险费收入	9000.82	9506.18	105.6	102.1
财政补贴收入	4751.97	4731.10	99.6	117.6
利息收入	43.42	51.83	119.4	107.2
委托投资收益	—	—	—	—
四、职工基本医疗保险基金收入	14727.22	15638.36	106.2	110.6
其中：保险费收入	14026.35	14898.45	106.2	110.2
财政补贴收入	106.48	92.88	87.2	90.3
利息收入	456.94	517.10	113.2	131.1
五、居民基本医疗保险基金收入	8403.84	8679.84	103.3	108.9
其中：缴费收入	2550.58	2773.31	108.7	111.5
财政补贴收入	5767.21	5796.24	100.5	107.9
利息收入	80.94	88.19	109.0	111.2
（一）城镇居民基本医疗保险基金收入	192.68	200.39	104.0	104.7
其中：缴费收入	58.64	85.42	145.7	156.7
财政补贴收入	130.55	112.14	85.9	84.4
利息收入	3.47	2.60	74.9	67.0
（二）新型农村合作医疗基金收入	772.22	636.53	82.4	89.3
其中：缴费收入	233.34	203.40	87.2	109.0
财政补贴收入	532.47	426.14	80.0	82.4
利息收入	4.54	4.08	89.9	84.0
（三）城乡居民基本医疗保险基金收入	7438.94	7842.92	105.4	111.0
其中：缴费收入	2258.60	2484.49	110.0	110.6
财政补贴收入	5104.19	5257.96	103.0	111.3
利息收入	72.93	81.51	111.8	115.5
六、工伤保险基金收入	815.09	804.68	98.7	90.3
其中：保险费收入	763.68	744.73	97.5	89.5
财政补贴收入	12.43	14.46	116.3	96.8
利息收入	35.44	40.35	113.9	107.7
七、失业保险基金收入	1157.48	1248.77	107.9	106.6
其中：保险费收入	994.40	1059.88	106.6	104.4
财政补贴收入	0.22	0.17	77.3	1.7
利息收入	155.26	173.30	111.6	129.5
全国社会保险基金收入合计	79677.54	83152.13	104.4	105.3
其中：保险费收入	56993.73	59991.47	105.3	104.3
财政补贴收入	19468.96	19103.12	98.1	108.2
利息收入	1946.62	2209.35	113.5	119.8
委托投资收益	338.52	539.52	159.4	76.9

资料来源：根据国家财政部（http://www.mof.gov.cn）相关数据整理。

　　根据《2019 年全国社会保险基金收入决算表》，2019 年社会保险基金收入共 83152.13 亿元，其中保险费收入 59991.47 亿元，财政补贴收入 19103.12 亿元，利息收入 2209.35 亿元，委托投资收益 539.52 亿元。

▶▶ 本章小结

　　1. 非税收入是指除税收以外，由各级国家机关、事业单位、代行政府职能的社会团体及其他组织依法利用国家权力、政府信誉、国有资源（资产）所有者权益等取得的各项收入。

　　2. 非税收入包括：行政事业性收费收入、政府性基金收入、罚没收入、国有资源（资产）有偿使用收入、国有资本收益、彩票公益金收入、特许经营收入、中央银行收入、以政府名义接受的捐赠收入、主管部门集中收入、政府收入的利息收入，以及其他非税收入。

　　3. 非税收入是政府财政收入特别是地方政府财政收入的重要组成部分，是财政体系的有机构成，在财政体系中发挥着不可替代的作用。

▶▶ 基本概念

　　非税收入　罚没收入　特许经营收入　彩票公益金收入　政府性基金收入　国有资本经营收入

▶▶ 思考题

　　1. 非税收入和预算外收入是一回事吗？

　　2. 一般公共预算中税收收入和非税收入哪个比重更大？

　　3. 非税收入具体包括哪些收入？

▶▶ 参考文献

陈共．财政学 [M]．9 版．北京：中国人民大学出版社，2017.

储敏伟，章辉．财政学 [M]．4 版．北京：高等教育出版社，2018.

邓子基等．财政学 [M]．4 版．北京：高等教育出版社，2014.

马海涛，温来成，姜爱华．财政学 [M]．北京：中国人民大学出版社，2012.

张小军．财政学原理及应用 [M]．广州：华南理工大学出版社，2016.

钟晓敏．财政学 [M]．2 版．北京：高等教育出版社，2015.

目 本章测试

第八章
政府预算

▶▶ **学习目标**

通过本章学习，学生可以掌握政府预算的概念和本质，熟悉政府预算的流程和周期，了解政府预算产生的过程和作用，重点理解政府预算的特点、预算编制和管理方式的差异。

▶▶ **案例导入**

据财政部公布的资料，截至 2018 年末，全国地方政府债务余额 18.39 万亿元，控制在全国人大批准的限额之内，但这些债务仅是纳入财政部门"政府债务管理系统"的数字，从近年来的审计情况看，地方政府在系统之外通过融资平台、企事业单位等形成了大量"隐性债务"，必然给我国财政带来巨大的风险。

（资料来源：根据相关资料整理）

请思考：

1. 地方隐性债务的形成反映出我国预算管理存在什么问题和漏洞？

2. 地方隐性债务谁来买单？

第一节　政府预算概述

政府预算作为一种管理工具，是任何政府进行财政管理的核心。它将政府的收入与支出相连接，对政府资金进行总体控制；它将政府资金与政府行为相连接，对公共资源进行有效配置。

一、政府预算的概念与特征

（一）政府预算的概念

就公共财政而言，政府预算就是指经法定程序审核批准的具有法律效力的政府年度收支计划，是政府筹集、分配和管理财政资金及进行宏观调控的工具。通常，狭义的预算指预算文件或预算书，而广义的预算则包括编制决策、审查批准、执行调整、决算绩效、审

153

计监督等完整的预算过程。

从形式上看，政府预算是政府财政收支计划。政府预算的典型形式是政府在对年度财政收支规模和结构进行预计、测算的基础上进行的计划安排，其依据是一国相应的法律法规及一定时期政府的工作目标和政策意图，因此预算能够反映一定时期政府公共资源的配置。

从性质上看，政府预算是具有法律效力的文件。现代预算制度的核心，是纳税人（公众）通过立法机构对政府行政权力（资金使用权）的约束和限制，体现的是受托责任。

从内容上看，政府预算反映着政府分配活动的范围和方向。从政府预算的内容，可以清晰地看到政府各项收入的来源，各项支出的去向，收支的结构和规模。因此，政府预算收支体现了政府掌握的资金的来源、流向及规模，也反映了政府参与国民收入分配及再分配的规模和结构。

从程序上看，政府预算是通过政治程序决定的。其实质是纳税人及其代议机构（立法部门）控制政府财政活动的制度机制。政府掌握的资金是公共资金，来自公众，用于公众。因此，预算安排必须反映公众的意图，预算资金的使用必须对公众负责。预算约束机制是政府责任机制的重要一环。

总之，政府预算既是政府管理公共资源，实现公共资源有效配置的重要工具，同时也是对政府公共资源使用进行有效控制，维护公共利益和落实公共责任的重要制度安排。

（二）政府预算的特征

政府预算作为一个独立的财政范畴，是财政发展到一定历史阶段的产物，从预算的产生到发展为现代预算制度，其内涵不断完善和充实，并形成了区别于其他经济范畴的共性，其基本特征有以下几个方面。

1.法制性

法制性是指政府预算的形成、执行过程及结果等全过程都要在相关预算法律制度框架内进行，即法制性不仅限于预算文件本身的法律效力，还反映在预算活动全过程都要依法展开并在法律制度约束下进行。

政府预算的法制性体现在：（1）预算的编制、执行、调整和结算的程序是在法律规范下进行的；（2）有关预算级次划分、收支内容、管理职权的划分都是以法律（法规）的形式规定的。这样就使政府的财政行为通过预算的法制化管理被置于社会公众的监督之下。

法制性是现代预算制度的本质特征之一。预算的法制性是预算约束性的前提和保障，也是现代民主制度的重要基础。缺乏法律约束的预算制度不能称为真正意义上的现代预算制度，没有基于法制保障的现代预算制度的财政制度也不能称为真正的公共财政制度。

2.约束性

线束性是指预算作为一个通过立法程序确定的对公共资源分配的具有法律效力的文本，对参与预算的各利益主体具有约束作用。现代预算制度的一个作用就是通过预算来约束政府花钱，保证公共资金花在该花的地方，从而维护公共利益。

预算约束性表现在：（1）预算决策的民主性。预算编制过程对资金进行竞争性分配，预算决定权由不同主体分享等，均反映了预算决策的民主性。（2）事前决定。预算事先决定作为现代预算制度的基本原则，既是保障公共资源配置效率的需要，也强化了政府行为的计划性，实现了对公权力的约束。（3）执行严格。预算一旦制定，就成为有法律效力的文件，各级预算部门必须严格执行，从而构成对政府的有效约束。（4）有效监督。作为一种政府程序，预算审批和监督权分设是强化预算约束性的重要一环。

本质上，现代预算制度体现的是政府与纳税人（公众）之间的委托代理关系。纳税人作为委托人，将资金交给政府，向政府购买公共服务，政府作为代理人，接受公众的委托并提供相应的服务，纳税人为了保证自身的利益，必须通过制度设计实现对代理人的约束。

3. 公共性

公共性是指通过预算分配的内容要满足公共需要，预算运行方式要公开、透明、规范，预算过程要接受公众监督，预算结果要对公众负责。

预算的公共性表现在：（1）预算目标是公共利益最大化。在现代民主政治中，政府的主要职能是提供公共产品和维护公共利益，公共财政的基本含义也是如此。反映在预算制度中，预算决策目标应该是公共利益最大化，并基于这样的目标在公共利益与私人利益、不同公共利益之间进行选择。（2）公众参与。公众参与预算过程，反映公众需要，监督预算执行，是现代公共预算的基本要求。

4. 综合性

综合性是指政府预算是各项财政收支的汇集点和枢纽，综合反映了政府收支活动的全貌。通过预算，可以反映政府在整个预算期内整体的工作安排和资金流向。

预算的综合性表现在：（1）全面反映各种性质的收支。政府预算反映政府所有收支活动的内容，政府的每一项支出均应纳入预算，从而使预算完整反映政府的施政方针和战略部署，清晰呈现政府的整体工作安排和打算。（2）集中反映政府收支的规模和结构。政府预算资金由财政部门集中安排，从而在最大范围内实现资源的有效配置，并集中实现资金有有效管理和控制。

5. 年度性

预算的年度性是指政府预算按照法定的预算年度来编制，凡是属于本年度的财政收支列入本年度预算，凡不属于本年度的财政收支则不列入本年度预算。

所谓预算年度（budget year），是指政府编制预算的统计时间，即政府预算收支统计和计算的起止时间跨度，通常为一年。各国预算年度不尽相同，大体上可以分为两类：第一例是历年制，预算年度从每年1月1日开始，12月31日结束，以一个完整的日历年度作为预算年度，法国、德国、意大利等实行历年制；第二类是跨年制，即预算年度跨越两个日历年度，从当年的某月某日至次年的某月某日。如美国预算年度从当年的 10 月 1 日起到次年的 9 月 30 日止，日本则是从当年的 4 月 1 日起到次年 3 月 31 日止。

我国实行的是历年制，但操作过程中，由于预算批准时间晚于预算开始时间，存在先执行后审批的矛盾。

二、政府预算的产生和发展

（一）西方国家政府预算的产生过程

从世界范围看，现代预算制度产生于商品经济发展和资本主义生产方式出现时期，是在新兴资产阶级与封建统治阶级斗争的过程中，作为一种斗争手段和斗争方式产生的。

现代政府预算制度最早产生于英国。早在 14、15 世纪，英国新兴资产阶级、广大农民和城市平民就开始反对封建君主横征暴敛，要求对国王课税权进行一定的限制，即要求国王在征收新税或增加税负时，必须经代表资产阶级利益的议会同意和批准。随着新兴资产阶级力量的逐步壮大，他们充分利用议会同封建君主争夺国家财政权，议会对政府财政收支的约束不断增加。1640 年资产阶级革命后，英国的财政权已受到议会完全控制，议会核定的国家财政法案，政府必须遵照执行，在收支执行过程中接受监督。1689 年，英国议会通过《权力法案》，重申财政权永远属于议会。1798 年，英国议会通过《联合王国总基金法案》，把全部财政收支统一在一个文件中，至此才有正式的预算文件。19 世纪初，英国才确立了按年度编制和批准预算的制度，即政府财政大臣每年提出全部财政收支一览表，由议会审核批准。

其他西方国家预算制度的确立则较晚。法国在大革命时期的《人权宣言》中对国家预算制度进行了规定，到 1817 年规定立法机关有权分配政府经费，从而完全确立了预算制度。美国在早期宪法中没有关于预算制度的规定，直到 1800 年才规定财政部要向国会报告财政收支。第一次世界大战后，美国在"进步时代"的历史背景下，国会在 1921 年通过了《预算与会计法》，正式确立了完整的现代预算制度。

自英国政府预算制度的形成过程

（二）我国现代预算制度的产生

在中国，现代预算制度在清朝末期才开始建立。清朝末年，西方的一些思潮，包括西方的理财制度开始传入我国，受其影响，清光绪三十四年（1908 年），清政府颁布《清理财政章程》，宣统二年（1910 年）起，由清理财政局主持编制预算工作，这是我国封建王朝第一次正式编制政府预算。第一个预算先由各省汇报，然后由度支部加以审核，资政院加以修正，奏请实施。1911 年的辛亥革命推翻了清政府，因此，中国历史上的第一部现代意义上的政府预算只有预算而无决算。以后，北洋军阀和国民党政府也有政府预算，但都属于半封建、半殖民地性质的预算。

三、政府预算的原则

政府预算原则，是一国在构建预算制度和进行预算管理时应遵循的基本准则。按照《中华人民共和国预算法》的要求，结合我国预算实践，我国的预算活动应遵循以下原则。

（一）全面完整原则

预算全面完整原则是指政府预算应包括政府的全部收支项目，完整地反映以政府为主体的全部财政收支活动，全面体现政府活动的范围和方向，不允许在预算规定范围之外还有任何以政府为主体的资金收支活动。

预算全面完整性是增强预算约束力和透明性，提高财政资金使用效率的客观要求，也是强化财政宏观调整功能，完善财政职能的重要手段。我国《预算法》第四条规定，政府预算由预算收入和预算支出组成。政府的全部收入和支出都应纳入预算。这一规定明确了预算的全面完整原则。

预算的全面完整有利于政府控制、调节各类财政性资金的流向和流量，完善财政的分配、调节和监督职能；同时也有利于立法机关的审议批准和公众的了解，是对政府预算收支进行监督和控制的基础。

（二）公开透明原则

公开透明原则是指政府预算应该是对全社会公开的文件，其内容应为全社会所了解，并且预算资金的运行过程要公开透明，易于监督。

政府预算资金来自公众，用于公众，决定了预算资金的流向应该向公众公开，除了涉及国家秘密的内容外，所有财政资金的安排及使用情况都要向社会公开，包括财税政策、预决算管理制度、预算收支安排、预算执行情况、决算情况及决算评价等。

预算作为政府财政行动的重要载体，表明了政府财政活动的责任，体现了政府的政绩。通过预算将政府决策向公众公开，可以加强政府与公众的沟通，也促进了政府决策的民主化和科学化。

📎 **专栏8-1：《中华人民共和国预算法》第一次修正** ————————————

2014年8月31日，第十二届全国人大常委会第十次会议审议通过了《中华人民共和国预算法》修订案。修改后的《预算法》总结实践经验，回应社会关切，对预算公开做出了比较全面、具体的规定：第一，预算公开，是全面的公开，既包括中央预算，也包括地方预算，预算、预算调整、决算都要公开，不但政府预算要公开，部门预算也要公开。预算活动的全部内容，除了依照国家保密法规定属于国家秘密的事项，其他全部内容都要向社会公开。第二，预算公开，既规范全面也突出重点。在全面公开的原则下，特别强调对一些重要事项，如政府预算中本级政府财政转移支付安排执行的情况及举借债务的情况、部门预算中包括"三公经费"在内的机关运行经费的安排使用情况、预算执行中进行政府采购的情况、审计部门对预算执行和其他财政收支的审计工作报告等内容的公开。第三，预算公开，是具有可操作性的公开。《预算法》对预算公开内容、时间、主体等都做了明确、具体的规定，以使法律关于预算公开的规定更具有可执行性、可操作性，更能落到实处。

修改后的《预算法》第十四条、第八十九条关于预算公开的具体规定包括：（1）公开内容，包括经本级人大或者人大常委会批准的预算、预算调整、决算、预算执行情况的报告及报表，经本级政府财政部门批复的预算、决算及报表，各级政府、各部门、各单位进行政府采购的情况，以及对预算执行和其他财政收支的审计工作报告。同时要求，公开政府预算、决算时，应当对本级政府财政转移支付安排执行情况及举借债务的情况等重要事项做出说明；公开部门预算、决算时，应当对部门预算、决算中机关运行经费的安排、使用情况做出说明。（2）公开时间。政府预算、预算调整、决算和预算执行情况的报告及其报表，应当在各级人大及其常委会批准后20个自然日内公开；部门预算、决算，应当各级政府财政部门批复后20个自然日内公开。（3）公开主体。政府预算、预算调整、决算和预算执行情况的报告及其报表，由本级政府财政部门负责公开；部门预算、决算及报表，由各部门负责公开。

[资料来源：李翠兰，李丹. 新预算法下我国的预算公开改革[J]. 税收经济研究，2015（5）：87-92.]

（三）规范执行原则

规范执行原则是指预算一经立法机构批准，就成为具有法律效力的文件，必须严格按照预算执行，无预算或超预算的收支一律不得执行，并应严格遵守相关的法律法规。

现代预算制度的灵魂，在于通过预算约束，规范政府收支行为。而硬化预算约束的关键，在于严格执行。《中华人民共和国预算法》第五十五条规定，预算收入征收部门和单位，必须依照法律、行政法规的规定，及时、足额征收应征的预算收入。不得违反法律、行政法规规定，多征、提前征收或者减征、免征、缓征应征的预算收入，不得截留、占用或者挪用预算收入。第五十七条规定，各级政府财政部门必须依照法律、行政法规和国务院财政部门的规定，及时、足额地拨付预算支出资金，加强对预算支出的管理和监督。各级政府、各部门、各单位的支出必须按照预算执行，不得虚假列支。

严格按照预算支出，是国际通行的基本原则，也是依法理财的重要基础。

（四）绩效管理原则

绩效管理原则要求在预算管理过程中更加关注资金的产出和结果。注重绩效管理，是现代预算发展的新趋势，传统的以控制为主要特征的预算强调责任，而当代预算将绩效放到与受托责任同等重要的地位。所谓"绩"，是指业绩，"效"则指的是效果，包括效率、效益和影响等。绩效的概念不同于单纯的效率、效益，更包括效果、有效性和长期影响等。

20世纪中后期以来，伴随着国际政治经济形势的变化，各国财政压力加大，绩效管理作为应对财政压力的有效手段越来越被重视，我国新版的《预算法》也明确将强化绩效管理作为重要管理原则。

（五）平衡稳健原则

预算平衡一般是指在预算年度内，预算收入和支出在总量上基本平衡，结构上合理协调。预算平衡，是预算可持续的基础。坚持预算平衡，并不是说不能出现赤字，而是指要严格控制预算赤字，这是保证国民经济供求总量平衡的内在要求，是保证国民经济可持续发展的基础。因为政府预算结余或赤字过多对国民经济都会产生较大影响。

预算平衡的关键首先要"量入为出"，即根据收入的预测来安排相应的支出。

从预算规则来看，收支应保持基本平衡，是任何国家都必须遵循的铁律，也是对国家预算决策最关键的约束之一。但在现代市场经济条件下，特别是当预算当成政府宏观调控的经济手段，政府债务收支成为常态后，预算平衡往往突破简单的年度平衡，而是视条件建立跨年度的周期平衡机制。

（六）监督问责原则

监督问责原则是指在法律赋予政府获取与使用公共资源权力的同时，政府在行使权力的过程中也应当受到监督、制约和问责。

追溯现代预算发展的源头，现代预算制度正是在一步步落实政府责任的基础上形成的。在民主社会，只能让公权力受到监督，滥用权力的行为受到责罚，才能保证公权力公平、公正地运行。预算作为现代国家治理体系的重要工具，势必要发挥其对权力的监督问责作用。

预算监督主要是立法机关对预算编制、执行过程进行监督，也包括财政内部监督、审计监督和社会监督等多种形式的监督。

四、政府预算的主要类型

随着经济发展与社会进步，政府职能日益拓展，需要政府提供的公共产品类型日益增多，结构日趋复杂，政府预算的模式也不断变化。

（一）按照预算编制形式划分

按照预算编制形式，可将预算划分为单式预算和复式预算。

1. 单式预算

单式预算，是指将所有财政收入和支出汇编在同一个预算内，形成一个预算收支安排对照表，而不区分各项收支性质的预算编制形式。

单式预算的优点是：预算结构简单，有利于反映预算的整体性，统一性；可以清晰体现政府财政收支的总规模和基本结构。便于立法机构监督审议和公众监督，可以满足政府预算管理的需要。单式预算的不足在于：随着政府职能的扩大，政府收支类别的增加，不能清晰反映各项预算收支的性质。如资本性支出和消耗性支出的区别，不利于分类进行预算管理和监督，也不利于体现政府在不同领域活动的性质和特点。

2. 复式预算

复式预算是根据政府预算收支的性质，将全部收支在两个或两个以上的预算中反映。复式预算是伴随着政府职能扩大，预算收支规模增大，预算收支性质趋于复杂而出现的。常见的复式预算包括经济性预算和资本性预算。经济性预算主要反映政府日常收支，收入以税收为主要来源，支出主要用于国防外交、行政管理、科教文卫、社会保障等。其性质为政府履行一般行政管理职能，提供公共产品和公共服务所发生的消耗。资本性预算收入包括国有资本经营收益、资产处置收入、债务收入、经常性预算结余等，支出主要包括种类投资、贷款等。在性质上，它反映政府的经济职能，所发生的支出可以形成资产或资本，可以在较长时期内发挥作用。

复式预算的优点是：体现了不同预算收支的性质和特点。既能反映财政预算资金的流向和流量，又能全面反映资金性质和收支结构，有利于分类管理和监管；复式预算的不足在于，由于全部政府收支分别在不同的预算中反映，因此在预算的整体性和统一方面不如单式预算，预算平衡控制也较难。

从政府预算诞生到 20 世纪 30 年代以前，各国政府都实行单式预算。20 世纪 30 年代后，在凯恩斯经济思想影响下，各国政府加大对市场干预力度，政府经济职能大幅扩张，预算活动日趋复杂，单式预算已不能适应政府管理的要求，各国纷纷转向复式预算。1927年丹麦率先创立复式预算，1938 年瑞典设计了新的复式预算方案并开始实施，此后世界各国开始采用。20 世纪 70 年代后，早期的二元复式预算由于不能适应更加复杂的经济形势的需要，各国开始转向多元复式预算。

在中华人民共和国成立后，我国一直采用单式预算。1992 年，中国共产党第十四次全国代表大会确定建立了社会主义市场经济体制，相应的财税制度改革也开始推进。从1992 年起，我国的政府预算就按复式预算编制，即把全部预算收支按性质分别编制经常性预算和建设性预算。2015 年 1 月 1 日起实施的《预算法》明确规定，我国政府预算由一般公共预算、政府性基金预算、国有资本经营预算和社会保险基金预算组成。

（二）按照预算编制方法划分

按预算编制方法划分，政府预算可分为基数预算和零基预算。

1. 基数预算

基数预算（base budget）是指在安排年度收支时，以上年度或基期的收支为基数，综合考虑预算年度国家政府变化、财力增加及支出实际需要等因素，确定一个增减调整比例，以测算预算年度相关收支指标，并据以编制预算的方法。其公式可表示为

预算年度某项收支数额 = 上年度或基期该项收支的数额 ×（1± 变动系数）

基数预算的优点在于简便易行，对信息需求较少，编制效率高。在数据资料有限、预

算管理水平不高的条件下，可满足财政决策和预算编制的需要。基数预算的缺点在于：一是收支基数的科学性、合理性难以界定，导致以前年度不合理的支出会被延续；二是编制方法显得过于简单，主观随意性较大，不够科学。

2.零基预算

零基预算（zero-based budget）是指在编制预算时对预算收支指标的安排不考虑该指标以前年度收支状况或基数，而是根据当年政府预算政策要求、财政状况和经济社会事业发展需要重新核定项目和预算，即预算决策是建立在对收支目的、手段和资源进行重新评估的基础之上的。

零基预算的主要程序是：（1）确定决策单位（可以是支出项目、部门等）及目标和任务；（2）为各个决策单位建立项目决策包，即一系列描述项目目标和成本的决策方案；（3）决策单位对决策包中的方案进行先进性和重要性排序；（4）对决策包进行逐级排序；（5）按优先顺序分配资金。

零基预算的优点有：（1）预算不受以前年度的基数约束，现有的支出必须和新的支出一起比较竞争，各部门必须为全部预算辩护；（2）预算决策有较大的选择余地，可突出当年政府经济社会重点，充分发挥预算调控功能；（3）强化了政府内部对预算的总体控制，进而改进资源配置效率。

零基预算的缺点有：（1）决策单位及目标难以确定，即不是所有预算收支都能采用零基预算，有些收支在一定时期有刚性，如公务员工资福利支出；（2）由于政府支出的特殊性及多元性，如何对众多的决策包进行排序是决策难点；（3）预算成本高，对信息要求高。

在传统的立法预算模式下，预算决定公共资源配置是建立在基数的基础上的，预算支出部门主要就增量部分与立法部门讨价还价，这一做法降低了预算成本。随着行政预算的确立，对预算对资源配置效率越来越受到重视，20世纪70年代后逐步成为主流的预算方法。我国从2000年部门预算改革后，开始推广零基预算，主要用于项目资金预算，目前已经被大多数省份采纳。

（三）按照预算控制方式不同

按照预算控制方式划分，政府预算可分为投入预算与绩效预算。

1.投入预算

投入预算主要是指分项列支预算（line-item budget），它的目标是强调严格遵守预算控制规则，对投入进行严格控制，主要关注政府的支出行为是否恰当，将支出详细科目化，以监督政府是否将拨款支出到事前规定的用途，是否按照事前规定的方式进行支出，限制甚至禁止资金在不同预算项目之间转移。

投入预算的优点在于：有利于预算管理规范化、制度化，也便于立法机关审议和监督。

投入预算的缺点在于：不重视产出和结果，不能有效控制行政机构和人员膨胀，预算支出效率不高等。

2. 绩效预算

绩效预算（performance budget）是根据成本—效益等分析方法，将预算项目成本与预期绩效进行比较，以决策支出项目必要性及支出规模的一种预算方式。与投入预算相反，绩效预算强调投入与产出及结果的关系，其宗旨在于降低政府提供公共产品和服务的成本，提高财政支出的效率与效益，从而约束政府扩张，因此又被称为结果导向的预算。

目我国将全面
实行预算绩效
管理

20 世纪 70 年代末 80 年代初，英国、澳大利亚、新西兰等国家率先启动了新绩效预算，美国在 20 世纪 90 年代也重返绩效预算，使绩效预算越来越成为主流的预算管理模式。

第二节　政府预算体系与流程

一、政府预算体系

政府预算体系，包括政府预算组织体系、构成体系和收支科目体系。从组织体系角度考察，我国政府预算由各级政府预算构成，一级政府预算又由机构预算构成。从构成体系看，我国政府预算由一般公共预算、政府性基金预算、国有资本经营预算、社会保险基金预算组成。从收支体系角度看，我国政府预算由收入预算和支出预算构成。

（一）政府预算的组织体系

从组织体系看，我国政府预算由各级政府预算组成，各级政府预算又由所属部门预算构成。

1. 政府分级预算体系

我国实行政府分级预算，一级政府，一级预算。目前，我国从中央到地方有五级政府，分别设中央、省（自治区、直辖市）、设区的市（自治州）、县（自治县、不设区的市）、乡（民族乡、镇）五级预算，每级预算相对独立。

全国总预算由中央预算和地方预算组成。地方预算由各省、自治区、直辖市总预算组成。地方各级总预算由本级预算和汇总的下一级总预算组成；下一级只有本级预算的，下一级总预算即指下一级的本级预算。没有下一级预算的，总预算即指本级预算。

（1）中央预算

中央预算是经过法定程序批准的中央政府的财政收支计划。中央政府一般公共预算由财政部代表中央政府（国务院）汇编，经全国人民代表大会审议批准。

（2）地方预算

地方预算是经法定程序批准的地方各级政府的财政收支计划的统称。我国省级及以下的四级预算都称地方预算。地方各级一般公共预算由地方本级财政机关代表同级政府汇编，由同级人大审批，根据其涵盖的范围、级次，又分为本级预算和总预算。

各级政府本级一般公共预算由同级各部门预算组成，部门预算由本级部门及所属单位预算组成。

各级地方由本级政府一般公共预算及所属下级财政总预算汇总而成，是反映本地行政区域范围内政府财政收支的计划。

2.部门预算体系

机构预算是行使公共财政收支权力的公共机构所编制的预算，包括部门预算和单位预算。

（1）部门预算

部门指与财政直接发生预算缴拨款关系的国家行政机关、军队、政党组织、社会团体、事业单位及国有（控股）企业。部门预算是以部门为依托，由主管单位汇编的、反映本部门全部收支的年度资金计划。部门预算的基本单元是单位预算。

（2）单位预算

单位预算是指各部门下属的机关、团体和企事业单位编制的财务收支计划。它以资金收支形式反映预算单位的各项活动，对单位一定时期内财务收支规模、结构、资金来源和去向做出预计。

根据财政经费的领拨关系，我国将预算单位分为一级预算单位、二级预算单位和基层预算单位。一级预算单位又称主管预算单位，是指与同级财政直接发生资金缴拨关系，而且还有所属下级单位的单位；二级预算单位是指与主管预算单位发生资金缴拨关系，而且还有所属下级单位的预算单位，基层预算单位是指与二级预算单位或主管预算单位发生资金缴拨款关系，但没有下属单位的单位。

（二）政府预算的构成体系

从构成体系考察，我国政府预算包括一般公共预算、政府性基金预算、国有资本经营预算、社会保险基金预算。4类预算各自保持完整和独立性，政府性基金预算、国有资本经营预算、社会保险基金预算与一般公共预算相衔接。

1.一般公共预算

一般公共预算是对以税收为主体的财政收入，安排用于保障和改善民生、推动经济社会发展、维护国家安全、维持国家机构正常运转等方面的收支预算。该预算以税收为主体，兼有行政事业性收费取得的收入，主要用于提供一般公共产品和满足一般公共服务需求的预算。主要支出包括4个方面：保障和改善民生、推动经济社会发展、维护国家安全和维持国家机构正常运转。

2.政府性基金预算

政府性基金预算是依照法律、行政法规的规定在一定期限内向特定对象征收、收取或以其他方式筹集的资金，专项用于特定公共事业发展的收支预算。

政府性基金是为实现特定经济社会领域的政策目的，各级政府及所属部门按照规定程序批准，依法向特定群体征收的具有专项用途的一种非税收入，包括各种基金、资金、附加和专项收费等。

政府性基金种类繁多，与一般税、特殊类型税、规费、受益费等有着明显区别，一般具有设定程序规范、来源特定、专款专用特点，具有强烈的筹资特性，是政府运用政治权力快速、集中筹集资金的一种形式。

3. 国有资本经营预算

国有资本经营预算是对国有资本收益做出支出安排的收支预算，是国家以所有者身份依法取得国有资本收益，并对所得收益进行分配而发生的各项收支预算，是对政府在一个财政年度内国有资产经营性收支活动进行价值管理和分配，是政府预算的重要组成部分。

国有资产监督委员会（简称国资委）根据政府授权，代表国家履行出资人职责，财政部门为国有资本经营预算的主管部门，负责审核部门单位预算支出建议草案，并编制国有资本经营预算草案。

4. 社会保险基金预算

社会保险基金预算是对社会保险缴款、一般公共预算安排和其他方式筹集的资金，专项用于社会保险的收支预算。社会保险资金来源主要有 3 个渠道：社会保险缴款、一般公共预算安排资金及其他方式筹集的资金。其中其他方式筹资的资金主要包括社会保险基金的投资收益、利息收入及社会捐赠收入等。社会保险基金支出专项用于社会保险支出，专款专用，不得用作其他用途。

社会保险基金虽然属于社会共济性质，但由于社会保险基金关系到重大民生事业，实际由政府受托管理，并由政府给予制度性、机制化的补贴，各项待遇标准由政府制定，因此应当纳入政府预算体系。

二、政府预算管理流程

预算管理流程是指一个相对完整的预算管理运行过程，按照各个运行阶段的管理内容主要分为：预算规划与编制、预算审查与批准、预算执行与调整、政府决算与审计、预算绩效与监督等阶段（见图 8-1）。

政府施政行为的开展必须有相应的预算资金作为保障，因此控制了政府预算的资金流，也就对政府的行政权力形成了有效的监督和制约。预算活动的完整过程主要包括预算的决策编制、审查批准、执行调整、绩效控制，等等。核心内容是预算的编制与审批、执行、调整及决算。在我国建设现代预算制度的条件下，这一过程更需要强化的是预算结果的绩效评价及预算全过程的监督。

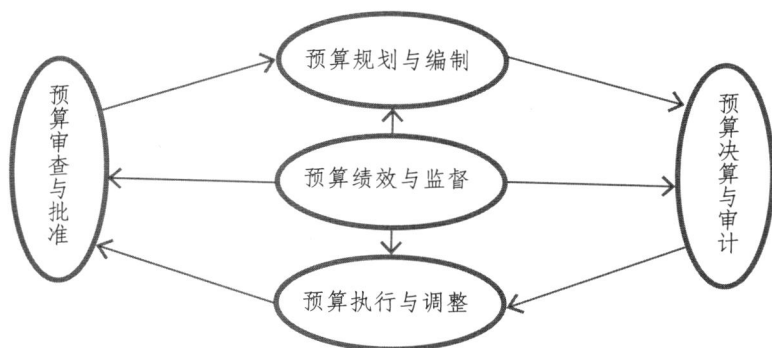

图 8-1　政府预算管理流程

（一）预算规划与编制

政府预算决策并不单纯是一个管理问题，还有深刻的政治、经济和社会背景，因此预算方案要受到一国法律法规、政策制度、公众意愿的制约，而这一切要通过政府预算中的中长期规划和短期计划来体现。政府年度预算属于短期计划，它的安排是建立在中长期财政计划的基础上的，根据国内外政治经济形势，结合本国国民经济运行和社会发展的诸多矛盾，按照财政收支状况，按轻重缓急进行决策的结果。

政府预算规划与决策，由财政部门根据法律法规要求，国民经济和社会发展计划指标等测算主要财政收支指标，各预算单位和部门按照财政部门经济决策下达的收支控制指标及部门预算编制要求，经过"两上两下"的编制程序编制完成预算草案。

（二）预算审查与批准

预算草案编制完成后要按照法定的程序进入审查批准阶段，进而使预算方案合法化。这一过程表现为各级人民代表大会对政府预算的审查批准。

（三）预算执行与调整

政府预算经过审批后进入执行阶段，预算的执行既是将预算安排的收支计划指标实现的过程，又是决定各项预算决策是否能够落实到位的关键环节，这一阶段财政部门通过合理组织收入和有序安排支出实现既定的目标。如需要改变经批准的预算则需要经过法定的调整程序。

（四）政府决算与审计

每个执行周期完成后还要对预算的执行情况进行总结，即进入决算过程。政府的决算草案在提请立法机关批准前，需要经过审计机关审计。

（五）预算绩效与监督

在公共预算的前提下，作为公共受托责任承担者的政府，不仅要依法理财，还要将如何花好钱作为预算管理的重要内容，即引进全过程的绩效管理，建立起绩效目标为导向、绩效执行为保障、绩效评价为手段、评价结果应用为核心的绩效管理制度。

在预算的全过程中引进监督机制，以保证政府预算的法律性与严肃性，提高预算编制与执行的效率与效益，实现政府预算的目标。

三、政府预算周期

政府预算是一个周而复始的循环过程，所谓预算周期是指从一个预算标准期间（预算年度）的预算编制、审核和审批、执行、调整再到决算的完整过程，其中每一个环节又包括若干具体内容。

我国预算年度实行历年制，自每年的 1 月 1 日起到 12 月 31 日止。预算周期从政府各部门编制预算开始，到预算执行后的审计直至决算报各级人大常委会审批为止，期间长度超过 24 个月。我国的预算周期的构成环节具体包括以下几个阶段。

（一）政府预算编制

1. 预算编制准备

我国每年年中就开始进行下一年度预算的编制工作。国务院每年在预算编制前，根据经济增长和社会发展要求下达中央预算编制的通知，对编制下年度预算提出要求，同时还向地方下达编制地方预算的通知。财政部根据国务院的要求下达具体预算编制部署，主要包括：一是制定并颁发预算收支分类科目，具体组织编制预算草案事项；二是测算预算主要收支指标；三是制定预算编制标准表格。

我国国家预算的编制过程和主要内容

2. 部门预算草案编制

部门预算草案编制按照财政部门统一规定的标准表格，编制反映本部门所有收支的预算。部门预算收入根据历年收入情况和下年度增减变动因素测算。收入预算按收入类别逐项核定。部门支出预算根据国家现有政策规定，测算本部门人员经费和公用经费；按照预算年度经济社会发展需要，根据轻重缓急分别测算每一级支出项目预算。

部门预算编制程序实行"二上二下"编报办法。首先，由各部门编制预算建议数上报财政部门；其次，财政部门和有预算分配权的部门审核上述预算建议数后下达预算控制数；再次，部门根据预算控制数编制本部门预算草案报送财政部门；最后，财政部门根据人大批准的政府预算草案批复部门预算。

3. 中央预算草案的编制

中央预算草案由财政部组织编制。我国《预算法》规定：中央一般公共预算中必需的部分资金，可以通过举借国内和国外债务等方式筹措，举借债务应当控制适当的规模，保持合理的结构。对中央一般公共预算中举借的债务实行余额管理，余额的规模不得超过全国人民代表大会批准的限额。中央预算编制采取由主管部门编制收支计划和财政部门测算相结合，综合平衡后进行编制。

中央预算编制程序：第一，测算下年度中央财政收支预算控制指标；第二，参照中央主管部门下年度中央级收支建议数，地方财政下年度上解数和中央对地方税收返还和补助建议数，调整修改原定中央级收支控制指标数字；第三，编制中央级预算草案和具体内容；第四，与中央主管部门讨论协商，进一步修改调整后确定中央收支指标任务；第五，财政部编制具体的预算草案。

4.地方预算草案的编制

地方预算草案由各级地方政府财政部门负责编制。我国《预算法》规定。地方政府预算按量入为出、收支平衡原则编制，除有特殊规定外，不列赤字。

地方预算的编制程序：第一，测算下年度地方财政收支控制指标；第二，地方财政部门以当年预算预计执行数为基础，以当地经济社会发展计划为依据修改、调整部门上报的预算建议数；第三，编制分项目、分部门收支预算草案；第四，汇总部门预算报表，编制本级政府预算草案。

（二）政府预算审核和审批

各级政府部门负责本部门所属单位预算草案的审核，并汇总编制本部门预算草案。各级财政部门负责审核本级政府所属各部门预算草案，汇总和编制本级政府预算草案，经本级政府审定后报上级政府备案。

各级政府预算草案须经本级人民代表大会批准后，成为当年本级政府预算。各国审议批准预算草案的时间各不相同。目前，我国预算草案的审批通常限于人民代表大会会议期间；而美国设置半年时间由国会审议联邦预算草案。政府预算草案批准后应及时向本级政府各部门批复，以便展开预算执行工作。

（三）政府预算执行

政府预算草案经人大批准成为预算案后，预算过程便进入实际运用财政资源落实相关政策的执行阶段。政府预算执行就是组织政府预算收支计划的实施，并按照预算对相关收支活动进行监督控制、调整平衡的过程。在预算执行阶段，各级政府必须按照预算规定的收入预算目标，依法足额组织财政收支并上缴国库；按照预算安排各项支出，及时足额拨付。

1.财政部门预算执行的任务

财政部门在预算执行中具体任务包括：研究落实财政税收政策的措施；制定组织预算收入和管理预算支出的制度和办法；督促各收入征收部门、缴款单位完成预算收入任务；根据年度支出预算安排年度支出预算和季度用款计划，合理调度、拨付预算资金；监督检查各部门、单位预算资金使用情况，健全完善财务制度和会计核算体系；编报、汇总分期预算执行数。

2.预算收入部门的任务

各级政府预算收入部门，包括财政、税务、海关和各种非税收入征收部门等。预算收入组织部门的任务是依法组织收入，并按财政管理体制将预算收入缴入相应国库，未经财政部门批准不得将预算收入存入国库以外的过渡性账户；依法办理各项减征、缓征或免征。一切有上缴预算收入任务的部门和单位，应依法按规定的预算级次、预算科目、缴库方式和期限将收入缴入国库，不得截留、占用、挪用或拖欠。

3. 预算支出部门的任务

各级政府、部门和单位要依法进行支出管理，严格执行预算和财政制度，不得擅自扩大支出范围、提高开支标准、严格按照标准考核和监督。

4. 预算支出的国库管理

政府预算资金的收纳、划分、留解和库款支拨等由国库管理。目前世界各国国库制度主要有两种，一种是独立国库制，由财政部门独立运营国库，另一种是代理国库制，一般由中央银行代理国库，我国由中国人民银行经理国库。各级国库应依照法律规定及财政部、中国人民银行的有关规定，加强政府预算执行业务的管理，及时准确地办理预算资金的收纳、划分、留解和支拨工作；不得延解、占压应缴入国库的库款，也不得擅自调拨、周转、扣拨、退付已入库的库款。

（四）政府预算调整

《预算法》规定，在预算执行中，各级政府一般不制定新的增加财政收入或者支出的政策和措施，也不制定减少财政收入的政策和措施。

在预算执行中，各级政府对于必须进行的预算调整，应当编制预算调整方案。预算调整方案应该说明调整的理由、项目和数额。中央预算调整方案报全国人大常务委员会审查和批准。县级以上地方政府预算报同级人大常委会审查和批准。乡（民族乡、镇）预算调整报本级人大审查和批准。未经批准，不得调整预算。

经人大批准的各级预算，在执行中出现下列情况之一的，应当进行预算调整：（1）需要增加或者减少预算总支出的；（2）需要调入预算稳定调节基金的；（3）需要调减预算安排的重点支出数额的；（4）需要增加举借债务数额的。

预算调整的方法有：（1）设置预算费。各级政府一般公共预算，按照本级预算支出额的 1%~3% 设置预备费，用于当年预算支出中自然灾害等难以预见的开支。预备费不足支出的，各级政府可以先安排支出，属于预算调整的，列入预算调整方案。（2）设置预算周转金。各级一般公共预算按照国务院规定可以设置预算周转金，用于本级政府调剂预算年度内季节性收支差额。（3）设置预算稳定调节基金。各级一般公共预算按照国务院规定可以设置预算稳定调节基金，用于弥补以后年度预算资金的不足。各级一般公共预算年度执行中有超收收入的，只能用于冲减赤字或者补充预算稳定调节基金。（4）增列赤字。省、自治区、直辖市一般公共预算执行中出现短收，通过调入预算稳定调节基金、减少支出等方式仍不能实现收支平衡的，经同级人大常委会批准，可以增列赤字。

（五）政府决算

1. 政府决算的内涵

政府决算是经法定程序批准的年度政府预算执行结果的会计报告和总结，是政府政治、经济活动在财政上的集中反映。按行政层面划分，政府决算包括中央政府决算和地方各级政府决算；按组织形式划分，包括财政总决算、部门决算和单位决算。政府决算采取自下而上汇总的编制模式。政府各部门所属的行政、事业、企业单位，按其主管部门部署编制本单位决算。各部门在审核汇总所属各单位决算的基础上，汇编本部门决算，并报送本级财政部门。各级地方政府按国家统一规定，正确、完整、及时地编制决算，并自下而上逐级审查汇总，最后编制成国家总决算。

2. 中央、地方决算编制

中央决算由中央各主管部门编制，报送财政部审核后汇总编制。中央决算包括中央主管部门及行政事业单位决算，中央直属企业财务决算、基本建设财务决算、国库年报和税收年报等。各级地方总决算由地方本级决算和所属下级决算汇编而成。

3. 政府决算的审批

县级以上各级政府决算草案报经本级人大常委会审查批准（通过为预算年度次年的6月），财政部门应在批准之日起20日内向本级各部门批复决算，部门自批复日起15日内向下属单位批复决算。各级政府决算自批准之日起30日内连同下一级政府决算报上级政府备案。

第三节　政府预算制度改革

我国的政府预算制度建立于建国初期。改革开放以来，为了加强预算管理，提高支出效益，各级政府财政部门及预算支出部门进行了不少探索，取得了一定成效，但都没有从根本上解决问题。1998年以来，为适应社会主义市场经济发展和建立公共财政体制的要求，我国政府进行了以部门预算、收支两条线、政府收支分类、国库集中收付制度和政府采购制度等为主的预算制度改革。其总体目标是公开透明、科学规范、廉洁高效、完整统一。

一、政府收支科目分类改革

（一）政府收支科目的概念

政府收支科目是按照政府收支项目的内容、功能及性质，对其进行分类核算的项目名称。政府收支科目是政府财政收支总分类制度的体现，是编制政府预决算、组织预算执行及预算单位进行会计明细核算的依据。在我国，政府收支科目由财政部统一规定使用。我国的政府收支科目按范围大小和预算管理需要分为类、款、项、目四级。

（二）我国政府收支科目的变迁

政府收支科目是变化较频繁的政府预算管理制度之一。通常，政府预算收支科目每年都要根据社会经济发展的形势、政府的方针政策及政府预算管理的需要等进行修订补充。我国的政府预算收支科目变迁历史如下：1950年设置收入科目7款、支出科目8款；1952年设置"类"级支出科目，设经济建设类、科教文卫类、行政管理费类、国防费类、债务支出类、其他支出类等6个大类，1953年设立"类"级收入科目，分为税收类、企业收入类、信贷保险收入类、其他收入类 4 个大类；1956 年，收入分类适当简化，支出科目没有大的变化。1979 年，由于合并税种，简化税制，收入科目更趋向简单，收入类级科目仅包括企业收入等 5 类。支出科目也由原来的按支出的经济性质划分改为按支出具体用途划分；1991 年设置收入科目 15 类，支出 29 类；2002 年一般预算收入科目 32 类，支出科目 33 类，基金预算收支各 10 类。

（三）2007 年预算收支分类改革的主要内容

2007 年，我国对原有的收支科目分类进行了彻底的改革与调整，形成一套既适合国情又符合国际通行做法的、较规范合理的政府收支分类体系。相比于以前的收支分类体系，2007 年版政府收支分类改革，有利于我国公共财政体系的建立，有利于推进政府预算的公正、公开、细化和透明，有利于与国际接轨与交流。

2007 年版政府收支科目分为收入分类科目、支出功能分类科目和支出经济分类科目三部分。收入分类科目主要反映政府收入的来源和性质。在 2007 版收支分类体系中，收入科目共设 6 个类级科目，即税收收入、社会保险基金收入、非税收入、贷款转贷回收本金收入、债务收入和转移性收入；支出功能分类科目主要反映政府活动的不同功能和政策目标。2007 版支出功能分类设置 17 个类级科目，即一般公共服务、外交、国防、公共安全、教育、科学技术、文化体育与传媒、社会保障与就业、社会保险基金支出、医疗卫生、环境保护、城乡社区事务、农林水务、交通运输、工业商业与金融事务、其他支出、转移性支出；支出经济分类科目主要反映政府支出的经济性质和具体用途。2007 版收支分类体系中支出经济分类共设置 12 个类级科目，即工资福利支出、商品和服务支出、对个人和家庭补助支出、对企事业单位补贴支出、转移性支出、赠与支出、债务利息支出、债务还本支出、基本建设支出、其他资本支出、贷款转贷或产权参股支出、其他支出。

二、部门预算制度改革

（一）部门预算的概念

部门预算是政府部门依据国家有关政策规定及行使职能的需要，由基层预算单位编制、逐级上报、审核汇总，经财政部门审核后立法机关依法批准的涵盖部门各项收支的综合财政计划。通俗地说，部门预算就是一个部门编制一本预算，并通过该预算全面反映部门的各项收支活动。

改革开放以来，我国财政管理制度改革的重点集中在财政收入管理方面，支出管理尤其是支出预算编制的改革相对滞后，传统的预算编制制度所造成的问题日益突出。主要表现在：第一，政府预算不统一、不完整；第二，预算编制比较粗放，内容不够细化；第三，预算编制方法较简单，不够科学；第四，预算编制时间短、程序不够规范；第五，预算执行的随意性大、约束力不强；第六，预算不透明，监督力度较弱等。传统的预算编制和管理制度越来越不适应社会主义市场经济发展的要求，预算编制管理改革势在必行。

1998 年，河北省率先启动部门预算改革；2000 年，财政部开始推行中央部门预算，初步构建起新型预算编制制度。

（二）部门预算制度改革的主要内容

1.规范基本支出和项目支出预算编制

对维持行政事业单位正常运转、保证其职能正常发挥而安排的必要经费支出，包括人员支出、日常公用支出及对个人和家庭的补助支出等，编制基本支出预算；对部门预算中大型修缮、购置、会议等行政事业性专项支出，以及基本建设、科技三项费用等建设性专项支出，采取项目管理方式，编制项目支出预算。

2.改革预算编制内容，实行综合预算

统一编制、统一管理、统筹安排单位预算内外资金和其他收支，推行综合财政预算。各级财政部门及主管部门努力做到预算内外资金统筹安排、综合平衡，将单位所有收入及单位各项支出，全面、完整地纳入部门预算统一管理，在预算之外不再保留收支项目。

3.改进预算编制方法，实行定额管理

打破传统"基数加增长"的预算方法，根据部门职能任务及公共资源的配置情况，将各预算单位进行分类分档，分别确定支出定额，逐项重新确定支出需求，按照有保有压、确保重点的原则，分清轻重缓急、统筹安排。

4.细化预算编制，强化预算约束

部门预算细化到基层预算单位，预算项目细化到类、款、项、目四级，项目支出细化到具体事项。通过细化预算编制，全面反映人员支出、公用支出、项目支出的详细情况，清晰地归集部门所有收支项目，提高预算编制的完整性、准确性和规范性，提高预算编制的公开透明度，便于人大对部门预算的监督审查。

5.完善预算编制程序，实行标准周期预算

传统的预算编制周期一般是 3~4 个月，财政部门没有充足的时间来全面详细地对预算进行全过程审核和调整，预算编制过程粗，影响了预算的科学性。实施标准周期预算制度，将过去预算部门、业务部门和预算单位分别编制预算的办法改为由预算部门、业务部门和预算单位通过"二上二下"程序共同编制，部门预算从基层预算单位逐级编制。

✎ 专栏 8-2：中央部门预算改革的背景 ————————————————

　　改革开放以来，随着社会主义市场经济体制的逐步建立和完善，政府的职能、活动范围发生了重大变化，财政的职能也应相应进行调整。如何合理调整财政的职能，充分发挥其在提供公共服务、调节收入分配、促进经济稳定增长方面的积极作用，如何建立起适应社会主义市场经济要求的有中国特色的公共财政框架，切实做到依法行政、依法理财，成为摆在我们面前的重大课题。1994 年的分税制财政体制改革，从收入方面初步理顺了中央与地方间的分配关系，增强了中央财政的宏观调控能力。但是，在财政支出管理方面，旧体制所造成的预算不够统一、规范，预算软约束，财政支出效益不高等问题却日益突出，具体表现在以下几个方面。

第一，预算编制内容不完整。传统的功能预算，从涵盖的范围看，实际仅是财政拨款预算，核定和批复预算也只针对财政预算内资金，而对包括预算外资金、各种基金、各项事业收入在内的大量政府性资金，基本上仍由单位自行安排，游离于财政预算管理之外，并没有用预算的形式将其制度化、法制化，编制的预算涵盖的只是部分预算内容。

第二，预算编制程度不细化。在传统的功能预算编制模式下，在财政部门内部，预算司编制的是按功能设定的中央本级的预算，各职能司编制的是各自分管经费的预算，预算仅停留在类、款级功能的层次；报送人大的中央预算草案也是按功能汇总的，其预算口径不直接对应于预算部门，且同一个科目涉及多个部门，不仅外行看不明白，内行也是只见树木、不见森林。因此，人大根本无法从中央预算草案中看出经费预算与中央部门工作间的对应关系，也就无从发挥监督作用。

第三，预算资金使用效益不高。我们传统的分工把口、各管一项或几项经费的做法，使得预算的编制过程进度不一、各项经费预算的编制要求也有所差异，导致预算的批复在时间上不统一，许多经费的预算都没有做到在法定的时间内批复到有关预算单位，甚至有的预算在年度已经结束、总会计已进入整理期时才向部门下达。这样既影响了《预算法》的严肃性，更主要的是部门因为预算下达时间难以把握，很难统筹安排年度事业发展计划，影响了政府资金效益的发挥。

审计署代表国务院在第九届全国人民代表大会常务委员会第十次会议所做的《关于1998年中央预算执行情况和其他财政收支的审计工作报告》（1999年6月）和全国人大常委会《关于加强中央预算审查监督的决定》（1999年12月25日通过），分别针对中央财政预算管理中存在的问题，就进一步改进和规范中央预算编制工作提出了明确的要求，"要严格执行《预算法》，及时批复预算"；"要细化报送全国人大审查批准的预算草案内容，增加透明度"；"报送内容应增加对中央各部门支出、中央补助各地方的支出和重点项目的支出等"。这些要求的提出，拉开了我国部门预算改革的序幕。自此，财政部决定以贯彻全国人大的要求为契机，从改革预算编制方法着手，逐步推进我国预算管理改革。1999年7月24日，财政部向国务院报送了《关于落实全国人大常委会意见改进和规范预算管理工作的请示》。经国务院批准，财政部在广泛征求部门意见的基础上，提出了《关于改进2000年中央预算编制的意见》，开始着手实施部门预算改革。

（资料来源：根据相关资料整理）

三、国库集中收付制度改革

（一）国库集中收付的概念

国库集中收付是以国库单一账户体系为基础，以健全的财政支付信息系统和银行间实时清算系统为依托，支付款项时，由预算单位提出申请，经规定审核机构（国库集中支付执行机构或预算单位）审核后，将资金通过单一账户体系支付给收款人的制度。国库集中支付是现代市场经济国家通行做法，我国推行国库集中支付改革是政府预算管理符合国际惯例的重大举措。

我国于2001年开始在一些地区进行了国库集中收付制度的改革试点。建立国库集中收付制度，就是由国库对所有政府性收入，包括预算内资金和预算外资金均进行集中管理，统一收支。2003年后逐步在全国全面推开。

（二）国库集中收付的内容

1.国库单一账户体系

国库单一账户是指将所有的政府资金集中于一家银行的同一账户，即一级政府财政部门在人民银行开设单一的国库存款账户，同时该级政府所有财政支出均通过该唯一账户进行，取消各预算部门、预算单位和其他相关部门在商业银行开设的资金账户。

2.收入直达和支出直付

政府所有财政收入直接汇入国库，不得在商业银行设立账户存放，政府所有支出均由国库直接支付到商品和服务提供商，支出单位不得单独存放。

3.相关配套措施

构建国库集中收付制度是一项系统性工作，需要国库、银行、预算单位和财政部门密切配合，否则难以达到预期目标。相关配套制度包括国库管理制度、预算会计制度、收支分类制度等。

（三）国库集中收付制度的意义

第一，从根本上解决了财政资金多环节拨付、多头管理、多户头存放的弊端，提高了财政资金使用效益。过去单位用款计划批准后，国库要一次将资金拨入单位银行账户，一方面形成财政资金结余多户头分散存放，另一方面却造成国库资金不足，调度困难。实行国库集中支付后，实现了单位用款计划与资金拨付相分离，使单位形成的结余体现为用款计划指标结余，而实际资金结余却在国库或国库集中支付专户。

第二，降低了财政资金运行成本。首先，实行国库集中支付后，单位未使用资金全部结余在国库，可减少短期借款或发行国债数量。其次，由过去向多个户头拨款变为向一个户头拨款，大大减少了在途资金量，从而降低了财政资金运行成本。

第三，强化了财政预算的执行，推进了部门预算改革步伐。过去是将资金直接拨入预算单位银行账户，而单位是否按既定的预算执行，执行进度如何，只能在事后检查监督，容易形成预算和执行两张皮。改革后每笔支出都处在预算指标控制之下，财政可随时掌握各项预算的实际支出进度，为制定更加合理的部门预算提供准确资料。

第四，真实反映了财政资金的实际支出数，使财政部门对财经形势做出及时、准确的判断。按现行总预算会计制度的规定，财政资金的支出数以财政拨款数列报支出。实行国库集中支付后，财政总预算支出和单位支出实际上是同时形成的，财政总预算支出能真实反映财政资金的实际支出数，有利于财政部门对财经形势做出及时、准确的判断。

第五，有效防止了对财政资金的挤占、挪用和截留，从源头上预防和遏制了腐败。实行国库集中支付后，所有财政资金不再预拨到预算单位账户，在预算执行前就对其进行审核，结余都以指标体现，所以挤占、挪用和截留财政资金的可能性大大降低，特别是截留财政资金已不可能。由于预算单位每笔支出均要通过财政的审核，随着部门预算改革的实施，预算更加细化，从而起到预防和遏制腐败的作用。

第六，提高了资金到位速度。实行国库集中支付制度后，对各预算单位来说，省去了国库向单位拨款程序，国库处批准单位用款计划后，直接通过电子网络传送到会计中心，会计中心收到用款计划，单位即可使用资金，可提前资金到位时间 3~5 天。

四、政府采购制度建设

（一）政府采购的概念

政府采购（government procurement）是指政府及所属机构为开展日常政务活动或提供公共服务，以法定的方式、方法和程序使用财政性资金，采购货物、工程和服务的行为。政府采购制度是市场经济国家政府支出的基本制度，它既能节约政府购买支出资金，又能防止采购过程中的腐败行为。政府采购制度建设是我国市场经济下财政支出制度的一项重大改革，是市场经济下加强财政支出管理的重要措施。

（二）政府采购的特征

第一，采购主体是政府部门或公共服务机构，采购资金来源于财政拨款，采购必须向公众负责，代表公众利益；第二，政府采购是为了提供公共产品或服务，不以营利为目的。政府采购在保证质量的同时，更注重经济实用；第三，采购是"阳光下的交易"，采购程序及过程完全公开，遵守公开、公平、公正原则。

（三）政府采购分类

1.按照政府采购的方式分类

按照采购方式的不同，政府采购分为招标性采购和非招标性采购。招标采购是指通过招标的方式，邀请所有或一定范围的潜在供应商参加投标，经事先确定的选择标准，从所有投标中选中中标供应商，并与之签订采购合同的采购方式；非招标采购是指除招标外的采购方式。包括市场询价、单一来源采购、竞争性谈判等。招标性采购与非招标性采购选择的重要标准是采购金额，通常一定金额以上的项目适用招标采购，达不到金额标准的项目适用非招标采购。

我国政府采购法规定的政府采购方式有 5 种，分别是：公共招标、邀请招标、竞争性谈判、询价和单一来源采购。

2.按政府采购规模分类

按照采购规模的大小，政府采购可分为小额采购、批量采购和大额采购。小额采购是对单价不高、数量不大的零散物品的采购，通常采用询价采购方式；批量采购是指小额物品集中采购，适用于指标限额以下的单一物品，主要采用询价采购、招标采购、谈判采购等；大额采购是单项采购金额达到招标采购标准的采购，主要采用招标采购、竞争性谈判等方式。

3.按照政府采购组织方式分类

按采购组织方式不同，政府采购可分为集中采购、分散采购和半集中采购。集中采购是指由财政部门或专职部门负责本级政府的所有采购。分散采购是指由各支出单位自行采购。半集中采购是指由财政部门或专职部门负责部分商品采购，其他商品由各支出单位自行采购。

意大利政府采购制度

（四）我国政府采购制度的完善

我国的政府采购是在市场经济确立的过程中逐步建立起来的。在机构设置上，1998年国务院机构改革，财政部预算司设立政府采购管理机构；2000 年，财政部国库司设立政府采购处，管理全国政府采购事务。在法律法规建设上，1999 年财政部出台《政府采购管理暂行办法》，改变了我国政府采购无法可依的局面。2002 年，我国颁布《中华人民共和国政府采购法》，全面推行政府采购制度。

伴随着政府采购机构及相关法律的建立和完善，我国政府采购的范围不断扩大，采购规模迅速增加。1998 年全国政府采购总金额为 31 亿元，2001 年达到 653 亿元，2008 年为 5991 亿元，占当年财政支出的 9.6%，占当年 GDP 比重 2%；2017 年更是高达 32114 亿元，占全国财政支出比重 12.2%，占当年 GDP 比重 3.9%。2018 年全国政府采购规模超35861.4 亿元，占当年 GDP 比重 3.8%，2019 年全国政府采购规模为 33067 亿元，首次出现下降。

尽管我国政府采购制度取得了一定的进展，促进了政府购买支出方式的完善，提高了财政资金的使用效率，但与成熟市场经济国家相比，我国的政府采购制度还不完善，实践与理论研究均不成熟。因此，我国还须进一步探索既符合国际惯例，又适合我国国情的采购方式，完善我国政府采购制度。

▶▶ **本章小结**

1.政府预算是指经法定程序审核批准的具有法律效力的政府年度收支计划，是政府筹集、分配和管理财政资金及进行宏观调控的工具。

2.我国政府预算的原则包括全面完整原则、公开透明原则、规范执行原则、绩效管理原则、平衡稳健原则和监督问责原则等。

3.政府预算按编制形式可分为单式预算和复式预算，按编制方法可分为基数预算和零基预算，按控制方式可分为投入预算和绩效预算。

4.我国的预算周期包括预算编制、预算审批、预算执行、预算调整和结算等环节。

5.近年来，我国在政府预算管理领域进行了广泛的改革，包括预算收支分类改革、部门预算改革、国库集中收付制度改革和政府采购制度改革等，提升了预算效率，强化了预算责任。

➡️ **基本概念**

政府预算　单式预算　复式预算　基数预算　零基预算　绩效预算　部门预算　预算年度　国库集中收付制度　政府采购　政府结算

➡️ **思考题**

1.什么是政府预算，其基本特征有哪些？

2.政府预算编制的原则有哪些？

3.政府预算周期包括哪些环节？

4.基数预算和零基预算各有何优缺点？

5.什么是预算调整？预算局部调整有哪几种方式？

6.我国部门预算改革的主要内容有哪些？

7.简述国库集中收付制度的优点？

8.简述政府采购的主要方式。

9.简述政府预算执行的内容。

10.简述政府结算的作用。

➡️ **参考文献**

白鹤祥.深化国库集中收付制度改革 [J].中国金融，2017（19）：89-90.

储敏伟，杨君昌.财政学 [M].3 版.北京：高等教育出版社，2010.

宏裕闻.美国联邦政府预算管理程序 [J].全球经济眺望，1998（9）：55-56.

李翠兰，李丹.新预算法下我国预算公开改革 [J].税收经济研究，2015（6）：67-68.

李燕.政府预算理论与实务 [M].3 版.北京：中国人民大学出版社，2018.

王希瑞，李姝琦，余雨奇.优化政府采购制度的政策建议 [J].现代商业，2017（4）：60-61.

📖 本章测试

第九章
财政体制

▶ **学习目标**

通过本章学习，学生可以了解财政体制的基本原理及其实践，理解财政体制的内容；掌握财政收支划分原理；了解我国目前的分税制财政体制；理解并掌握我国政府间的转移支付。

▶ **案例导入**

截至 2020 年 3 月 13 日，全国各级财政安排的疫情防控投入已达到 1169 亿元，不会因为疫情问题而影响困难群众基本生活保障资金的落实。2019 年，中央财政下拨了 1472 亿元，主要用于低保、特困人员、流浪乞讨人员、孤儿等基本生活保障，支持地方"应保尽保""应救尽救"。今年中央财政将进一步增加相关资金预算规模，目前已提前下拨 1030 亿元，支持做好困难群众基本生活保障。民政部社会救助司司长刘喜堂表示，1 月 29 日民政部就下发了《关于做好疫情防控期间有关社会救助工作的通知》，3 月 6 日，中央应对新冠肺炎疫情工作领导小组印发《关于进一步做好疫情防控期间困难群众兜底保障工作的通知》，对特殊困难群体及时足额发放补助，对疫情较重的地区适当增加补助，比如湖北，在 2 月 20 日部署对城市困难人员按 500 元标准、农村困难人员按 300 元标准给予生活物资救助。疫情叠加春节因素，食品类价格仍在高位运行。初步统计，2020 年 1—2 月，各地共为困难群众发放价格临时补贴 16.9 亿元，约 3100 万人受益。湖北仅 1 月份就发放价格临时补贴 1.9 亿元，使 188.9 万人受益。

（资料来源：中华人民共和国国务院新闻办公室，http://www.scio.gov.cn/xwfbh/gbwxwfbh/xwfbh/wsb/Document/1675447/1675447.htm）

请思考：

1. 结合材料，分析中央对地方的拨款和补助有什么经济效益？

2. 疫情时期，中央与地方的事权财权应如何划分？

第一节　财政体制概述

一、财政体制的概念

现代国家一般由多级政府组成，国家职能由各级政府共同承担，为确保各级政府履行其所承担的职能，必须在中央政府与地方政府之间、地方各级政府之间明确划分各自的职责范围，并给予相应的财力支持。这就需要对财政收支范围、财政资金支配权和财政管理权进行划分。一般来说，各级政府承担什么样的职能（即事权），就应当有相应的财产与之相匹配。所谓财政体制（fiscal system），指的是国家管理和规范中央与地方政府之间，以及地方各级政府之间划分财政收支范围和财政管理职责与权限的一项根本制度。

财政体制，是处理政府间财政关系的基本制度，包括政府间财政收入划分、财政支出责任划分和财政转移支付等基本要素。财政体制的核心，是各级预算主体的独立自主程度，以及集权和分权的关系。所谓集权与分权，就是在中央与地方之间合理划分职权，分工负责，在中央统一领导下，照顾到地方的利益，充分发挥他们的积极性与主动性，以便更好地为社会主义现代化建设这一共同目标服务。但是，由于中央和地方所处的地位不同，考虑和处理问题时的角度不同，在其根本利益一致的前提下也还存在着各种矛盾，如国家整体利益与地方局部利益之间的矛盾、需要与可能的矛盾、集中与分散的矛盾等。建立财政体制的根本任务，就是通过正确划分中央政府和各级地方政府预算的收支范围，规定预算管理权限及相互间的制衡关系，使国家财力在各级政府间和各区域间合理分配，保障相应级次政府的财政资金的需要。

财政体制有广义和狭义之分。广义的财政体制包括政府预算管理体制、税收管理体制、公共部门财务管理体制、国家金库管理体制等；狭义的财政体制仅指政府预算管理体制，因为政府预算管理体制是财政体制的中心环节，它划分了各级政府之间的财力，规定了财政资金的使用范围、方向和权限。因此，人们通常所说的财政体制，指的就是政府预算管理体制，简称预算体制。

二、财政体制的类型

一般国家的财政体制都和国家的管理制度有比较密切的关系，在世界范围内，根据财力的集中与分散、集权与分权程度的不同，财政体制大体上分为以下类型。

1. 财政联邦制

联邦制国家，是由若干成员单位（共和国、州、邦等）组成的联盟国家。所谓财政联邦制，又称财政联邦主义，是处理财政关系的一种规范制度，是指从经济学的角度去寻找为有效地行使财政职能所需的财政支出和收入在中央和地方的各级政府之间的财政收支情况。各级政府为共同履行公共经济职能，在财政职能和收支上有一定的独立性和自主性。其主要内容包括不同级别政府的作用，收支如何在各级政府间进行划分及政府间的补助等一系列问题，其实就是财政分权理论。其核心是处理中央与地方的财政关系，即中央与地方在财政体制内的集权与分权问题。

财政联邦具有以下几个特征。

一是各级政府财政主要对相应的各级议会负责。这一特征包括两层含义：（1）中央与各级地方财政之间相对独立；（2）没有"统一的"国家预算。各级财政都在法律规定的体制框架下制定本级预算，以支定收，自求平衡，上下级财政之间，或者平级财政之间根本不存在资金的平调。地方财政与中央财政一样，都是一级独立的预算主体，各编各的预算，上级预算一般不包括下级预算。

二是各级政府之间有比较明确的事权与财权的划分。事权与财权的划分一般是按照效率原则与公平原则来进行的，即某类经济活动或某项收入究竟归哪级政府取决于由哪级政府来从事该项活动或取得该项收入在资源配置上更具有效率，在收入分配上更加体现公平性，在稳定经济方面更有利于国家对经济的宏观调控。对各级政府事权或支出范围的界定通常是根据公共产品的受益范围来确定的。全国性的公共产品由中央政府来提供，地方性的公共产品由地方政府来提供。另外，在一个统一的国内市场上，由于劳动力、资金和商品等生产要素的自由流动，稳定经济、收入分配等经济职能也基本上应由中央政府来承担。就财权或者说收入的划分来看，各级政府也都有属于自己独立的固定财源，中央与地方不仅各有各的主体税种，而且在体制上设立中央与地方两套税收征收机构，各征各的税。地方财政也可以在一定限度内独立地决定开征、停征或取消地方税，提高或降低地方税的税率。

三是政府间的财政转移支付制度是财政体制的一个重要组成部分。财政转移支付已成为中央财政对地方财政实行宏观调控、体现中央政府的意图、均等各地财政地位的有效手段。同时，财政转移支付也构成地方或下级政府的一个重要收入来源。可以说，在财政联邦制国家中，财政转移支付也是把各地联合在一个统一的财政体系中的黏合剂。

2. 财政单一制

单一制国家，就是由若干个行政区域构成的单一主权国家。财政单一模式下的财政管理体制，是指中央和地方各级政府在中央统一领导下，根据事权划分及与之相适应的财权财力划分，统一财政预算和分级管理的一种体制。财政单一制模式下，地方政府拥有的分权水平较低，自主性较小。

财政单一制具有以下几个特征。

一是从法律体系上看，国家只有一部宪法，由统一的中央立法机构根据宪法制定法律。

二是从国家机构组成看，国家只有一个最高立法机关，一个中央政府，一套完整的司法系统。

三是从中央和地方的权力划分看，实行中央统一集权，地方接受中央的统一领导，地方政府的权力由中央政府授予，地方行政区域单位和自治单位没有脱离中央而独立拥有的权力。

四是在中央集权的同时，实行某种程度的地方自治或分级管理。

五是从对外关系看，单一制国家作为一个国际法主体出现。

三、我国财政体制的演变

财政体制的实质是财政职能在行政组织中的具体化。财政体制的调整是经济体制改革的核心内容，财政体制的理顺是国家政治稳定和发展的经济基础。财政体制的调整和理顺，直接关系到财政体制的运行效率及其功能的发挥，从而影响资源配置、收入分配及经济稳定，事关国家的稳定与动乱、统一与分裂、兴盛与衰亡。对财政体制进行系统而深入的研究，具有极为重要的理论意义与现实意义。

1994年分税制改革标志着我国财政体制由频繁的政策调整进入了规范的制度创新阶段，也意味着中央政府长期推行放权让利造成"中央穷，地方富"后重新集权的尝试。然而，由于地方政府机会主义行为的存在及由此引发的地方预算外收入的膨胀，分税制改革远远没有实现预定目标。当然，分税制改革并非孤立的阶段，它不过是中华人民共和国成立以来我国财政体制中集权与分权循环往复的一个阶段。如何深化分税制改革、如何理顺财政体制，显然已经成为理论界与实务界共同关注的焦点。

我国财政体制的演变可以分为4个阶段。

1.高度集中的财政体制

这种体制的基本特点是财力与财权高度集中于中央，对地方基本上实行"统收统支"的办法，地方的财权很小，机动财力很少。统收统支是指地方政府的财政收入全部上缴，支出由上级政府统一拨付；国有企业的利润全部上缴，财务开支由财政部统一规定，亏损由财政部门进行补贴；行政事业单位的经费由财政部同意核拨。中华人民共和国成立之初国民经济恢复时期（1950—1952年），曾实行过这种类型的体制。这在当时特定的历史条件下，对集中我国必要的财力，恢复和调整国民经济起过积极的作用，抑制了通货膨胀，稳定了市场物价，保证了解放战争和抗美援朝战争的胜利，但它不利于发挥地方各级财政部门当家理财的积极性，不利于调动地方政府和国有企业增加收入的积极性，故在正常时期不宜采取这种体制。

2.以中央集权为主，适当下放财权的体制

其特点是财力和财权的相当大部分仍集中在中央，同时给地方一定的机动财力和财权，但都比较小。在1980年以前的多数年份里，中国实行的是这种体制。其缺点是仍不利于充分调动地方的积极性。可以分为以下两个阶段。

划分收支、分类分成阶段（1953—1957年）："一五"时期，为适应大规模经济建设的需要，适当扩大了地方财权，实行中央、省（市）、县，新的三级管理体制。1953年，实行"收入分类分成"。中央和地方预算收支划分的情况是：收入分为固定收入、固定比例分成收入和调剂收入三大类，支出基本上按企业、事业和行政单位的隶属关系划分。1954年，改进财政管理的六条方针。1957年，控制总额。

划分收支、总额分成阶段（1958—1979年）：1958年，实行"以收定支，五年不变"。为执行《"四五"计划发展纲要（草案）》，充分调动地方的积极性，中央所管的大部分企事业单位又下放给地方管理。与此相适应，财政体制实行"以收定支，收支包干"的办法。每年，中央根据国民经济计划指标，核定各省、自治区、市的预算收支总额，收大于支的部分包干上交；支大于收的差额，由中央补助。地方收入超收或超支结余，自行留用；如果发生短收或超支，则自求平衡。这种办法，对调动地方理财的积极性起到了一定的积极作用。但财力过于分散，地区之间存在"苦乐不均"的现象。1961年，加强集中统一的财政管理体制。1976—1979年再次实行"收支挂钩，总额分成"及"收支挂钩，增长分成"的体制，使地方的权、责、益结合起来，有利于中央和地方共同平衡预算收支，但产生了"年初争指标、年终争追加，年末争遗留问题处理"的新问题。

3. 中央对地方实行多种形式的预算包干体制

其特点是在中央统一领导和统一计划下，地方有较大的财权，地方财力大大增强。从1980年开始，我国实行"划分收支、分级包干"的体制（1980—1993年），简称财政包干体制，或称"分灶吃饭"体制。其特点是在划分收支的基础上，分级包干，自求平衡。财政包干体制是对原来体制的重大突破，主要表现在地方预算初步成为责、权、利相结合的相对独立的一级预算主体。经过几次调整，从1988年开始形成对不同地区实行不同的6种包干方法：收入递增包干、总额分成、总额分成加增长分成、上解额递增包干、定额上解、定额补助。这种体制进一步调动了地方理财的积极性，但也存在不少问题，主要是中央集中的财力过少，负担过重；地方政府热衷于利润大、见效快的加工工业投资，导致重复建设严重，地区产业结构趋同；中央与地方的收支之间相互挤占，关系没有理顺；地方财力虽大大增强，但财权不独立，尚不是真正相对独立的一级预算；地区间贫富差距拉大；各地区包干方法多种多样，缺乏规范性。发展历程如下。

一是1980年，实行"划分收支，分级包干"，进行各级政府间财政体制的改革。1980年2月，国务院颁发了《关于实行"划分收支，分级包干"的财政管理体制的规定》。这一体制的主要内容是：（1）明确划分中央财政与地方财政的收支范围，即根据各种财政收入的性质和企业、事业单位的隶属关系，实行分类分成的办法，将财政收入划分为中央固定收入、地方固定收入和中央与地方调剂分成收入3类。属于中央财政的固定收入有：中央所属企业收入、关税收入和中央其他收入；属于地方财政的固定收入有：地方所属企业收入、盐税、农牧业税、工商所得税、地方税和地方其他收入；属于中央与地方调剂分成的收入有：各地上划给中央部门集中管理的企业收入，20%划给地方财政，80%划给中央财政；工商税收作为调剂分成收入，分成比例根据各地区收支情况分别确定。财政支出按企业、事业单位的隶属关系划分，由中央直接管理的，列中央财政预算支出；由地方管理的，列地方财政预算支出。另外，中央专项设置了一部分资金，用于解决预算执行中发生的特殊问题，如特大自然灾害救济费、支援经济不发达地区发展资金、边境建设事业补助费和基本建设专项拨款等。（2）合理确定收入、支出基数和调剂分成比例。依据上述收支划分范围，地方财政的收入、支出包干基数以1979年财政收支执行数为基数确定。地方支出基数首先用地方固定收入抵顶；固定收入不足以抵顶支出基数，则划给调剂分成收入，然后再与支出基数比较，收入大于支出基数的按比例上交中央财政，收入小于支出基数的由中央财政给予定额补助。收入基数、支出基数和调剂分成比例确定以后，5年不变。（3）对民族地区、大包干地区，以及北京、天津、上海三市不实行上述体制（见民族自治地方财政管理体制、"大包干"财政体制）。

二是1983—1984年，实行两步"利改税"。第一步利改税是指国家在1979年试点的基础上，决定实行"利改税"，并在实施步骤上分两步走，1983年1月1日起实行利改税的第一步改革。改革的主要内容：对盈利的国营企业部分利润改为征收所得税。小型国营企业按八级超额累进税率征收所得税税后企业自负盈亏，只对留利较多的企业征收一定的承包费。第二步利改税指的是1984年10月起实行第二步利改税，是要从税利并存逐步过渡到完全以税代利。主要内容是：（1）把原来的工商税按性质划分为产品税、增值税、营业税和盐税4种。（2）对某些采掘企业开征资源税。（3）开征城市维护建设税，恢复开征房产税、土地使用税、车船使用税。（4）对有盈利的国营企业征收国营企业所得税。大中型国营企业按55%的比例税率征收，小型国营企业按新的八级超额累进税率征收。在计算应纳税所得额时，允许企业缴纳所得税前归还贷款和单项留利。（5）对国营大中型企业还要征收国营企业调节税，其税率按企业的不同情况分别核定，一户一率。与第一步比较，无论在广度和深度上都大大前进了一步，实际上是工商税制的一次全面性改革。通过改革，初步建立起适应我国当前多种经济形式、多种经营方式并存的多种税、多环节、多层次调节的新的税制体系。

三是1985年，实行"划分税种、核定收支、分级包干"。它基本上按税种设置划分中央与地方财政收入，并按隶属关系划分其财政支出，地方以收定支，自求平衡，包干使用。是在国营企业"利改税"后，在原有的"划分收支、分级包干"体制基础上所做的改革。其主要内容是：（1）基本上按照"利改税"以后的税种设置，划分中央与地方的财政收入。（2）按隶属关系划分中央与地方的财政支出。（3）按上述财政收支划分范围，凡各省、自治区、直辖市的固定收入大于其支出的，定额上解中央；小于其支出的，从中央、地方共享收入中确定一个分成比例，留给地方；有的地方固定收入较少，共享收入全部留给地方仍不足以弥补其支出的，由中央定额补助。（4）关于地方财政收支基数的确定，各地根据不同情况分别按不同的规定确定。

四是1989年，实行六种不同的"财政收支包干"体制，进一步改进原包干方法。1988年中央决定实行一种新的承包体制。这一体制包括6种不同的办法，分别适用于六类省、自治区、直辖市和计划单列市。

涉及其他方面的改革有：国有企业财务体制的改革、基本建设投资体制的改革、行政经费管理体制的改革、税收优惠政策的实行。

4. 建立在分税制基础上的分级预算管理体制

明确社会主义市场经济体制目标后，我国从 1994 年开始实行分税制财政体制，其基本内容是：根据中央政府和地方政府的不同职能划分支出范围；按税种划分各级预算的固定收入来源，分别设置机构，分别征收；各级政府有独立的预算权，中央预算与地方预算彻底分开，分别编制，自求平衡；中央预算通过转移支付制度实现对地方预算的调节和控制。

四、我国分税制改革及其完善

（一）我国分税制改革的背景

改革开放后，中国财政体制由集权制转成了分权制，最有代表性的是 20 世纪 80 年代初开始的"分灶吃饭"。该体制后来有各种各样的演变，20 世纪 80 年代末到 90 年代初相对稳定的 6 种大包干或者其他的包干形式也是"分灶吃饭"下的一种包干制、分成制。1992 年，党的十四大提出社会主义市场经济体制的目标后，在立足国情的基础上，借鉴成熟市场经济国家的经验，中央把原来的行政性分权改为经济性分权，跳出了过去按照行政隶属关系组织财政收入的一种分权模式，走上分税制的道路。这种分税分级的财政体制是跟市场经济的总体要求相配套的，使整个政府财力运作的规范性和地方理财的稳定性也都大大提升了。

（二）分税制改革的基本原则

我国的分税制是指在划分中央与地方事权的基础上，确定中央与地方财政支出范围，并按税种划分中央与地方预算收入的财政管理体制。

1994 年，我国分税制改革的基本思路是：按照中央与地方政府的事权划分，合理确定各级财政的支出范围；根据事权与财权相结合原则，将税种统一划分为中央税、地方税和中央地方共享税，并建立中央税收和地方税收体系，分设中央与地方两套税务机构分别征管；科学核定地方收支数额，逐步实行比较规范的中央财政对地方的税收返还和转移支付制度；建立和健全分级预算制度，硬化各级预算约束。

党的十七大的报告提出了"健全中央和地方财力与事权相匹配的体制"，改变了推进多年的"财权与事权相匹配"的财政体制改革导向。虽然从"财权"到"财力"的表述仅有一字之差，但却是对我国财政理论的创新，为我国财政体制改革确定了应遵循的基本原则——中央和地方财力与事权相匹配的原则。

要理解清楚这个原则，需要首先准确理解事权、财权和财力的内涵。事权是指各级政府完成职能所享有的提供公共物品、管理公共事务的权力。只有在市场与政府职能得到明确界定、各级政府职能得以清晰定位的条件下，才能保证政府事权划分的科学性和合理性。财权是指各级政府为了满足一定的支出需求而筹集财政收入的权力，主要包括税收立法权、征收管理权和政策调整权。这 3 种权力不必同时归于某一级政府。其中，税收立法权是税权中最关键的权力。财力是指一级政府所拥有的可支配的货币形式的财政资源。一般来说，一级政府所拥有的财力大小主要受到一级政府所享有的财权的大小、经济发展条件和水平、来自上级政府的转移支付水平等因素的影响。这里的财力并不是指一级政府全部可用财力，而是指可用财力中可由本级政府自主调控使用的财力。

在事权、财权、财力三大要素中，事权处于核心地位，是财权和财力划分的基础，而财权和财力则是保障事权履行的手段。一般情况下，一级政府事权越大，财力就越强。不过，拥有财力的一级政府却并不一定拥有相应的财权。其原因在于，财力大小还受制于本级政府辖区内财政资源的丰裕程度。因此，一些经济落后的地方，即使有了财权，其所能获得的财政收入也是有限的，甚至无法获得。

从理论上分析，我国地方政府没有开征新税种的权力，财权不完整。从实践来看，分税制改革后中央政府拥有了更大的财权，而省级政府特别是省级以下的基层政府则承担了较其财权来说要大很多的事权和支出责任，分税制改革实践也不能实现"事权与财权相匹配"。事实上，由于我国处于社会转型期，区域发展不平衡、城乡差距过大、收入分配不公等矛盾突出，需要中央政府适当集中财权来整体统筹。这在客观上造成我国各级政府的财权与事权的不平衡。

财力是各级政府有效履行其事权的重要保障，财力与事权相匹配，才能使各级政府提供本层级负责提供的公共产品和服务。一方面，在财力与事权不相匹配的情况下，会造成基层财政困难。比如，县、乡两级政府承担着义务教育、基层医疗卫生事业、农业基础设施等刚性很强的事权，却并不拥有与其义务相对称的财权，会造成基本公共服务供给不足。另一方面，财力与事权不相匹配可能会导致地方政府短期行为，扰乱正常的政治、经济秩序。比如，地方政府可能热衷于 GDP 的增长大搞"三高项目"、违规借债、实施"土地财政"等。

因此，无论在理论上还是在实践上，"财力与事权相匹配"才是促进我国财政体制完善的基本原则。

（三）我国分税制的财政体制改革的主要内容

1. 中央与地方的事权和支出

根据现在中央政府与地方政府事权的划分，中央财政主要承担国家安全、外交和中央国家机关运转所需经费、调整国民经济结构、协调地区发展、实施宏观调控所必需的支出，以及由中央直接管理的事业发展支出。1994 年分税制改革时，中央和地方支出及随后的调整情况如下。

中央政府主要承担国防、武警、重点建设、中央单位事业经费和中央单位职工工资五大类支出，具体包括：国防费、武警经费、外交和援外支出、中央级行政管理费、中央统管的基本建设投资、中央直属企业的技术改造和新产品研制费、地质勘探费、中央安排的农业支出、中央负担的国内外债务的还本付息支出，以及中央负担的公检法支出和文化、教育、卫生、科学等各项事业费支出。

地方财政主要承担本地区政权机关运转所需支出，以及本地区经济、事业发展所需支出，具体包括地方行政管理费，公检法支出，民兵事业费，地方统筹安排的基本建设投资，地方企业的改造和新产品试制经费，农业支出，城市维护和建设经费，地方文化、教育、卫生等各项事业费及其他支出。

2. 中央与地方的收入划分

根据事权与财权相结合的原则，按税种划分中央与地方的收入。将维护国家权益、实施宏观调控所必需的税种划为中央税，将同经济发展直接相关的主要税种划为中央与地方共享税，将适合地方征管的税种划为地方税。1994 年分税制改革时，中央和地方收入划分及随后的调整情况如下。

（1）中央固定收入：关税，海关代征消费税和增值税，消费税，铁道部门、各银行总行、各保险公司总公司等集中交纳的收入（包括营业税、利润和城市维护建设税），未纳入共享范围的中央企业所得税、中央企业上交的利润等。

（2）中央与地方共享收入：增值税 2016 年 5 月之前中央分享 75%、地方分享 25%，2016 年 5 月 1 日全面"营改增"之后，中央分享 50%、地方分享 50%；纳入共享范围的企业所得税和个人所得税中央分享 60%，地方分享 40%；资源税按不同的资源品种划分，海洋石油资源税为中央收入，其余资源税为地方收入；证券交易印花税中央分享 97%，上海、深圳分享 3%。

（3）地方固定收入：房产税、车船税、印花税（不含证券交易印花税）、耕地占用税、契税、烟叶税、土地增值税、国有土地有偿使用收入等。地方企业上缴利润，城镇土地使用税，城市维护建设税（不含铁道部门、各银行总行、各保险公司总公司集中交纳的部分），原是地方固定收入来源之一。

3. 中央财政对地方税收返还数额的确定

1994 年分税制改革后，为了保护地方既得利益格局，中央采取"维持存量，调整增量"的方针，制定了中央对地方的税收返还办法。2002 年、2009 年税收返还办法分别进行了调整。现行中央对地方税收返还包括增值税、消费税返还和所得税基数返还。其中，增值税、消费税返还（"两税"返还）以各地上划中央增值税、消费税增长率为基础逐年递增。

4. 原体制"中央补助，地方上解"及有关结算事项的处理

为了顺利推进分税制改革，实行分税制以后原体制的分配格局暂时不变，过渡一段时间以后，再逐步规范化。原体制中央对地方的补助继续按规定补助。原体制地方上解仍按不同体制类型执行：实行递增上解的地区，按原规定继续递增上解；实行定额上解的地区，按原确定的上解额，继续定额上解；实行总额分成地区和原分税制试点地区，暂按递增上解办法。

（四）推进中央与地方财政事权和支出责任划分改革

财政事权是一级政府应承担的运用财政资金提供基本公共服务的任务和职责，支出责

任是政府履行财政事权的支出义务和保障。改革开放以来，中央与地方财政关系经历了从高度集中的统收统支到"分灶吃饭"、包干制，再到分税制财政体制的变化，财政事权和支出责任划分逐渐明确。但要看到，新的形势下，现行的中央与地方财政事权和支出责任划分还不同程度存在不清晰、不合理、不规范等问题。

2016 年 8 月，国务院印发了《关于推进中央与地方财政事权和支出责任划分改革的指导意见》（国发〔2016〕49 号）。《关于推进中央与地方财政事权和支出责任划分改革的指导意见》提出的主要改革内容如下：

1. 推进中央与地方财政事权划分

第一，适度加强中央的财政事权。坚持基本公共服务的普惠性、保基本、均等化方向，加强中央在保障国家安全、维护全国统一市场、体现社会公平正推动区域协调发展等方面的财政事权；强化中央的财政事权履行责任，中央的财政事权原则上由中央直接行使；中央的财政事权确需委托地方行使的，报经党中央、国务院批准后，由有关职能部门委托地方行使，并制定相应的法律法规予以明确。对中央委托地方行使的财政事权，受委托地方在委托范围内，以委托单位的名义行使职权，承担相应的法律责任，并接受委托单位的监督。要逐步将国防、外交、国家安全、出入境管理、国防公路、国界河湖治理、全国性重大传染病防治、全国性大通道、全国性战略性自然资源使用和保护等基本公共服务确定或上划为中央的财政事权。

第二，保障地方履行财政事权。加强地方政府公共服务、社会管理等职责。将直接面向基层、量大面广、与当地居民密切相关、由地方提供更方便有效的基本公共服务确定为地方的财政事权，赋予地方政府充分自主权，依法保障地方的财政事权履行，更好地满足地方基本公共服务需求。要逐步将社会治安、市政交通、农村公路、城乡社区事务等受益范围地域性强、信息较为复杂且主要与当地居民密切相关的基本公共服务确定为地方的财政事权。

第三，减少并规范中央与地方共同财政事权。现阶段，针对中央与地方共同财政事权过多且不规范的情况，必须逐步减少并规范中央与地方共同财政事权，并根据基本公共服务的受益范围、影响程度，按事权构成要素、实施环节，分解细化各级政府承担的职责，避免由于职责不清造成互相推诿。要逐步将义务教育、高等教育、科技研发、公共文化、基本养老保险、基本医疗和公共卫生、城乡居民基本医疗保险、就业、粮食安全、跨省（区、市）重大基础设施项目建设和环境保护与治理等体现中央战略意图、跨省（区、市）且具有地域管理信息优势的基本公共服务确定为中央与地方共同财政事权，并明确各承担主体的职责。

第四，建立财政事权划分动态调整机制。财政事权划分要根据客观条件变化进行动态调整。在条件成熟时，将全国范围内环境质量监测和对全国生态具有基础性、战略性作用的生态环境保护等基本公共服务，逐步上划为中央的财政事权。对新增及尚未明确划分的基本公共服务，要根据社会主义市场经济体制改革进展、经济社会发展需求以及各级政府财力增长情况，将应由市场或社会承担的事务交由市场主体或社会力量承担，将应由政府提供的基本公共服务统筹研究划分为中央财政事权、地方财政事权或中央与地方共同财政事权。

✎ **专栏 9-1：《关于推进中央与地方财政事权和支出责任划分改革的指导意见》** ────

2016年6月25日，国务院印发了《关于推进中央与地方财政事权和支出责任划分改革的指导意见》（以下简称《意见》），对推进中央与地方财政事权和支出责任划分改革做出总体部署。

《意见》指出，财政事权是一级政府应承担的运用财政资金提供基本公共服务的任务和职责，支出责任是政府履行财政事权的支出义务和保障。合理划分中央与地方财政事权和支出责任是政府有效提供基本公共服务的前提和保障，是建立现代财政制度的重要内容，是推动国家治理体系和治理能力现代化的客观需要。

《意见》要求，推进中央与地方财政事权和支出责任划分改革，要坚持中国特色社会主义道路和党的领导，坚持财政事权由中央决定，坚持有利于健全社会主义市场经济体制，坚持法治化规范化道路，坚持积极稳妥统筹推进。要遵循体现基本公共服务受益范围、兼顾政府职能和行政效率、实现权责利相统一、激励地方政府主动作为、支出责任与财政事权相适应等划分原则，科学合理划分中央与地方财政事权和支出责任，形成中央领导、合理授权、依法规范、运转高效的中央与地方财政事权和支出责任划分模式，落实基本公共服务提供责任，提高基本公共服务供给效率，促进各级政府更好履职尽责。

《意见》明确，一是推进中央与地方财政事权划分。适度加强中央的财政事权，保障地方履行财政事权，减少并规范中央与地方共同的财政事权，建立财政事权划分动态调整机制。二是完善中央与地方支出责任划分。中央的财政事权由中央承担支出责任，地方的财政事权由地方承担支出责任，中央与地方共同财政事权根据基本公共服务的属性，区分情况划分支出责任。三是加快省以下财政事权和支出责任划分。将部分适宜由更高一级政府承担的保持区域内经济社会稳定、促进经济协调发展等基本公共服务职能上移，将适宜由基层政府发挥信息、管理优势的基本公共服务职能下移，并根据省以下财政事权划分、财政体制及基层政府财力状况，合理确定省以下各级政府的支出责任。

《意见》要求加强与相关改革的协同推进，2016年选取国防、外交等领域率先启动中央与地方财政事权和支出责任划分改革。2017—2018年争取在教育、医疗卫生、环境保护、交通运输等基本公共服务领域取得突破性进展。2019—2020年基本完成主要领域改革，梳理需要上升为法律法规的内容，适时制订修订相关法律、行政法规，推动形成保障中央与地方财政事权和支出责任划分科学合理的法律体系。

（资料来源：中华人民共和国中央人民政府网，http://www.gov.cn/zhengce/content/2016-08/24/content_5101963.htm）

2.完善中央与地方支出责任划分

第一，中央的财政事权由中央承担支出责任。属于中央的财政事权，应当由中央财政安排经费，中央各职能部门和直属机构不得要求地方安排配套资金。中央的财政事权如委托地方行使，要通过中央专项转移支付安排相应经费。

第二，地方的财政事权由地方承担支出责任。属于地方的财政事权原则上由地方通过自有财力安排。对地方政府履行财政事权、落实支出责任存在的收支缺口，除部分资本性支出通过依法发行政府性债券等方式安排外，主要通过上级政府给予的一般性转移支付弥补、地方的财政事权如委托中央机构行使，地方政府应负担相应经费。

第三，中央与地方共同财政事权区分情况划分支出责任。根据基本公共服务的属性，体现国民待遇和公民权利、涉及全国统一市场和要素自由流动的财政事权，如基本养老保险、基本公共卫生服务、义务教育等，可以研究制定全国统一标准，并由中央与地方按比例或以中央为主承担支出责任；对受益范围较广、信息相对复杂的财政事权，如跨省（区、市）重大基础设施项目建设、环境保护与治理、公共文化等，根据财政事权外溢程度，由中央和地方按比例或中央给予适当补助方式承担支出责任；对中央和地方有各自机构承担相应职责的财政事权，如科技研发、高等教育等，中央和地方各自承担相应支出责任；对中央承担监督管理、出台规划、制定标准等职责，地方承担具体执行等职责的财政事权，中央与地方各自承担相应支出责任。

3.加快省以下财政事权和支出责任划分

图《湖北省省以下财政事权与支出责任划分改革实施方案》及其政策解读

省级政府要参照中央做法，结合当地实际，按照财政事权划分原则合理确定省以下政府间财政事权，将部分适宜由更高一级政府承担的基本公共服务职能上移，明确省级政府在保持区域内经济社会稳定、促进经济协调发展、推进区域内基本公共服务均等化等方面的职责；将有关居民生活、社会治安、城乡建设、公共设施管理等适宜由基层政府发挥信息、管理优势的基本公共服务职能下移，强化基层政府贯彻执行国家政策和上级政府政策的责任。

省级政府要根据省以下财政事权划分、财政体制及基层政府财力状况，合理确定省以下各级政府的支出责任，避免将过多支出责任交给基层政府承担。

（五）分税制财政体制改革的发展

1994年分税制财政体制改革，初步理顺了中央和地方财政关系，奠定了与市场经济体制相适应的财政体制框架，为建立现代财政制度奠定了良好的基础。近年来的财政事权和支出责任划分改革，是1994年分税制改革的延续，更是财政体制改革的一次重大制度创新。

分税制改革后，筹钱发展便成为地方政府尤其是基层政府压力最大的事。政府职能的缺位、越位和错位，都是在事权、财权和财力不相匹配的分税制财政体制下产生的应变之策。为建立财政事权和支出责任相适应的制度，推进各级政府财政事权法治化、规范化，国务院于 2016 年 8 月出台了《关于推进中央与地方财政事权和支出责任划分改革的指导意见》，正式拉开了新一轮财政体制深化改革的帷幕。随后于 2018 年 2 月出台了《基本公共服务领域中央与地方共同财政事权和支出责任划分改革方案》（国办发〔2018〕6 号），为推进各级政府财政事权和支出责任划分做了具体规划和部署，标志着我国财政事权和支出责任划分改革取得了重大进展。同时，为加快部分基本公共服务领域先试先行取得突破，国务院于 2018 年 8 月出台首个细分基本公共服务领域的改革方案《医疗卫生领域中央与地方财政事权和支出责任划分改革方案的通知》（国办发〔2018〕67 号）。综上所述，此次财政事权和支出责任划分改革，是 1994 年分税制财政体制改革的延续，更是财政体制改革的一次重大制度创新。此次改革，将对我国经济社会发展产生深刻影响，对实现国家长治久安具有重要意义。这些文件的密集出台，也反映了党中央、国务院加快推进国家治理体系和治理能力现代化的迫切愿望。

此次改革，坚持稳中求进的工作总基调，按照完善社会主义市场经济体制总体要求和深化财税体制改革总体方案，紧扣我国社会主要矛盾变化，在改革完善中央与地方财政事权和支出责任划分的基础上，按照"权责清晰、财力协调、区域均衡"十二字方针，顺应我国社会主要矛盾变化，加快推进基本公共服务均等化，构建更加完善的民生保障网，不断满足人民日益增长的美好生活需要，着力解决区域经济和经济结构发展不平衡和不充分的问题。

✏️ **专栏 9-2：《基本公共服务领域中央与地方共同财政事权和支出责任划分改革方案》**————

2018 年 2 月 8 日，国务院办公厅印发《基本公共服务领域中央与地方共同财政事权和支出责任划分改革方案》（以下简称《方案》）。

《方案》指出，要全面贯彻落实党的十九大精神，以习近平新时代中国特色社会主义思想为指导，紧扣我国社会主要矛盾变化，按照加快建立现代财政制度，建立权责清晰、财力协调、区域均衡的中央和地方财政关系的要求，科学界定中央与地方权责，确定基本公共服务领域共同财政事权范围，加大基本公共服务投入，加快推进基本公共服务均等化，织密扎牢民生保障网，不断满足人民日益增长的美好生活需要。

《方案》提出，要坚持以人民为中心，坚持财政事权划分由中央决定，坚持保障标准合理适度，坚持差别化分担，坚持积极稳妥推进，力争到 2020 年，逐步建立起权责清晰、财力协调、标准合理、保障有力的基本公共服务制度体系和保障机制。

《方案》明确，一是将由中央与地方共同承担支出责任、涉及人民群众基本生活和发展需要的义务教育、学生资助、基本就业服务等基本公共服务事项，列入中央与地方共同财政事权范围。二是制定基本公共服务保障国家基础标准。参照现行财政保障或中央补助标准，制定义务教育公用经费保障、免费提供教科书、中等职业教育国家助学金、城乡居民基本养老保险补助等9项基本公共服务保障的国家基础标准。三是规范基本公共服务领域中央与地方共同财政事权的支出责任分担方式，主要实行中央与地方按比例分担。四是在一般性转移支付下设立共同财政事权分类分档转移支付，对共同财政事权基本公共服务事项予以优先保障。

《方案》要求，加快推进省以下支出责任划分改革，明确部门管理职责，加强基本公共服务项目预算管理，推进基本公共服务大数据平台建设，强化监督检查和绩效管理。《方案》自2019年1月1日起实施。

（资料来源：中华人民共和国中央人民政府网，http://www.gov.cn/zhengce/content/2018-02/08/content_5264904.htm）

第二节　财政转移支付制度

一、转移支付制度的概念

财政转移支付制度是由于中央和地方财政之间的纵向不平衡和各区域之间的横向不平衡而生并发展的，是国家为了实现区域间各项社会经济事业的协调发展而采取的财政政策。从制度上控制并最终消除地方和部门利益，从促进经济发展、保障社会稳定大局出发，妥善解决国库分散支付制度遗留的利益矛盾。

二、转移支付制度的目标

财政转移支付最主要的内容是区域补偿政策，也是世界缩小区域经济发展差距实践中最普遍使用的一种政策工具。它在促进区域经济的协调发展上能够转移和调节区域收入，从而直接调整区域间经济发展的不协调、不平衡状况。推进地区间基本公共服务均等化是财政转移支付的目标之一，其重要目标是缩小区域经济发展的差距。

（一）调节财政纵向和横向平衡

财力分配的横向不均衡：指同级地方政府之间在收入能力、支出水平及最终在公共服务能力上所存在的差异。由于财源分布不均衡，一些地区可能拥有较多的税基，在税收体系相对统一的情况下，财政支出成本存在一定的差异，有些地区支出成本较高，如高寒地区、人口密度小的地区等；有些地区支出项目较多，如少数民族地区等，因此不同地区提供相同水平的公共服务需要不同的财政支出。因此，为了实现公共服务均等化，需要通过转移支付的方式，保证经济发展水平相对较低或支出成本较高的地区政府具有为本地居民提供与其他地区相同公共服务的能力。

财力分配的纵向不均衡：指上级政府与下级政府的财政收支之间的不平衡，由于各级财政在收入手段与支出需要之间的不平衡，可能造成财政收入上的不足，从而形成财政缺口。中央政府在初次收入分配中所占比重高于在财政支出中所占比重，形成财力剩余；而地方政府的收入比重低于支出比重，存在财力缺口，中央政府需要将一定的财力通过转移支付的方式补助给存在财力缺口的地方政府。纵向不均衡的主要原因是：一是由税种的属性所决定的。有些税种税基的流动性较强，地区间分布不均衡，年度间波动较大，宜由中央统一征为中央收入，这就决定了中央政府在初次分配中占有较大份额。二是国家要统一，民族要团结，市场要正常配置资源，必然要求上级政府动用资源帮助困难的下级政府和相应的地区，否则会导致区域封锁，难以形成统一市场，市场配置资源的作用被扭曲。

（二）消除公共产品的外溢性

公共产品的外溢性是指地方政府提供的公共产品和服务所产生的"好处"并不完全由本地方得到，可能使其他地区也获得收益。这样势必会导致受益地区并没有产生相应的财政支出，而提供相应公共产品的地区却要承担过高的财政支出水平，而要消除这种地区之间的不公平，转移支付制度是最好的解决办法。

（三）实现中央政府的调控意图

从根本上讲，一国的财政体制是由其政治体制和政治目标决定的。作为财政体制的构成要素，转移支付在很多情况下首先遵从于政治方面的需要，其次才是经济效率的考虑。

从财权上看，转移支付使上级政府占有更多份额的财政资源，并使下级政府对之形成依赖。转移支付的份额越大，上级政府对下级政府的影响力就越大，前者对后者的控制程度越强。

三、转移支付制度的类型

按照转移支付是否附加条件，转移支付可以分为有条件转移支付和无条件转移支付。

有条件转移支付（conditional grants）规定转移支付资金的具体使用项目和使用方式，包括配套转移支付、封顶配套转移支付和无配套转移支付。配套转移支付（matching grants）要求接受转移支付的地方要有配套资金。例如，地方在公共卫生上投了一元钱，中央才会有相应的转移支付。配套转移支付可以用于解决正外部性问题。地方政府与个人和企业一样，当存在边际上的正外部性时，恰当的中央政府财政补贴可以提高效率。从理论上说，这要求中央政府能够评估外部性的实际规模。封顶配套转移支付（matching closed-ended grants），就是出资人（例如中央政府）可以规定转移支付的最高数额。无配套转移支付（non-matching grants）不要求地方政府为某一公共支出项目提供配套资金，而只是要求将款项用于约定项目，专款专用。

无条件转移支付（unconditional grants）不规定转移支付资金的具体使用项目和使用方式。此类转移支付通常可用于收入分配目的，但这里存在争议。因为一个地区既有穷人又有富人，如果中央政府要帮助穷人，它可以直接把钱给穷人，而且穷人消费更大数量的公共产品（如教育）。无条件转移支付给地方较大的选择权，有条件的转移支付会约束地方的行为，因此地方政府更偏好无条件的补助。因为在无条件拨款补助的情况下，地方政府在追求地方利益最大化的目标上有着充分的选择自由，这种拨款在增加地方财源的同时又不影响地方本身的开支格局。这样，地方政府就能使它的福利最大化。

中央政府在提供有条件的转移支付时，可以保证转移支付的资金用于特定的活动或用途，实现中央政府预期目标。因此，中央政府可能更偏向于有条件的转移支付。

四、我国转移支付制度的体系

（一）按照转移支付形式的性质划分

1. 税收返还

税收返还是我国财政转移支付的主要形式，是地方财政收入的重要来源，因此，税收返还的设计合理与否决定了整个制度的合理程度。中国的税收返还以维护地方既得利益的基数法进行分配，体现了对收入能力较强地区的倾斜原则，维护了较富裕地区的既得利益。税收返还虽然在名义上是中央财政收入，但实际上，地方财政对这部分资金具有最终决定权。

2. 财力性转移支付

财力性转移支付是为弥补财政实力薄弱地区的财力缺口，由中央财政安排给地方财政的补助支出。财力性转移支付是缩小地区财政差距的重要手段，是财政转移支付的主要组成部分。主要包括：一般性转移支付、调整工资转移支付、民族地区转移支付、农村税费改革转移支付、年终结算财力补助等形式。

3. 专项转移支付

专项转移支付是中央财政为实现特定的宏观政策及事业发展战略目标而设立的补助资金，重点用于各类事关民生的公共服务领域，地方财政需按规定用途使用资金。

4. 其他转移支付

政府的某些支付不是从一些居民收入中征收上来的，如用增发货币、出卖债券所得来支付福利、救济金，它显然不带有从一些居民转移到另一些居民手中的特点。

✎ 专栏 9-3：2020 年国家重大水利工程建设基金（三峡后续工作）分配结果（见表 9-1）———

表 9-1　2020 年国家重大水利工程建设基金
（三峡工程后续工作预算提前下达分配结果）

省份	金额 / 万元
重庆	381745
湖北	117513
上海	2564
江苏	3540
浙江	3112
安徽	2760
福建	2407
江西	2943
山东	3442

省份	金额 / 万元
湖南	5546
广东	3071
四川	3615
合计	532258

（资料来源：中华人民共和国财政部，http://www.mof.gov.cn/zyyjsgkpt/zyddfzyzf/zfxjjzyzf/gjzdslgcjsjj/201911/P020191113297726936317.pdf）

✎ **专栏 9-4：2019 年中央财政对地方转移支付安排 75399 亿元**

近年来中西部地区转移支付规模占全国近80%，为区域经济均衡及欠发达地区基本公共服务均等化做出了重要贡献。现阶段的财政体制改革应以基本公共服务领域财政事权划分改革为突破口，强化中央财政事权，规范并减少中央与地方共同财政事权，赋予地方政府充分的自主权。

面对错综复杂的国内外经济形势，各级财政部门采取多种措施积极应对，全国财政收入实现平稳增长。调研报告指出，较高强度的财政支出，为社会经济平稳运行提供了保障。

2018年全国一般公共预算支出22.09万亿元，同比增长8.7%，比一般公共预算收入增速高2.5百分点，其中教育、医疗卫生、社会保障、节能环保、城乡社区等与民生相关的财政支出保持较高增速，有力推动了我国社会事业的发展，增加了人民群众的获得感和幸福感。

同时，在地区差异方面，东部地区要好于中西部地区。2018年一般公共预算支出增速大于收入增速的省（区、市）共20个，其中东部地区9个，中部地区3个，西部地区8个。

调研报告认为，转移支付可以弥补地方自有财力不足，有助于实现不同省份间基本公共服务均等化，总体上看，我国转移支付制度对均衡地区间财力差距效果明显。2019年随着经济下行压力和国内大规模减税降费政策的实施，地方对转移支付的需求将进一步增加。

我国转移支付规模不断加大，结构也趋于优化，一般性转移支付占比不断提高。2019年，中央财政加大对地方转移支付力度，安排75399亿元，增长9%，是近年增幅最高年份之一，增量为历年最大。转移支付分配向经济欠发达的中西部地区倾斜，近年来中西部地区转移支付规模占全国近80%，为区域经济均衡以及欠发达地区基本公共服务均等化做出了重要贡献。

调研报告认为，转移支付制度需要进一步完善。比如，转移支付制度承担过多的功能和要求，扮演了"小马拉大车"的角色，出现绩效偏低、交叉重复等问题。同时，一些地方的转移支付未能有效地转化为地方的内生动力。基本公共服务均等化是转移支付的目标。公平和效率是关联的，如果转移支付通过适度"抽肥补瘦"实现了整体效率的提升，则是达到了转移支付制度的预期效果。否则，如果只保障了公平，不能转化为效率提升，欠发达地区会增加对转移支付的依赖性，形成潜在的发展风险。

[资料来源：曾金华.转移支付促区域均衡发展[N].经济日报，2019-06-04（06）.]

（二）现行财政转移支付制度的分析

1.现行政权层次构造与财政转移支付制度极不协调

政府权力层次构造决定于政府职责和行政管理方式，现在的五级政府与计划经济体制下政府由上至下统管所有领域各项具体事务的要求相符。市场经济体制要求政府转变职能，淡化了自上而下的管理需求，增强了地方政府因地制宜、独立管理区域问题的必要性，密集的政权层次结构不再适应经济体制的要求。分税制财政体制改革，前提是对各级政府的事权范围的划分，事权范围决定着财政支出的范围和财政收入的划分，所以事权的划分是多级财政体制协调过程中的基础性环节。政治体制改革的滞后，各级政府的职能界定和事权划分都不明确，甚至在政府职能转化尚没有实现的情况下，仅依据短期需要就进行各级政府间财权的划分，财权划分走在了事权划分的前面，主次颠倒，这一划分必然与实际需求和理论需求相左。

2.分税制的不彻底导致转移支付制度的不合理性

中国的分税制虽然初步建立起了大框架，但与规范化的分税制尚有一定距离，在具体的税种划分上、地方税收体系的完善上，仍存在很多问题。在税种划分上：一是没有打破按企业隶属关系划分税种的格局，二是没有打破按行业划分税种的局面。在地方税收体系的完善上，还未形成一个稳定的地方税体系，有些应开征的税种尚未开征；由于税收体制的高度统一，地方没有税种设立权，影响了地方税收体系的建立。分税制的不彻底，影响了财力初次分配的合理化，使转移支付这种再分配包含了固有的不合理成分。

3.转移支付制度缺乏法律的支撑和保证

转移支付制度作为政府间财政关系的支柱之一，是中央政府在分权性财政管理体制的基础上对地方政府实施制衡的重要财政手段，其制度设计和实际运作涉及一些重大的国家政策目标。因此，世界上许多国家普遍以法律形式，甚至通过宪法对有关政府间转移支付事宜做出明确规定，使其具有很高的权威性和可操作性。相比之下，目前我国尚无涉及政府间转移支付事宜的法律。在1994年颁布的《中华人民共和国预算法》中，对中央和地方收入体制和范围划分做了较为明确和原则的规定，但是其法律效应也十分有限。而对于支出的体制、范围及转移支付制度没有法律规定。这反映了当时在中央和地方财政支出体制上认识的不统一性和制度的不确定性，也使得目前的改革缺乏法律的支撑和保证。

（三）完善转移支付制度

在转移支付的目标选择上，要因支付对象的不同和经济社会发展阶段的不同选择不同的政策目标。从现实情况看，当前时期，我国建立规范科学的转移支付制度的目标，应以纵向平衡为主并与均等化相结合。中央对地方特别是对县乡的财政转移支付，应主要用于弥补主体税收收入不足以提供基本公共产品时的财政收支缺口，而且要保证不同经济发展水平县乡和不同收入阶层在享受基本公共产品方面达到均等。在税制结构没有大的变动的情况下，仅靠乡镇政府自身，并不能完全改变乡镇财政困境的局面，中央财政有必要通过转移支付，给予地方政府适当的财力支持，因此纵向平衡是首要的目标。

1. 规范纵向转移支付

建立规模适度、稳定可靠的转移支付基金。各级政府要建立本级转移支付基金，此基金原则上由本级财政在年初预算中足额安排，专款专用。中央可以考虑将取消增值税和消费税增量返还后的资金作为对下转移支付的资金来源，省级政府除接受来自中央的转移支付资金外，还可以选择将其营业税、个人所得税的一定比例，作为对下转移支付的资金来源。其次，为了提高资金使用效益，除少数确需下达指定地区或项目的专项资金外，其余绝大多数应该在使用范围原则上与上级财政所指示的方向一致的基础上，归集建立上级拨付转移支付基金，并与本级转移支付基金合并一起使用。

缩减专项转移支付规模，增加一般转移支付。与专项转移支付相比，一般转移支付没有给地方政府规定资金的具体使用方向，只是政府财力的补充，下级政府对之拥有较大的使用自主权，主要目的是用来平衡地方预算，满足地区基本开支的需要，因而更能体现公平原则，计算方法也更科学，可以降低人为因素的干扰，避免了专项转移支付的随意性。我国目前专项转移支付范围过宽，许多专项资金的支配使用缺乏事权依据，费用分摊标准和专项资金在各地之间分配也缺乏严格的制度约束。因此，应该压缩专项转移支付规模，大幅度增加一般转移支付，建立以一般转移支付为重点、专项转移支付为补充的复合体系。

对一般转移支付，舍弃"基数法"，改用"因素法"。基数法弱化了转移支付的均等化功能，导致"富者越富，穷者越穷"。因此，应当舍弃"基数法"，改用"因素法"，可以采用以下国际通行的测算核定公式

对地方的一般转移支付（a）＝［该地方政府的标准支出（b）－该地方政府的标准收入（c）－该地方政府得到的其他转移支付（d）］×调整系数（e）

（a）对地方的一般转移支付，计算结果为正数，就是该地区应该得到的一般转移支付数额；计算结果为负数，就是该地区财政实力较强，不需要转移支付拨款。

（b）该地方政府的标准支出，是根据该地方政府的各类支出的标准单位成本和受益者数量及调整系数加总得出。

（c）该地方政府的标准收入，是根据该地区的 GDP、居民总收入、商品零售额、地

方税税基和平均税率等因素计算得出。

（d）该地方政府得到的其他转移支付，是该地方政府得到的包括专项转移支付等在内的其他非一般转移支付之和。

（e）调整系数，是根据该地区自然地理条件、人口密度、社会经济发展水平、城市化程度、人均 GDP 和人均可支配收入等确定，该地区条件越差，系数相应越高，以达到均等化目标。

✐ **专栏 9-5：浙江省创新湿地生态补偿机制** ————————————————

从 2020 年起，浙江省财政每年安排资金对浙江省除宁波以外共 70 个、180 多万亩省重要湿地开展生态补偿。省林业局、省财政厅近日联合出台《浙江省重要湿地生态保护绩效评价办法（试行）》，按照评价办法，绩效达到 80 分以上，并且没有发生保护不力和违规事件，省重要湿地所在县（市、区）政府可获得每亩 30 元的补偿。

2016 年，国务院办公厅印发了《湿地保护修复制度方案》，开启探索湿地生态效益补偿制度。"这次浙江率先从省域层面出台了湿地生态补偿的具体方案。"省林业局野生动植物和湿地管理处负责人介绍，通过开展湿地生态保护的绩效评价，给县（市、区）加强湿地保护指明了方向。绩效评价分为湿地生态情况和保护工作两方面。

在评价程序上，采用的是各地先自评，然后由省林业局组织人员对上报材料进行审核，并根据实际需要进行抽查，最终与省财政厅共同审定。

据了解，这笔湿地生态补偿资金具有普惠性，只要各地严格按照评价办法执行，分数达到要求，资金便可兑现。资金主要可用于湿地保护管理、生态保护修复、相关权利人补偿等方面，也可以由当地政府根据实际需要统筹使用。

（资料来源：中华人民共和国中央人民政府网，http://www.gov.cn/xinwen/2020-11/15/content_5561637.htm）

2. 建立横向转移支付

社会公平是公共财政的主要目的，也是转移支付的最终目标。社会公平，不仅是指个人收入分配方面的公平，而且包括在享受政府提供的义务教育、社会保障等公共产品方面的平等权利。仅靠本地财力和纵向转移支付，不发达地区仍然很难达到公共产品提供均等化的目标，这就要以横向转移支付为补充。

通过横向转移支付，可以实现地区间相互支持，协调发展，共同富裕，从而在全国范围内盘活均衡机制，使不同地区间公共产品提供大致均等，从而最终实现社会公平的战略目标。根据我国国情，目前比较具有现实可操作性的是，在纵向转移支付间接实现横向财力转移的基础上，借鉴纵向转移支付的标准，在省、市级实现其管辖范围内的各地区间的横向转移支付，帮助不发达地区实现公共产品均等化的目标。

3. 强化转移支付资金管理

全国人大或国务院制定专门的《政府转移支付法（条例）》，对转移支付的目标、原则、形式、资金的用途等以法律法规的形式予以规定。要使转移支付和各级政府的预算同步，从而把转移支付纳入各级预算，实行预算管理，其项目要详细列出，并对社会公开，接受社会监督；改变中央转移支付多头管理的情况，将分散在各部门的转移支付管理职能归并，交给一个专门的中央转移支付管理机构行使管理职能；各级财政对下级政府的转移支付引入惩罚激励机制和有偿使用机制，充分调动下级政府开源节流的积极性，消除下级政府对财政补贴的依赖性，增强其财政自求平衡的能力。

目《中央对地方专项转移支付管理办法》

第三节　我国省以下财政体制实践：浙江省"省直管县"体制

一、"省直管县"体制概述

"省直管县"体制是指：省市县行政管理关系由目前的"省—市—县"三级体制转变为"省—市、省—县"二级体制，对县的管理由现在的"省管市—市管县"模式变为由省替代市。实行"省直管县"模式，其内容包括人事、财政、计划、项目审批等原由市管理的所有方面。这种由省直接把转移支付、财政结算、收入报解、资金调度、债务管理等权限"下放"到县的"省直管县"改革已在全国试点推行。

二、"省直管县"的财政体制改革主要内容

目前"省直管县"改革主要包括：一是"强县扩权"改革，二是实行省直管县的财政体制。

一是"强县扩权"改革。我国从 1992 年始，在中央政府的支持下，浙江、河北、江苏、河南、安徽、广东、湖北、江西、吉林等省份陆续推行了以"强县扩权"为主要内容的改革试点，对经济发展较快的县市进行了扩权，把地级市的经济管理权限直接下放给一些重点县。

二是关于实行省直管县的财政体制。2005 年 6 月，温家宝总理在全国农村税费改革试点工作会议上指出，要改革县乡财政的管理方式，具备条件的地方，可以推进"省直管县"的改革试点。党的十六届五中全会提出要优化组织结构、减少行政层级，条件成熟的地区可以实行省直管县的财政体制。《中华人民共和国国民经济和社会发展第十一个五年规划纲要》提出要"理顺省级以下财政管理体制，有条件的地方可实行省级直接对县的管理体制"。《中共中央国务院关于推进社会主义新农村建设的若干意见》中也提到"有条件的地方可加快推进'省直管县'财政管理体制改革"。财政部向《中国经济周刊》提供的资料显示，截至 2015 年，全国实行财政"省直管县"的有河北、山西、海南、辽宁、吉林、

黑龙江、江苏、浙江、安徽、福建、江西、山东、河南等 18 个省份，加上北京、上海、天津、重庆 4 个直辖市，共有 22 个地区实行了财政体制上的"省直管县"。

三、浙江"省直管县"改革

1953 年，根据中央取消大区一级财政，增设市（县）一级财政的决定，浙江省普遍建立了市、县级财政。市一级财政与县级财政一样，在财政体制上与省级财政发生关系。从这一年开始至今，浙江省一直实行省管县财政体制。此后经历了多次经济强县扩权改革。

（1）1992 年，浙江省政府办公厅出台了扩大萧山、余杭、鄞县、慈溪等 13 个县（市）部分经济管理权限的政策。主要内容有扩大基本建设和技术改造项目审批权、扩大外商投资项目审批权、简化相应的审批手续等 4 项（浙政发〔1992〕169 号）。

（2）1997 年，浙江省政府研究决定，同意萧山、余杭试行享受市地一级部分经济管理权限，主要内容有基本建设和技术改造项目审批管理权限、对外经贸审批管理权限、金融审批管理权限、计划管理权限、土地管理权限等 11 项（浙政发〔1997〕53 号）。同年，浙江省政府又授予萧山、余杭两市市地一级出国（境）审批管理权限（浙政办发〔1997〕179 号）。

目浙江省财政厅《关于贯彻落实省委办公厅 省政府办公厅扩大县（市）部分经济社会管理权限的实施意见》

（3）2002 年，浙江省委、省政府实行新一轮的强县扩权政策，按照"能放都放"的总体原则，将 313 项原属地级市的经济管理权限下放给 17 个县（市）和萧山、余杭、鄞州 3 个区，主要涵盖计划、经贸、外经贸、国土资源、交通、建设等 12 大类（浙委办〔2002〕40 号）。次年，浙江省政府在下发的《关于进一步深化省级行政审批制度改革的实施意见》中提出，"浙委办〔2002〕40 号文件明确已经下放到 17 个扩权县（市、区）的审批权限，要进一步下放到所有县（市、区）"（浙政发〔2003〕35 号）。

（4）2006 年，浙江省委、省政府确定将义乌市作为进一步扩大县级政府经济社会管理权限的改革试点。改革试点以扩大县级政府经济社会管理权限为重点，除规划管理、重要资源配置、重大社会事务管理等经济社会管理事项外，赋予义乌市与设区市同等的经济社会管理权限，并相应调整和完善有关管理体制和机构设置（浙委办〔2006〕114 号）。

（5）2009 年 4 月，根据浙江省委办公厅、省政府办公厅《关于扩大县（市）部分经济社会管理权限的通知》（浙委办〔2008〕116 号）的要求，涉及扩大到义乌市经济社会管理权限事项 26 项，其中新增事项 13 项；扩大其他县（市）（包括杭州市萧山区、余杭区，下同）经济社会管理权限事项 25 项。为认真抓好省财政扩权事项的贯彻落实，特提出扩大县（市）部分经济管理权限的实施意见。

目《浙江省财政厅关于深化财政体制改革的实施意见》

（6）2015 年 12 月，浙江省财政厅发布《关于深化财政体制改革的实施意见》，根据"强化主体责任""促进财力均衡""推动区域发展"的基本原则，推进事权与支出责任划分、优化转移支付分档体系、建立高新技术产业地方税收增量返还奖励政策、优化收入激励奖补政策、优化区域统筹发展激励奖补政策。

浙江省"省直管县"体制的核心包括 3 个方面：首先是财政意义上的省直管县体制；其次是县（市）委书记、县（市）长由省里直管的干部管理制度；最后是四轮"强县扩权"所赋予县的社会经济管理权限。

四、从浙江经验看"省直管县"体制的积极作用

（一）加强了县的自主发展权，有利于强县富民

县级财政在地方经济发展、计划项目、招商引资和财政税收等方面有了更大的自主选择权力。县财政行使权力加大，优化了县级财政支出结构，促进县域经济更快发展。

（二）有利于缓解县级财政困难

省财政按财政体制直接结算到县（市），既避免了市级集中县财力的"市刮县"问题，又可使县级财政困难直接反馈到省财政，使省财政及时解决县财政的困难。由于减少了市级管理层次，也可以大大降低行政管理成本，从而在一定程度上减轻农民负担，如可以减少地级市对指标、资金、项目、财政提取和各种行政审批等中间环节的提成、截留或滞延，特别是贫穷落后地区。

（三）有利于解决"三农"问题，统筹城乡发展，深入推进县域城市化

省对县实行直接转移支付，既能保证县域发展所需的资金，而且每年可节省市本级对各县农业、社保、教科文等的配套资金。通过加大县域发展自主权，全面提升县级经济实力，依托县城对周围农村地区的直接辐射带动，加强县域内的城乡联系和协调发展，这些措施都可以提高农民收入，有利于"三农"问题的解决。

（四）减少了管理层次，提高效率

调整现有的"省—市—县—乡"多级模式，减少"市"一级参与者，减少省与县之间的信息不对称，可以提高信息效率，减少信息传递过程失真，是保证政令畅通的必然选择。从这个层面上看，"省直管县"行政管理体制完全符合信息资源的合理配置要求。

五、"省直管县"财政体制发展对策

（一）积极转变政府职能

在"省直管县"财政体制中，政府要切实转变职能，省级、市级、县级政府要明确职责，自觉履行义务，相互之间进行积极配合，共同促进经济的发展。第一，各级政府要进行政府职能的定位，明确政府的角色，认识到政府是公共产品及公共服务的提供者。政府要做经济活动的调控者，而不是直接组织者。政府要积极通过税收及社会保障实现再分配，促进社会公平。政府要积极维护社会秩序，但不等同于控制社会事务及人们的行为。政府要加强决策透明度，提高决策的科学化、民主化，扩宽人民对社会事务的参与渠道，提高服务质量。第二，各级政府要重视政府职能的转变。各级政府要明确自己的职能

边界，根据自身的职权范围及现实情况采取合适的解决措施，让问题得到更好的解决。同时，注重财政权与事务权的匹配，切实推进政事分开，有效提高行政管理能力。

（二）理清基层政府财政关系

基层政府职能与角色的错位制约着经济与社会的发展，因此，要理清基层政府的财政关系，为经济发展提供良好的环境。首先，对各级政府的事务权进行明确的划分。各级政府要明确自身的公共支出责任，明确各级政府应该承担的比例，在尊重我国国情的情况下，进行事务权的合理确定。其次，用事务权确定财务权。要对各级政府的事务权进行合理的划分，并且按照各级政府的利益关联度，进行财务权的确定。要对各级政府的财政收入分配关系有清晰的认识，制定科学的分享比例，真正实现各级政府财政机制的保障。再次，对各级政府的财务权进行合理划分。各级政府要根据现实情况适当下放财权，让当地的税制体系变得更加完善。

（三）进行"省直管县"的配套改革

进行"省直管县"的配套改革，可以促进"省直管县"财政体制的进一步发展。首先，因地制宜地制定发展策略。我国的城市经济发展条件复杂，不同的地区拥有不同的发展环境，各级政府要根据当地的实际发展情况，因地制宜地制定适合当地发展的措施。其次，要合理确定省级政府的管理幅度。省级政府的管理幅度要根据现实情况制定，减少省级政府的管理难度，促进社会经济的发展。省级政府的管理幅度过大，财政体制改革将会受到阻碍，严重的话可能会引发一系列问题，不利于当地社会经济的发展，不利于我国城市化进程。再次，要加强监督。要对各级政府的事务权、财政权等利益进行统筹管理，充分激发各级政府的积极性。要加强对县权的监督与管理，让下放的县权可以得到很好的利用，建立完善的县权监督与管理机制，将监督权贯穿于权力运行的全过程。

"省直管县"财政体制可以提高各级政府的行政管理效率，让经济的发展更加具有自主性，为当地财政的运行提供良好的发展环境，推动当地经济社会的进一步发展，推进我国的城市化进程。要积极探索"省直管县"财政体制发展措施，促进社会经济发展。

▶▶ 本章小结

1. 财政体制，是处理政府间财政关系的基本制度，包括政府间支出责任划分、收入划分和财政转移支付等基本要素。财政体制的核心，是各级预算主体的独立自主程度，以及集权和分权的关系。

2. 政府间事权划分表现为提供公共产品的职责和任务划分。

3. 转移支付制度是由于中央和地方财政之间的纵向不平衡和各区域之间的横向不平衡而产生和发展的，是国家为了实现区域间各项社会经济事业的协调发展而采取的财政政策。从制度上控制并最终消除地方和部门利益，从促进经济发展、保障社会稳定大局出发，妥善解决国库分散支付制度遗留的利益矛盾。

4.1994 年分税制财政体制改革，初步理顺了中央和地方财政关系，奠定了与市场经济体制相适应的财政体制框架，为建立现代财政制度奠定了良好的基础。近年来的财政事权和支出责任划分改革，是 1994 年分税制改革的延续，更是财政体制改革的一次重大制度创新。

➤➤ **基本概念**

财政体制　政府间事权划分　转移支付制度　分税制财政体制改革

➤➤ **思考题**

1.简述财政体制的含义。

2.什么是分税制？

3.论述我国目前的分税制财政体制的主要内容。

4.你对完善当前我国分税制财政体制有何对策建议？

5.简述当前我国财政转移支付的主要形式。

6.建立财政体制应遵循哪些原则？

7.当前应如何推进中央与地方财政事权和支出责任划分改革？

➤➤ **参考文献**

甘家武，张琦，舒求，等．财政事权和支出责任划分改革研究：兼论分税制财政体制改革 [J]．云南财经大学学报，2019（4）：3-10．

高培勇，汪德华．本轮财税体制改革进程评估 [J]．财贸经济，2016（12）：5-16．

单凯，占张明．"省直管县"政策下地级市"撤县设区"行为研究：以浙江省为例 [J]．中共杭州市委党校学报，2015（3）：32-39．

申学锋，王子轩．"省直管县"财政体制改革脉络及文献述论 [J]．地方财政研究，2018（9）：68-72．

王娜．"省直管县"财政体制研究 [J]．现代经济信息，2018（12）：1．

王秀芝．从预算管理流程看我国政府预算管理改革 [J]．财贸经济，2015（12）：22-34．

夏津津，夏先德．新时代推动全面实施绩效管理基本构想 [J]．财政研究，2018（4）：119-123．

杨文彬．国际比较视野下省直管县体制的障碍因素分析 [J]．行政论坛，2015（1）：43-46．

本章测试

第十章
财政政策

▶ **学习目标**

通过本章学习，要求学生掌握财政政策的主要政策工具及其作用机制；掌握财政政策与货币政策相互配合的基本原理；了解我国改革开放以来财政政策的实践历程；学会识别、分析、评价地方政府财政政策及其效果。

▶ **案例导入**

2020年突如其来的新冠肺炎疫情不仅严重威胁着世界各国人民的生命健康安全，也对经济发展和经济安全造成了巨大冲击。在这种情况下，既要坚决打赢疫情防控阻击战，又要奋力实现经济社会发展目标，关键在于加强宏观政策的调控，其中财政政策尤为关键。面对疫情的影响，中国中央政府多次指出，财政政策要更加有为。从数据来看，2020年的财政赤字占GDP的比重首次超过3%，增发抗疫特别国债1万亿元，而且大幅增加地方专项债发行规模1.6万亿元，进而总额增至3.75万亿元，新增减税降费5000亿元，从而使全年企业新增减负超过2.5万亿元，中央财政非急需非刚性支出压减50%以上，等等。这些政策对稳定社会预期、提振企业信心、恢复经济发展发挥了重要作用。

不过我们要清醒地认识到，历史经验一再表明，只要实施财政扩张政策，特别是实施超大规模的财政扩张政策，多多少少总会产生一些副作用，比如造成经济结构失衡、部分行业产能过剩、政府债务规模激增、财政风险过大等，使经济发展的周期性、体制性、结构性矛盾不断加剧。因此，对于疫情之下的积极财政政策，也需进行成本收益分析，兼顾当前和长远利益。

（资料来源：中国经济网，http://www.ce.cn/xwzx/gnsz/gdxw/202006/22/t20200622_35174691.shtml）

请思考：

1. 除了中央政府推行的一些积极财政政策之外，疫情期间我国的各地方政府有哪些具体的积极财政政策？这些政策又是怎样影响经济发展的？

2. 如何在加大积极财政政策力度的同时，尽量避免政策实施后可能出现的副作用？

第一节　财政政策概述

一、财政政策的含义

概括来说，财政政策是指政府通过调节自身的预算收支规模和结构来进行宏观经济调控的各种政策工具。

财政政策贯穿于财政工作的全过程，体现在收入、支出、预算平衡和国家债务等各个方面。因此，财政政策是由支出政策、税收政策、预算平衡政策、国债政策等构成的一个完整的政策体系。在市场经济条件下财政功能的正常发挥，主要取决于财政政策的适当运用。财政政策运用得当，就可以保证经济的持续、稳定、协调发展，财政政策运用失当，也会引起经济的失衡和波动。

二、财政政策目标

经济增长、物价稳定、充分就业和国际收支平衡是宏观经济政策的四大目标，财政政策作为宏观经济政策的一个重要方面，也应致力于实现上述四大目标。此外，财政作为国家治理的基础和重要支柱，其职能的发挥及政策目标的实现领域也相应更加宽广和深入，至少还需实现以下两个目标：收入合理分配和社会生活质量提高。

财政政策的政策目标与财政职能不同，由于不同时期的社会经济发展战略和目标是不同的，政策目标自然也有所差别，上述六大目标可视为归纳的一般性目标。下面结合我国当前发展实际，对其进行逐一分析。

（一）经济适度增长

适度增长的含义，在我国当前就是落实"五个统筹"，全面贯彻科学发展观。一是保持平稳较快的增长，二是加快经济增长方式的转变，三是提高自主创新能力，四是促进城乡区域协调发展，五是加强和谐社会建设。

（二）物价基本稳定

物价基本稳定，并不是冻结物价，而是把物价总水平的波动约束在经济稳定发展可容纳的空间，具体可理解为避免过度的通货膨胀或通货紧缩。在采取财政措施时，必须首先弄清导致通货膨胀或通货紧缩的原因，如果是由于需求过旺或需求不足造成的，则需要调整投资性支出或通过税收控制工资的增长幅度；如果是由结构性摩擦造成的，则必须从调整经济结构着手。

（三）提供就业机会

失业率和上述两个政策目标（经济增长和价格水平）是紧密联系的，现实生活中，人们要求经济增长率要高，失业率要低，但高产出、低失业会抬高物价和工资水平，通货膨胀率趋向上升，因此，经济增长率、失业率和通货膨胀率往往是制定经济政策的两难选择。我国的劳动力就业市场除具有市场经济的一般规律外，还具有较强的经济转轨期的特征，主要是国有企业改制的下岗职工和农村富余劳动力向城市转移对就业市场带来巨大的压力。因此，采取各种措施缓解就业再就业的压力，控制失业率，是当前宏观经济政策的一项重要任务。国家财政建立以职工基本生活保障、失业保险和城市居民最低生活保障为内容的"三条保障线"制度，支持下岗职工上岗培训和农民工的技术培训，实行有利于再就业的税收政策，支持劳动密集型的中小企业的发展等，对缓解就业再就业的压力发挥了重要作用。

（四）平衡国际收支

国际收支对现代开放型经济国家来说是至关重要的。21世纪以来，随着我国经济的不断发展，我国国际收支双顺差（经常项目和资本项目）规模迅速扩大，这与传统的国家收支结构——经常项目和资本项目互补这个理论是相悖的，且与大多数国家的国际收支结构相比也不常见。长期处于国际收支双顺差格局下，我国外汇储备的积累量增长过快，引发了经济增长结构不平衡、内需不足等问题。而我国也一直为平衡国际收支而不断努力，主要通过扩大政府开支、减少税收以扩大总需求，增加进口及非贸易支出以减少国际收支顺差。然而，2012年中国资本和金融项目出现1999年以来首次年度逆差，2018年经常项目也出现2001年以来首次逆差，因此也应采取相应的财政政策加以调控。

（五）收入合理分配

"吃大锅饭"的平均主义分配，抑制了劳动者的生产积极性，不利于经济的发展；收入分配不合理，贫富悬殊过大，又不利于社会经济的稳定。在社会主义市场经济环境下，同资源配置机制一样，应使市场分配起基础性作用，同时政府加以宏观调控。收入分配既要有利于充分调动社会成员的劳动积极性，同时又要防止过分贫富悬殊，因此，在政策的导向上存在着公平与效率的协调问题，当社会成员的收入差距过大时，则必须重视社会公平，使全体人民共享改革发展成果。通过税收调节缩小收入分配的差距，建立完善的社会保障体系和低生活保障体系等，是实现收入合理分配目标的有效措施。

（六）社会生活质量提高

经济系统的最终目标是满足社会全体成员的需要，需要的满足程度，不仅取决于个人消费需求的实现，而且取决于社会公共需要的实现。这种社会公共需要的满足，综合表现为社会生活质量的提高。比如公共安全、环境质量、基础科学研究、普及教育和公共卫生等水平的提高都标志着社会生活质量的提高。财政政策把社会生活质量的提高作为政策目标之一，是因为提高社会生活质量，仅靠市场是远远不够的，还必须依靠政府部门提供足够的高质量的社会公共物品。

三、财政政策工具

财政政策工具，是财政政策主体所选择的用以达到政策目标的各种财政手段，主要有财政预算、税收、公共支出、政府投资、公债等，在这里作为财政政策手段再加以综述。

（一）预算政策

预算调节经济的作用主要表现在财政收支的规模及其差额上，可参考预算赤字和赤字率等相关数据（见图 10-1）。

（1）当社会总供给大于总需求时，采用赤字预算的扩张性财政政策扩大社会总需求。

（2）当社会总供给小于总需求时，采用盈余预算的紧缩性财政政策抑制社会总需求。

（3）当社会总供给与总需求基本平衡时，采用中性财政政策。

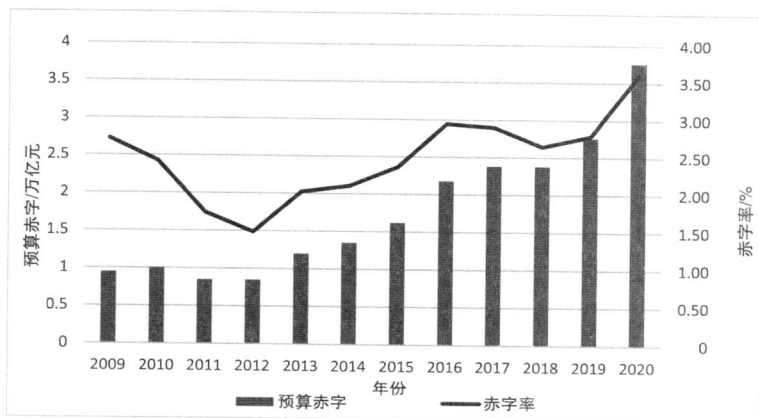

图 10-1　我国 2009—2020 年预算赤字和赤字率

（二）税收政策

税收的调节功能主要体现在以下两方面。

第一，调节社会总需求和总供给。在经济繁荣时期，政府通过提高税率、减少税收优惠等途径增加税收，抑制社会总需求，避免经济过热发展；在萧条时期，政府通过降低税率、实行更多税收优惠等途径减少税收，刺激社会总需求，促进经济增长。

第二，税收是政府公平收入分配的重要手段。

（三）公共支出政策

公共支出是指政府用于满足纯公共需要的一般性支出，主要包括狭义的购买性支出和转移性支出两大部分。在我国，财政补贴占有重要位置，这不仅因为补贴支出数额大，而且还因为，财政补贴是我国目前的经济体制运转不可或缺的润滑剂。我国经济正在向市场经济转轨，新旧体制的摩擦较大，存在许多利益冲突，而财政补贴的运用则对实现体制的平稳过渡发挥了重大作用。当然，补贴的过快增长，也给我国经济与财政带来了沉重的负担，产生了一些消极的影响。财政补贴是一种具有明显"二重性"特征的政策工具，在运用上，必须充分考虑到它的双重作用。

目《政府投资条例》

（四）政府投资政策

政府投资指财政用于资本项目的建设支出，它终将形成各种类型的固定资产。在市场经济条件下，政府投资的项目主要是指那些具有自然垄断特征、外部效应大、产业关联度高、具有示范和诱导作用的公共设施、基础性产业及新兴的高科技主导产业。政府的投资能力与投资方向对经济结构的调整起关键性作用。考虑到国民经济基础设施和基础产业的

"瓶颈"制约现状，政府投资所产生的效应，就不局限于自身的投资效应；作为一种诱发性投资，它可将"基础瓶颈"制约所压抑的民间部门的生产潜力释放出来，并使国民收入的创造达到一个较高的水平。这就是政府投资在"基础瓶颈"条件下所产生的"乘数效应"。

（五）公债政策

公债对经济的影响主要体现为流动性效应和利息率效应。首先，通过调整公债的流动性程度，改变社会经济资源的流动状况，可以对经济运行产生扩张性或紧缩性的影响；其次，通过国债发行利率水平来影响金融市场利率的变化，可以对经济运行产生扩张性或紧缩性的影响。

四、财政政策类型

（一）按调节经济周期的作用划分

按调节经济周期的作用划分，可分为自动稳定的财政政策和相机抉择的财政政策。自动稳定的财政政策是指财政制度本身存在一种内在的、不需要政府采取其他干预行为就可以随着经济社会的发展，自动调节经济运行的机制。这种机制也被称为财政自动稳定器。主要表现在两个方面：一是对个人所得税和企业所得税的累进所得税的自动稳定作用，二是对政府福利支出的自动稳定作用。自动稳定器在经济紧缩期的作用机制如图 10-2 所示。

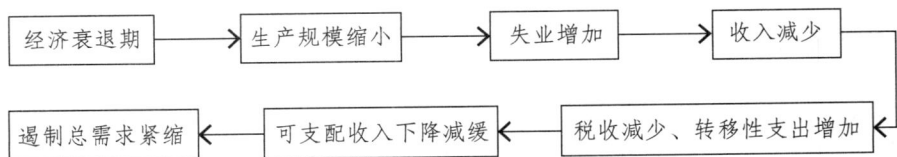

图 10-2　自动稳定器在经济紧缩期的作用机制

相机抉择的财政政策是指政府根据一定时期的经济社会状况，主动灵活地选择不同类型的反经济周期的财政政策工具，干预经济运行行为，实现财政政策目标。

（二）根据财政政策在调节国民经济总量和结构中的不同功能划分

可分为扩张性财政政策、紧缩性财政政策和中性财政政策。

（1）在社会总需求不足的情况下，政府通常采用扩张性财政政策，通过减税、增加财政支出等手段扩大需求。

（2）在社会总需求大于社会总供给的情况下，政府通常采用紧缩性财政政策，通过增加税收、减少财政支出等手段抑制社会需求。

（3）中性财政政策（均衡性财政政策）——社会总供求基本平衡，经济稳定增长时期采用。

五、财政政策的传导机制

简单地说，财政政策传导机制，就是财政政策在发挥作用的过程中，各政策工具通过某种媒介体的相互作用形成的一个有机联系的整体，财政政策发挥作用的过程，实际上也就是财政政策工具变量经由某种媒介体的传导转变为政策目标变量（期望值）的复杂过程。

那么，财政政策主要通过哪些媒介体将财政政策工具的作用传导出去？主要的媒介体是收入分配、货币供应与价格。财政政策工具变量的改变主要是通过引起上述媒介体中间变量的改变来达到预期目标。这样，政策能否达到预期目标，在很大程度上就与传导机制的作用联系在一起。不注重对政策传导机制的研究，就无法回答财政政策在贯彻执行中的种种效应偏差，并无法解释财政政策体系的整体作用机理。

（一）财政政策工具与收入分配

收入分配的范围很广，我们只选择对整个GDP分配影响大的个人收入和企业利润收入分配进行分析。政策工具变量的调整，对个人收入分配的影响，主要体现在改变货币收入者实得的货币收入或使货币收入者的实际购买力发生变化。对于前者，主要是通过对居民个人征税，使其税后收入减少，或通过某种形式的补贴使居民个人的实得收入增加；对于后者，主要是通过货币的升值或贬值来进行调节。居民个人收入的变化会影响其储蓄与消费的行为，并影响劳动者生产积极性，在一定的程度上还可能导致劳动者在工作与闲暇之间重新做出选择。例如，开征消费税直接影响消费支出，开征利息税可能影响储蓄行为。再如开征个人所得税，当累进税率达到一定高度时，就可能使一部分人在工作与闲暇中重新选择，产生减少工作（或有效工作）时间而增加闲暇时间的替代问题。这样，财政政策通过收入分配作为媒介就会对总产出产生影响。政策工具变量调整对企业利润分配的影响，则主要体现在企业税后利润的分配上。比如，我国经济体制改革后，国有企业走向市场，自主经营，自负盈亏，利润成为企业追求的主要目标，税后利润的多少直接影响企业的经营活动和职工的利益。企业所得税直接影响企业税后利润的变化，从而影响企业的生产经营行为，尤其是影响企业的投资行为。对于国有企业来说，国家与企业的利润分配关系不稳定，缺乏规范化和法制化的刚性，往往是导致企业片面追求短期利益倾向的重要诱因，带来诸如盲目生产、重复建设等一系列问题。总之，在总供求波动的背后，主要是收入因素变动影响，而收入的变动是分配的结果，或者说是利益格局调整的结果，而财政政策工具正是通过对利益格局的调整来实现政策的目标。

（二）财政政策工具与货币供给

对政策工具变量的调整如何影响货币供应呢？撇开财政政策对货币流通速度与货币存量结构变化的影响不谈，在前一章中我们已经集中分析了财政赤字与货币供应的关系。其实，因为货币供给是社会需求的载体，任何一笔财政收支的增减都必须通过货币供给量作为媒介作用于总需求。比如，当实行赤字政策的时候，不论是增支还是减税，也不论是采取货币化融资还是采取债务化融资，首先是扩大货币供给量，而后才能达到扩大总需求的目标值的目的。在利率市场化的条件下，财政收支的增减则会影响利率的升降，如果扩大财政支出而不相应地扩大货币供给量，必然迫使利率上升，对民间投资产生"排挤"效应，这样就达不到总需求的政策目标。如此等等。

（三）财政政策工具与价格的关系

许多财政政策工具的作用是通过价格作用体现出来的。比如，长期以来，我国产业部门间的利润率存在差异，这种差异是导致产业结构不合理的一个重要原因。调整产业结构从某种意义上讲就是调整利益结构，而部门与行业间的利润率的差别，除了受成本变动等因素影响外，主要还与价格政策有关。如基础设施的定价偏低，加工工业产品的价格相对偏高，价格政策是导致两种行业盈利差别的重要原因，而价格不合理往往是制约基础设施发展滞后的关键的因素。价格市场化，是我国经济体制改革的必然趋势，然而在向市场经济转变的过程中，政府对价格的适度控制仍然是必要的。当然这种控制主要不是依靠行政手段来管制物价，而是通过经济手段，如在加大基础产业部门政府投资的同时，运用税收、补贴等财政政策工具控制基础产业部门的价格，达到调整产业结构的政策目标。

第二节　财政政策与货币政策的配合

一、货币政策的含义

所谓货币政策，是指一国政府为实现一定的宏观经济目标所制定的关于调整货币供应的基本方针及其相应的措施。它是由信贷政策、利率政策、汇率政策等政策构成的一个有机的政策体系。我国货币政策的基本目标是稳定货币。稳定货币是指把货币供应量控制在客观需要量的范围内，这就是说，货币供应量不能超过货币的客观需要量，但货币投放量究竟多少为宜，可以在货币需要量所允许的空间内进行选择。稳定货币和发展经济的目标是一致的。

二、财政政策与货币政策配合的必要性

在我国财政与银行信贷是国家从宏观上集中分配资金的两条不同的渠道，两者虽然都能对社会的总需求与总供给进行调节，但在消费需求与投资需求形成中的作用又是不同的，而且这种作用是不可相互替代的。可以从以下几方面来看两者的不同作用。

（一）两者的作用机制不同

财政是国家集中一部分 GDP 用于满足社会公共需要，因而在国民收入的分配中，财政居于主导地位。财政直接参与国民收入的分配，并对集中起来的国民收入在全社会范围内进行再分配。因此，财政可以从收入和支出两个方向上影响社会需求的形成。当财政收入占 GDP 的比重大体确定，即财政收支的规模大体确定的情况下，企业和个人的消费需求和投资需求也就大体确定了。比如，国家对个人征税，也就相应减少了个人的消费需求与投资需求；对企业征税或国家对企业拨款，也就减少或增加了企业的投资需求。银行是国家再分配货币资金的主要渠道，这种对货币资金的再分配，除了收取利息外，并不直接参加 GDP 的分配，而只是在国民收入分配和财政再分配基础上的一种再分配。信贷资金

是以有偿方式集中和使用的，主要是在资金盈余部门和资金短缺部门之间进行余缺的调剂。这就决定了信贷主要是通过信贷规模的伸缩影响消费需求与投资需求的形成。至于信贷收入（资金来源）虽然对消费需求与投资需求的形成不能说没有影响，但这种影响一定要通过信贷支出才能产生。比如，当社会消费需求与投资需求过旺时，银行采取各种措施多吸收企业、单位和个人的存款，这看起来是有利于紧缩需求的，但如果贷款的规模不做相应的压缩，就不可能起到紧缩需求的效果。

（二）两者的作用方向不同

从消费需求的形成角度来看，包括个人消费需求和社会消费需求两个方面。社会消费需求，基本上是通过财政支出形成的，因而财政在社会消费需求形成中起决定作用。只要在财政支出中对社会消费性支出做适当的压缩，减少公共部门的购买力，社会消费需求的紧缩就可以立即见效。而银行信贷在这方面则显得无能为力。个人消费需求的形成则受到财政、信贷两方面的影响。在个人所得税制度日趋完善的情况下，财政对个人消费需求的形成是有直接影响的。而银行主要是通过工资基金的管理、监督及对现金投放的控制，间接地影响个人的消费需求。至于说银行对个人消费需求的形成有直接影响，也主要是体现在城乡居民储蓄存款上。但居民储蓄存款毕竟可以随时提取，因而这种影响的力度就不像财政那样大。再从投资需求的形成角度来看，虽然财政和银行都向再生产过程供应资金，但两者的侧重点不同。在我国现行体制下，根据财政、银行在运用资金上无偿与有偿的不同特点，固定资产投资理应由财政供应资金，而流动资金投资一般由银行供应资金。虽然随着银行信贷资金来源的不断扩大，银行也发放一部分固定资产投资贷款，但银行的资金运用的重点仍是保证流动资金的供应和短期的固定资产投资贷款。从这里也可看出，财政在形成投资需求方面的作用，主要是调整产业结构，促进国民经济结构的合理化，而银行的作用则主要在于调整总量和产品结构。

（三）两者在扩张和紧缩需求方面的作用不同

在经济生活中，有时会出现需求不足、供给过剩，有时又会出现需求过旺、供给短缺的情况。这种需求与供给失衡的原因很复杂，但从宏观经济角度来看，主要是由财政与信贷分配引起的，而财政与信贷在膨胀和紧缩需求方面的作用又是有别的。财政赤字可以扩张需求，财政盈余可以紧缩需求，但财政本身并不具有直接创造需求即"创造"货币的能力，唯一能创造需求、创造货币的是中央银行。因此，财政的扩张和紧缩效应一定要通过货币政策机制的传导才能发生。比如财政发生赤字或盈余时，如果银行相应压缩或扩大信贷规模，完全可以抵消财政的扩张或紧缩效应；只有财政发生赤字或盈余，银行相应地扩大或收缩货币供给量，财政的扩张或紧缩效应才能真正发生。问题不仅在此，银行自身还可以直接通过信贷规模的扩张和收缩来起到扩张和紧缩需求的作用。从这个意义上说，中央银行的货币政策是扩张或紧缩需求的"总闸门"。正是由于财政政策与货币政策在消费需求与投资需求形成中有不同的作用，这就要求财政政策与货币政策必须配合运用。如果财政政策与货币政策各行其是，就必然会产生碰撞与摩擦，彼此抵消力量，从而减弱宏观调控的效应和力度，也难以实现预期的调控目标。

三、财政政策与货币政策的组合模式

财政政策与货币政策的配合运用也就是扩张性、紧缩性和中性3种类型政策的不同组合。现在我们从松紧搭配角度来分析财政政策与货币政策的不同组合效应。

（一）"双松"政策：松的财政政策和松的货币政策

松的财政政策是指通过减少税收和扩大政府支出规模来增加社会的总需求，松的货币政策是指通过降低法定准备金率、降低利息率而扩大货币供给规模。显然，"双松"政策的结果，必然使社会的总需求扩大。在社会总需求严重不足，生产能力和社会资源未得到充分利用的情况下，利用这种政策配合，可以刺激经济的增长，扩大就业，但却可能带来通货膨胀的风险。

（二）"双紧"政策：紧的财政政策与紧的货币政策

紧的财政政策是指通过增加税收、削减政府支出规模来限制消费与投资，抑制社会的总需求；紧的货币政策是指通过提高法定准备率、提高利率来压缩货币供给量。这种政策组合可以有效地遏止需求膨胀与通货膨胀，但可能会带来通货紧缩和经济停滞的后果。

（三）紧的财政政策和松的货币政策

紧的财政政策可以抑制社会总需求，防止经济过旺和通货膨胀；松的货币政策在于保持经济的适度增长。因此，这种政策组合的效应就是在控制通货膨胀的同时，保持适度的经济增长。但货币政策过松，也难以制止通货膨胀。

（四）松的财政政策和紧的货币政策

松的财政政策在于刺激需求，对克服经济萧条较为有效；紧的货币政策可以避免过高的通货膨胀率。因此，这种政策组合的效应是在保持经济适度增长的同时尽可能地避免通货膨胀。但长期运用这种政策组合，会积累起巨额的财政赤字。

从以上几种政策组合中可以看出，所谓松与紧，实际上是财政与信贷在资金供应上的松与紧，也就是银根的松与紧。凡是使银根松动的措施，如减税、增加财政支出、降低准备金率与利息率、扩大信贷规模等，都属于"松"的政策措施；凡是收紧银根的措施，如增税、减少财政支出、提高准备金率与利息率、压缩信贷规模等，都属于"紧"的政策措施。至于到底采取哪一种松紧搭配政策，则取决于宏观经济的运行状况及其所要达到的政策目标。一般来说，如果社会总需求明显小于总供给，就应采取松的政策措施，以扩大社会的总需求；而如果社会总需求明显大于总供给，就应采取紧的政策措施，以抑制社会总需求的增长。2001—2020年我国财政政策与货币政策的组合如表10-1所示。

▤"央妈"与
"财爸"之争

表 10-1　2001—2020 年我国财政政策与货币政策的组合

年份	财政政策	货币政策	年份	财政政策	货币政策
2001	积极	稳健	2011	积极	稳健
2002	积极	稳健	2012	积极	稳健
2003	积极	稳健	2013	积极	稳健
2004	积极	稳健	2014	积极	稳健
2005	稳健	稳健	2015	积极	稳健
2006	稳健	稳健	2016	积极	稳健
2007	稳健	稳健	2017	积极	稳健
2008	稳健	从紧	2018	积极	稳健
2009	积极	适度宽松	2019	积极	稳健
2010	积极	适度宽松	2020	积极	稳健

第三节　改革开放以来我国财政政策实践

一、1978—1992 年：放权让利的财政政策

1978 年我国开始实行改革开放政策，社会主义现代化建设从此翻开崭新的一页。这期间，我国由社会主义计划经济体制逐步转向社会主义市场经济体制，市场化改革成为大趋势和主旋律，我国国民经济在这些年来取得了快速发展，各项建设事业取得了巨大成就，人民生活水平得到了极大提高。但各时期的经济形势和财政政策却有所不同。1979年改革开放伊始，国家采取同时提高农副产品收购价格、提高职工工资和增加企业自主财力的政策，当年财政产生了 135.4 亿元前所未有的巨额赤字，从此开始，我国的财政改革在较长一段时间内走的是一条"放权让利"之路。随着市场化取向改革的开展，国民收入分配格局发生了急剧的变化，而国家财政在其中承担了巨大的改革成本。先后实行的各项改革政策，如提高农副产品收购价格、提高职工工资、价格改革、利改税、承包制、财政包干等，在促进经济发展的同时，居民收入增加了，企业和地方的自主财力增加了，随之银行存款急剧增长，而财政收入占 GDP 的比重和中央财政收入占全部财政收入的比重（即"两个比重"）却逐年下滑。与此同时，政府机构和人员不断扩充，政府职能还有待于逐步转换，而财政收入增长的缓慢，难以满足政府各部门履行职能的经费和投资的需要，于是各部门纷纷自行收费和建立"基金"。这样，不仅使国家财政特别是中央财政一直处于十分艰难的状态，同时也极大地削弱了财政职能和宏观调控能力。在财政收入占 GDP 的比重下降的同时，居民储蓄和银行各项存款急剧增长，银行贷款呈急剧增长的趋势，由于财政资金拮据，而银行资金充裕，于是银行扩展贷款领域，代替了一部分财政职能。实际上，财政支持经济增长和宏观调控的功能让位给银行，甚至发展到银行"独木撑天"的地步。

二、1993—1997 年：适度从紧的财政政策

为了抑制通货膨胀，将国民经济导入良性发展轨道，从 1993 年开始实施"适度从紧"的"双紧"政策。经过 3 年的治理整顿，实现了"软着陆"，成功地抑制了通货膨胀和经济过热，为我国治理通货膨胀积累了宝贵的经验。"软着陆"使得我国经济出现了"两个转变"：一个转变是由卖方市场开始转变为买方市场；第二个转变是，由粗放型经济转变为集约型经济。这种转变标志着，经过长时间的经济改革和经济调整，进入相对稳定增长的新周期，初步改变了过去重数量轻质量的增长模式。这是改革开放的重大成果，但同时也带来我们过去所不熟悉的新问题。过去市场上的商品短缺，"皇帝女儿不愁嫁"，紧俏商品大家抢着买，物价持续上涨；现在则是需求萎缩，消费者买东西挑挑拣拣，质次或价高的商品卖不出去，经济增长率下滑，物价持续下降，出现通货紧缩的趋势。过去重复建设，盲目生产，不顾质量，不顾效益；现在则是消费者是"上帝"，市场竞争激烈，效益约束强化，企业面临破产倒闭的压力。

三、1998—2004 年：积极的财政政策

受到 1997 年亚洲金融危机的影响，我国从 1998 年开始，外贸出口额增长明显放慢甚至出现负增长的态势，国内消费需求低迷，固定资产投资增长趋缓，结构性矛盾凸显，通货紧缩趋势显现，GDP 增长率明显降低。因此，我国 1997 年在货币政策方面已经陆续采取放松措施，如多次降低存贷款利率，降低存款准备金率，取消商业化贷款指令性指标，恢复在货币市场的国债回购业务等。但是，在市场低迷的条件下，货币政策的调节力度明显乏力，亟待积极的财政政策发挥作用。

然而，从当时的情况看，采用扩张性财政政策也有较大风险，因为当时的财政状况不容乐观，财力一直比较紧张，滞留下来的老问题还有待化解，如果实行扩张性财政政策，有可能进一步加剧财政的紧张和困难。但通过全方位的综合分析可以看出，实施扩张性的财政政策是完全可行和可取的。理由是：（1）国债发行仍有较大空间，1997 年国债余额仅占国内生产总值的 8.2%；（2）财政赤字的风险不大，1997 年我国财政赤字占国内生产总值的比重为 0.8%，与其他国家相比，这一指标还是比较低的；（3）1994 年的分税制改革奠定了适应社会主义市场经济要求的财政体制和税收制度，近年来财政收入增长较快；（4）全社会可动员的资金潜力较大，这一段时期，我国的总储蓄率一直保持在 40% 左右的高水平。

根据以上情况，政府果断地做出决策，采用扩张性的积极财政政策，拉动需求，促进经济的稳定快速增长。关于积极财政政策的性质，从决策伊始到短期的实践，实际上已经明确了以下几个政策要点：（1）积极财政政策是以增加财政支出为主的扩张性政策；（2）增发国债是积极财政政策的主要措施，也是启动措施，增发国债主要用于基础设施建设；（3）没有实行扩张性财政政策惯用的减税政策，同时加强税收征管，适度提高税收占

GDP的比重;(4)优化支出结构,增加的收入主要用于教育、科技、社会保障和提高公教人员工资等公共需要方面;(5)"紧中有松"的稳健货币政策与松中有紧的积极财政政策相配合,保证国民经济的稳定、健康和快速发展。

实施积极财政政策的实践证明,这一决策是及时和正确的,取得了巨大的政策效应,推动了国民经济持续、快速、协调地增长,使国民经济和财政收支导向良性循环的轨道,为"十五"时期开始建设小康社会和和谐社会奠定了良好的基础。

四、2005—2008年:稳健的财政政策

2004年伊始,过快的投资增长速度和信贷扩张引发了经济过热的迹象。2004年第一季度全社会固定资产投资增长达43%,比上年同期加快15.2百分点,宏观调控部门一再叫停的钢铁、水泥、电解铝三大行业的投资在2003年投资增长接近翻番的基础上,2004年一季度分别增长107.2%、101.4%、39.3%,货币供应量在高位运行,物价开始抬头,通胀压力加大。政府冷静判断当时的经济形势,认为已经出现过热的趋势,但还不是全面过热,而是局部过热,因而及时决定按照突出重点、把握力度、区别对待、分类指导的原则,加强宏观调控措施,做到松紧适度,不搞"一刀切",并决定将积极财政政策转向稳健财政政策。稳健财政政策的政策目标,显然是适应当时宏观调控的需要,强调社会经济稳定和健康发展。这一做法吸取了美国20世纪60年代实行增长政策导致滞胀的教训,也吸取了日本80年代经济陷入长期低迷的教训,珍视积极财政政策所取得的成果,防止大起大落。

那么,按财政政策的松紧关系来看,稳健财政政策是一种什么样的政策呢?从政策类型来看,仍然是一种偏松政策,或者是一种松中有紧的政策,只是对松、紧关系有所调整;而且松紧的调整有度有序,松紧适度,骤然大松大紧,就有可能引起经济的大起大落。稳健财政政策的内涵有如下4个要点:(1)基本维持现有规模的赤字水平,保持政策的连续性和稳定性;(2)积极增加财政收入,合理调整增长速度,增强市场对资源配置的基础作用;(3)优化支出结构,加强管理,提高效率;(4)推动深化改革,促进经济增长方式的转变。

五、2009—2020年:重启积极的财政政策

2008年下半年受美国次贷危机引发的世界性金融危机的影响,经济骤然降温,经济增长过快回落的风险已开始显现。从2008年第1季度到第4季度,GDP增速逐季下降,依次为10.6%、10.3%、9.9%和6.8%,与三季度相比,四季度GDP增速回落3.1百分点,出现11年来的新低。根据国际和国内经济形势的急剧变化,应对国际金融危机,我国政府果断决策,从2008年第四季度开始实施4万亿刺激经济计划,并决定从2009年实行财政政策的转型,改变稳健财政政策,重新实行积极财政政策,同时实行宽松的货币政策。2009年积极的财政政策的主要内容是:扩大政府公共投资,着力加强重点建设;推进税费

改革，实行结构性减税；提高低收入群体的收入，大力促进消费需求；进一步优化财政支出结构，大力保障和改善民生；大力支持科技创新、节能减排，推动经济结构的调整及发展方式的转变。这次积极财政政策的实行仅一年时间，已经取得明显成效，促进自2008年下半年趋冷的经济回暖，开始转向稳定增长的轨道。

2010年继续实施积极的财政政策，更加注重调整经济结构、扩大内需、保障和改善民生，进一步深化财税体制改革，进一步加强财政科学化精细化管理，努力提高财政资金绩效，进一步防范潜在的财政风险。

2011年，实施两年新增4万亿元的投资计划，其中，新增中央投资1.18万亿元。保障性安居工程、农村民生工程和社会事业投资占43.7%，自主创新、结构调整、节能减排和生态建设占15.3%，重大基础设施建设占23.6%，灾后恢复重建占14.8%。政府投资引导带动社会投资，国内需求大幅增加，有效弥补外需缺口，较短时间内扭转经济增速下滑趋势，在世界范围内率先实现回升向好，既战胜了特殊困难，有力地保障和改善了民生，又为长远发展奠定了坚实基础。

从2008—2012年，财政政策的重心之一是有效应对国际金融危机，促进经济平稳较快发展。这5年，是在持续应对国际金融危机严重冲击中走过来的。这场危机来势之猛、扩散之快、影响之深，百年罕见。党中央沉着应对，及时果断调整宏观调控着力点，出台进一步扩大内需、促进经济平稳较快增长的十项措施，全面实施一揽子计划。两年新增4万亿元投资，其中中央财政投资1.26万亿元，主要用于保障性安居工程、农村民生工程、基础设施、社会事业、生态环保、自主创新等方面建设和灾后恢复重建。从2012—2020年，国际经济一直低迷，经济恢复缓慢，经济增长的基础没有得到有力的巩固，我国一直实施积极的财政政策和稳健的货币政策，而在受到2020年新冠肺炎疫情的冲击之后，则更加强调积极的财政政策要大力提质增效、更加积极有为。

🖉 **专栏10-1：深入理解当前我国的积极财政政策需要破除3个认识误区** ——————————

误区一：积极财政政策只是需求管理的一个工具。很多人谈到当前我国的积极财政政策，往往将其放在凯恩斯理论的分析框架下，将其作为需求管理的一个工具来看待。这是一个严重的误解。当前我国实施的积极财政政策显然不是凯恩斯理论分析框架中的那种政策，而是一种涉及经济、社会乃至整个国家治理的多维度的财政政策，可称之为"结构性的政策"。从总量性的政策转向结构性的政策，与之相伴随的还有一个转变，就是从单纯经济政策转变为综合性政策。这使积极财政政策的内涵更加丰富、实现形式更加多样化，如产业基金、政府和社会资本合作（PPP）模式、盘活存量资金、打破支出结构固化等，都是作为政策工具来使用的。同时，当前我国的积极财政政策注重与全面深化改革协调配合，财政预算安排突出重点、有保有压，着眼于推进供给侧结构性改革。可见，我国的积极财政政策已经大大超越了需求管理工具的传统定位，成为国家治理的一个重要工具，具有科学性和先进性。

误区二：继续实施积极财政政策会导致风险失控，甚至发生财政危机。在债务方面，按照国家统计局公布的2016年GDP初步核算数计算，负债率约为36.7%，即使考虑或有负债，综合估计我国政府负债率约为40%，这在世界上属于较低水平。虽然地方的债务水平较高、还债压力不轻，一些地方甚至出现了社保基金支付困难、财政压力较大的问题，但这属于短期和局部困难，谈不上发生地方财政危机。从资产看，地方债务形成了大量优质资产，虽然在财务上不是都能变现的资产，但对促进地方经济发展有实实在在的作用，今天的债务将换来明天的增长，加上大量可变现的国有资产资源，足以应对可能出现的任何风险。当然，这并不意味着不需要强化风险管理。加强地方债务管理，提高债务支出绩效，本来就是当前实施积极财政政策的内容之一。

误区三：企业反映税收负担重，积极财政政策不是"真积极"。近期，有学者提出"死亡税率"，引起了舆论的广泛关注。也有人认为我国当前的减税措施不是真减税，积极财政政策不是"真积极"。这种认识是片面的。我国近年来实施了一系列减税措施，特别是2016年全面推开营改增试点，全年降低企业税负5700多亿元，这是实实在在的"真金白银"的减税。为了支持减税降费，各级政府坚持过紧日子，逐年压缩一般性支出。但是具体到每个企业，受投资周期、资本构成、盈利能力及其自身经营状况等因素的影响，获得感肯定有差异。如果我国真有所谓的"死亡税率"，那为何每天新增企业数达到1.5万户，数不胜数的企业实现了转型升级、创新发展，我国经济增速仍在世界名列前茅？所以，"死亡税率"的提法并无科学依据。给企业减税降费，是我国实施积极财政政策的重要措施。需要强调的是，减税降费是为了减轻企业负担、提高企业活力，并不是为了维持"僵尸企业"。企业优胜劣汰本来就是市场经济的法则。

[资料来源：刘尚希.论中国特色的积极财政政策[N].人民日报，2017-04-06（07）.]

第四节　地方政府财政政策实践

一、中央与地方政府间财政政策的基本关系

公共财政理论认为，在资源流动性经济中，中央政府是稳定政策唯一合适的承担者。与此相适应，中央政府控制了实施稳定政策所必要的货币手段（中央银行）与财政手段（税收和支出）。然而，爱德华·格兰姆里奇（Edward Gramlich）等学者重新考查了宏观经济的现象，得出地方政府的财政政策至少在短期内是有效的结论，从而提倡地方政府实施稳定

的财政政策，即逆周期的财政政策。美国从 20 世纪 60 年代开始，许多州和地方政府建立了财政稳定工具——预算稳定基金，在应对经济衰退带来的财政危机问题和促进地方财政的稳定和持续发展方面发挥了积极和重要的作用，现在已被广泛认可，在美国有超过 40 个州都已采用预算稳定基金。

在中国，最近 20 多年来，经济以令人惊叹的速度增长，同时经济的高速增长带来了财政收支以大约相当于 GDP 增速两倍的超高速增长。而且，1994 年分税制之后地方政府的预算内财政收入占全部预算收入的比重下降了，但是其比重仍然很高，基本维持在 47% 左右；而且从支出结构上看，1994 年以来，地方政府预算内支出占全部预算内财政支出的比重一直在 70% 左右，即大约有 3/4 的预算内资金是由地方政府支配的。这种高度分权性的财政结构使地方政府的财政行为对宏观经济稳定产生了显著影响。随着中国对外开放的深入，中国已处于全球性资本流动和开放的金融市场中，所以地方财政的稳定性显得尤为重要。

依据我国现行财政制度及《中华人民共和国立法法》的规定，财政立法权主要集中于中央，地方政府和部门只能在相关授权幅度和范围内制定解释性的规则。与此同时，中央政府基于对国家财政收入与支出的决定权，通过目标政绩考核等制度，保障地方各级政府对中央政策的高度遵从，目前理论界也已经注意到中国式财政分权的特征及由此带来的积极效果。然而，实践中，地方政府并非总是完全遵从中央的制度安排，在各项政策（特别是财政政策）的制定和执行过程中，地方政府也存在与上级部门谈判、对正式制度变通执行等情况，从而偏离中央预定政策目标。

二、地方政府财政政策的制定策略

在我国独特的政治与经济制度背景下，地方政府一方面作为一个较为独立的主体存在自身利益诉求，同时又作为中央政府的行政代理人需要服从于全国利益，贯彻中央政策意图，这种双重身份所蕴含的利益冲突和相应的协调机制决定了地方政府财政行为的周期性特征，也是宏观经济稳定效应的关键。在通常情况下，地方政府与中央政府的利益是一致的，即积极促进经济增长。但在激烈的财政和政治竞争压力下，为了争取地方财政收入和地区利益，地方政府就把财政政策作为参与财政竞争的工具，不但没有发挥财政政策本身的经济稳定功能，反而加剧了财政自身的波动。当减税有利于争取财政收入时，地方政府就会通过不规范的税收优惠来争取税源；当公共建设支出有利于吸引投资时，就挤占公共消费支出进行项目建设。方红生、张军（2009）的研究发现，在经济繁荣期，中国地方政府有 63.78% 的概率执行扩张性政策，而在经济衰退期，中国地方政府有 75.16% 的概率执行扩张性政策。这意味着无论在经济繁荣期还是经济衰退期，中国地方政府都倾向于执行扩张偏向的财政政策。龚旻、张帆（2015）认为这一现象是财政体制软约束下，地方政府依赖相机性财政政策来争取财政收入和地区利益所导致的，由此将之称为地方政府的"相机抉择依赖症"，而这也必然对我国市场经济的稳定发展带来不利影响。具体影响如下。

第一，我国地方政府过度依赖相机性税收政策来调节和维护本地区的经济利益，不合理的分税方式又加剧了地方政府的这一动机，导致了无序的税收竞争。一方面，地方政府的相机性税收政策使不同税基的税负存在很大差别，从而导致了市场主体在资源配置上的替代效应，使资源更多地流向税收政策鼓励的领域。但是，地方政府的相机性税收政策的目标在于维护本地区利益，而非关注资源的有效配置。所以，一旦相机性税收政策发生改变，税收政策原本鼓励的行业和部门就会面临风险。这就是说，地方政府长期依赖相机性税收政策的行为，加剧了生产要素在不同行业和不同部门之间的流动，不利于经济系统稳定。另一方面，地方政府为了参与税收竞争，主要采用两种办法，一是税收优惠，二是地租优惠，或称租税效应。地方政府利用税收优惠来招商引资，税收优惠虽然会降低有效税率，但相对于扩大税基所产生的收入效应是微不足道的。土地是地方政府吸引投资的重要资源，根据目前的制度安排，工商用地所有者是国家，实际上为各地方政府所有。对于工商用地来说，资本投资密集度越高，地租就越高。这样，农用土地、居民住房用地转为工商用地都会产生巨大的级差地租。这个巨大的级差地租可以形成地方收入，也是地方通过招商引资获得高额利润的重要途径。但是在缺乏财政体制约束时，这种竞争手段通常是扭曲性的，而且加剧了地区之间发展的不平衡，导致目前的经济发展模式隐含着经济波动的风险。

第二，我国地方政府过度依赖相机性支出政策来刺激经济增长，转移支付的制度安排忽视其本身所应有的均等化作用而强调对地方利益的调节作用，这进一步加剧了地方政府对相机性支出政策的依赖。在官员晋升锦标赛的激励下，地方政府官员有更大的动机来刺激本地区的经济增长，从而导致经济增长水平超出潜在水平，增加经济波动的风险。地方政府官员刺激本地经济增长的手段主要是通过相机性较强的公共项目支出，公共项目支出会带来引致效应，刺激私人投资。这尽管在名义上刺激了本地区的投资水平，但可能导致投资结构的失衡，即更多的资源流入政府鼓励的部门，不但可能导致某些行业的产能过剩，甚至可能造成整个宏观经济产业失衡。这隐含着经济波动风险。除此之外，相机性较强的公共项目支出还会产生对私人投资的挤出效应。私人投资一般比公共投资更有效率，所以挤出效应实际上降低了投资效率，这在一定程度上也成为经济波动的根源。专项转移支付的比重过大，则导致地方政府的支出政策存在更大的替代效应。地方政府为争取专项转移支付资金，会更加积极地上项目，同时，为了匹配专项转移支付，地方政府会把更多的公共资金用于专项支出，这就进一步加剧了地方政府的"投资饥渴症"，从而增加了经济波动的潜在风险。

三、浙江省财政政策实践案例

党的十八届三中全会通过的《中共中央关于全面深化改革若干重大问题的决定》指出，财政是国家治理的基础和重要支柱，这是对财政职能作用的重要论断。而国家治理体系则是在党领导下管理国家的制度体系，由经济、政治、文化、社会、生态和党的建设六大体系构成的有机统一、相互协调、整体联动的运行系统。财政之所以能够作为国家治理的基础和重要支柱，从体制角度来看，财税体制与经济体制、政治体制、文化体制、社会体制和生态文明体制及党的建设制度等方面均有关联，它实质上是一种可以牵动经济、政治、文化、社会、生态文明和党的建设等所有领域的综合性制度安排；而从政策角度来看，国家治理现代化的推进也需要相应的财政政策予以支持，财政政策的功能与作用可延伸至包括经济、政治、文化、社会和生态文明及党的建设在内的所有领域。地方财政政策往往也是根据国家治理要求来制定和实施的，与中央政府的相关政策措施相辅相成，共同作用于各领域有序发展。本部分将以浙江省为例，重点梳理介绍浙江省在经济、文化、社会和生态4个领域的相关财政政策实施情况。

（一）经济领域：支持实体经济和科技创新加快发展的财政政策

为深入推进供给侧结构性改革，支持产业转型升级和经济发展方式转变，促进浙江省实体经济更好更快发展，浙江省政府办公厅于2017年6月出台《关于实施促进实体经济更好更快发展若干财政政策的通知》，其中涉及税收优惠、专项资金、产业基金、清费减负、政府采购、创新券等多方面的具体政策措施；而在2020年受到新冠肺炎疫情冲击之后，为精准帮扶严重受困行业及小微企业，助力企业复工复产，经浙江省政府同意，于同年7月份颁发了《浙江省财政厅 国家税务总局浙江省税务局关于落实应对疫情影响房产税、城镇土地使用税减免政策的通知》。

根据内生增长理论，技术进步是保证经济持续增长的决定因素。为率先建成创新型省份和科技强省，建设"互联网+"世界科技创新高地，浙江省人民政府办公厅于2016年出台《浙江省人民政府办公厅关于补齐科技创新短板的若干意见》，加大财政投入，着力补齐科技创新短板；2018年，为加快创新强省建设，着力构建"产学研用金、才政介美云"十联动创新创业生态系统，为"两个高水平"建设提供科技支撑，出台《浙江省人民政府关于全面加快科技创新推动高质量发展的若干意见》，明确提出"省财政5年投入省级重大科技专项60亿元以上，市县两级财政联动投入200亿元以上，带动全社会研发投入1000亿元以上"，"对每个获批的高新技术特色小镇，在重点研发计划项目、创新人才、创新载体等方面给予1000万元以上省级科技专项经费组合支持"等具体的财政支持政策；而为加强科技专项资金管理，2019年进一步制定印发了《浙江省科技发展专项资金管理办法》。

（二）文化领域：促进文化产业发展的财政政策

2016年9月，《浙江省文化产业发展"十三五"规划》（以下简称《规划》）经浙江省政府同意，开始印发并贯彻实施。《规划》提出要以满足人民群众日益增长的文化需求和推动经济发展方式转变为着眼点，坚持社会主义先进文化前进方向，坚持中国特色社会主义文化发展道路，紧紧围绕建成文化强省的总目标，全面深化改革、加快转型升级、促进创新融合、聚力打造"三区"，推动文化产业成为国民经济的重要支柱性产业，为高水平全面建成小康社会、建设"两富""两美"现代化浙江提供有力支撑。具体发展目标为，到2020年，力争全省文化产业增加值占生产总值的比重达到 8% 以上，文化产业总产出达16 万亿元，形成较为健全的文化产业发展体系、现代文化市场体系、文化要素支撑体系和文化政策保障体系，文化产业发展主要指标位居全国前列，为建成文化强省奠定坚实的产业基础。而在财政政策支持方面重点强调两个方面：（1）完善投融资政策。支持组建省级文化产业投资基金，鼓励社会资本参与，逐步扩大基金规模。大力引进社会资本，鼓励在我省设立辐射长三角的文化产业分支机构。鼓励文化产业创业创新，积极引进和对接各类风险投资机构，加强对民营文化企业的扶持。探索政府和社会资本合作（PPP）文化公共设施建设新模式，提高文化设施的建设运营效率。（2）完善配套政策。整合我省文化经济政策，继续在用地、高端人才引进等方面加大扶持力度。加大对重大文化产业项目的用地倾斜力度，优先考虑列入省重大产业项目库，鼓励利用闲置工业厂房、仓储用房、老旧建筑等存量资源兴办文化创意产业项目，在特色小镇建设中合理确定文化产业的用地比例。加大文化人才子女就学、人才用房等方面的支持力度，落实文化企业的税收优惠、补贴等扶持政策。

实际上，在出台《浙江省文化产业发展"十三五"规划》之前，浙江省该领域的政策环境已日益优化，相继颁布实施了《中共浙江省委、浙江省人民政府关于进一步加快发展文化产业的若干意见》《浙江省人民政府办公厅关于进一步推动我省文化产业加快发展的实施意见》等政策文件。而在相关领域财政资金的管理方面，2015 年和 2019 年也分别颁布了《浙江省文化产业发展转移支付资金管理办法》《浙江省文化和旅游专项资金管理办法》。

（三）社会领域：推进学前教育公共服务体系建设的财政政策

近年来，学前教育阶段"入园难、入园贵"已成为我国最受关注的社会问题之一。而实施学前教育三年行动计划则是国务院为加快发展学前教育、缓解该问题而做出的一项重大决策。2010 年《国务院关于当前发展学前教育的若干意见》明确要求各省（区、市）以县为单位编制实施学前教育三年行动计划。2011 年以来，浙江省政府先后出台了三轮发展学前教育三年行动计划，全省各地也相继出台了一系列发展学前教育的政策举措。如《浙江省人民政府办公厅关于印发浙江省发展学前教育第三轮行动计划（2017—2020 年）的通知》明确要求到 2020 年，建成城乡全覆盖、质量有保证的学前教育公共服务体系，全省普惠性幼儿园比例达到 83% 左右。而为实现这一目标，提出了 6 项主要举措：一是推进幼儿园扩容和薄弱幼儿园改造；二是加大对普惠性民办幼儿园的扶持力度；三是理顺学前教育管理体制；四是健全学前教育成本分担机制；五是构建幼儿园教师队伍建设支持体系；六是加强幼儿园质量监管和业务指导。上述这 6 项举措的顺利实施均涉及财政政策和财政资金的有效保障。

此外，浙江省政府还在学前教育领域资助制度、生均经费制度及深化改革规范发展等方面也出台了一系列政策和制度文件并予以推进，如《浙江省财政厅　浙江省教育厅关于实施学前教育资助制度的通知》《浙江省财政厅　浙江省教育厅关于印发建立浙江省学前教育生均经费制度指导意见的通知》《中共浙江省委浙江省人民政府关于学前教育深化改革规范发展的实施意见》。

（四）生态领域：致力于创新生态文明建设的财政政策

20 世纪 80 年代以来，沐浴着改革开放的春风，敢为人先的浙江人书写了发展传奇，从资源小省一跃成为经济大省，浙江较早地遇到了"成长的烦恼"。由于经济增长方式尚未根本转变，城乡基础设施建设滞后，生态环境保护面临严峻挑战。2002 年，时任浙江省委书记习近平一针见血指出浙江发展面临的瓶颈：再走"高投入、高消耗、高污染"[1] 的粗放经营老路，"国家政策不允许，资源环境不允许，人民群众也不答应"[2]。经过认真细致的调研，2003 年 6 月，习近平同志做出了"发挥八个方面优势、推进八个方面举措"[3] 的"八八战略"决策部署，"进一步发挥浙江的生态优势，创建生态省，打造'绿色浙江'"[4] 作为一个方面写入其中，为浙江生态文明建设先行先试、领先率先的实践探索提供了有力的战略指引。2005 年 8 月，习近平同志来到安吉余村，在与村民们的座谈调研中，他首次提出了"绿水青山就是金山银山"的科学论断。

因此，为改善环境质量、改善民生福祉，浙江省坚定不移践行"绿水青山就是金山银山"的理念，扎实推进环境综合整治，开始了从"绿色浙江"到生态省建设，再到生态文明建设的实践探索，而财政政策也在其中发挥了重要作用。2004 年起，浙江省启动实施了针对钱塘江、瓯江、椒江、甬江、苕溪、运河、飞云江、鳌江八大水系和全省 11 个设区市环保重点监管区治理的"811"环境污染整治行动，同年还探索实施了生态公益林补偿机制；2005 年，率先建立生态环保财力转移支付制度；2014 年，建立重点生态功能区建设财政政策；2015 年，实施与污染物排放总量挂钩的财政收费制度；2020 年制定了《浙江省生态环境保护专项资金管理办法》，以加强和规范省级生态环境保护专项资金管理，提升专项资金使用效益。

---

① 周天晓，沈建波，邓国芳，等.绿水青山就是金山银山：习近平总书记在浙江的探索与实践·绿色篇[N].浙江日报，2017-10-18（00001）.

② 同上.

③ 习近平.弘扬"红船精神"走在时代前列[N].人民日报，2017-12-01（02）.

④ 同①。

➡ **本章小结**

1.财政政策贯穿于财政工作的全过程，体现在收入、支出、预算平衡和国家债务等各个方面。财政政策运用得当，可以保证经济的持续、稳定、协调发展；财政政策运用失当，也会引起经济的失衡和波动。

2.财政政策和货币政策虽然都能对社会的总需求与总供给进行调节，但在消费需求与投资需求形成中的作用又是不同的，二者不同的松紧搭配关系将对经济产生不同的组合效应。

3.改革开放以来，面对不断变化的国内外经济形势，我国相应选择了差异性的财政政策进行应对，总体上较好地发挥了财政的宏观经济调控职能。

4.对于地方财政政策的制定和落实，既要考虑到地方政府与中央政府的密切关系，也要考虑到地方政府自身的行为动机和策略选择，这样才能够更加全面准确地理解和分析相关问题。

➡ **基本概念**

财政政策　货币政策　自动稳定器　相机抉择　乘数效应

➡ **思考题**

1.举例说明，自动稳定的财政政策和相机抉择的财政政策是怎样作用于宏观经济调控的？

2. 2008年我国采取稳健的财政政策和从紧的货币政策的组合，而2009年则调整为积极的财政政和适度宽松的财政政策的组合，请结合当时的经济社会发展状况，分析为何进行这样的调整？

3.请通过网络查阅《浙江省人民政府办公厅关于补齐科技创新短板的若干意见》(浙政办发〔2016〕75号)文件，找出15条意见中哪几条不属于财政政策？

4.请尽量全面地梳理汇总您所在省份对经济社会某领域（如创新、教育、卫生等）实施的财政政策，并简要分析这些政策的效果如何？

➡ **参考文献**

陈共.财政学[M].9版.北京：中国人民大学出版社，2017.

邓子基.财政学[M].3版.北京：中国人民大学出版社，2014.

方红生，张军.中国地方政府扩张偏向的财政行为：观察与解释[J].经济学（季刊），2009（3）：1065-1082.

龚旻，张帆.中国地方政府的"相机抉择依赖症"与地区经济波动[J].当代财经，2015(3)：3-12.

黄少安，陈斌开，刘姿彤 . "租税替代"、财政收入与政府的房地产政策 [J]. 经济研究，2012（8）：93-106.

刘小兵，蒋洪 . 公共经济学 [M]. 3 版 . 北京：高等教育出版社，2012.

马海涛，温来成，姜爱华 . 财政学 [M]. 北京：中国人民大学出版社，2012.

徐涛 . 中国地方财政稳定机制研究 [J]. 公共管理学报，2011（1）:44-51.

张馨 . 财政学 [M]. 2 版 . 北京：科学出版社，2013.

钟晓敏 . 财政学 [M]. 3 版 . 北京：高等教育出版社，2020.

周黎安 . 中国地方官员的晋升锦标赛模式研究 [J]. 经济研究，2007（7）：36-50.

本章测试